Walther · VERANTWORTUNG ZUR FREIHEIT

Meiner Frau in Dankbarkeit gewidmet
für ihre Geduld und Fürsorge,
ohne die dieses Buch
nicht hätte geschrieben werden können.

Christian Walther

VERANTWORTUNG ZUR FREIHEIT

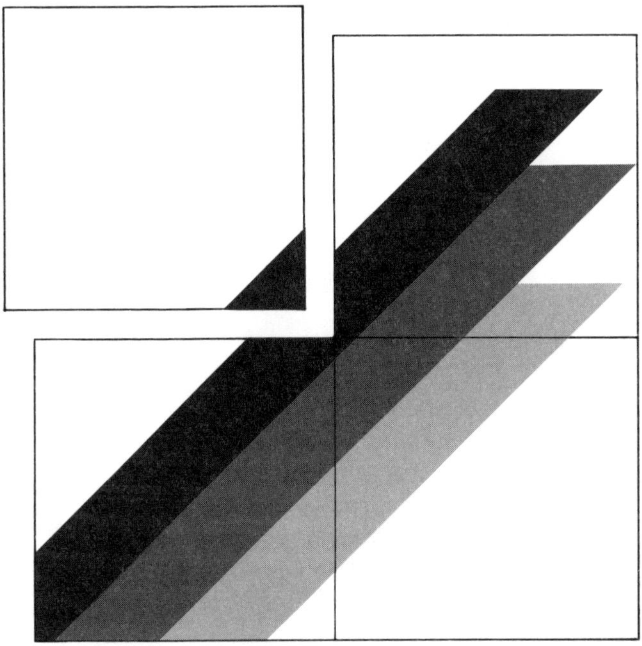

Eine sozialethische Studie zur Frage nach dem Sinn der soldatischen Existenz

Verlag E.S. Mittler & Sohn · Herford und Bonn

CIP-Titelaufnahme der Deutschen Bibliothek

Walther, Christian:
Verantwortung zur Freiheit : eine sozialethische Studie zur Frage nach dem Sinn soldatischer Existenz / Christian Walther.
- Herford ; Bonn : Mittler, 1989
ISBN 3-8132-0327-1

ISBN 3 8132 0327 1; Warengruppe Nr. 21

Umschlaggestaltung: Albert Münch, WA-Visomedia, Bonn
Produktion: Heinz Kameier
Gesamtherstellung: Hans Kock Buch- und Offsetdruck GmbH, Bielefeld
Printed in Germany

Inhaltsverzeichnis

Vorwort zur zweiten Auflage

Mein Versuch, einen Beitrag zur notwendigen Auseinandersetzung über das Bild des Soldaten zu leisten, hat eine solche Aufnahme erfahren, daß ich mich ermutigt fühle, eine zweite Auflage folgen zu lassen.
Die dankenswerte Auseinandersetzung mit meinen Thesen machte es jedoch erforderlich, den Text zu überarbeiten und sprachlich zu glätten. Beibehalten wurde dabei die ursprüngliche Einteilung:
Im Einleitungskapitel wird der Diskussionsstand vorzugsweise in der protestantischen Ethik beschrieben, soweit er die soldatische Existenz betrifft. Es zeigt sich, daß in der jüngsten Entwicklung dieser Disziplin Leerstellen im Hinblick auf die Beschäftigung mit Problemen der soldatischen Existenz entstanden sind.
Das zweite Kapitel dient dem Aufweis, daß mit der Französischen Revolution auch eine prinzipielle Zäsur im Verständnis des Soldaten eintritt: die soldatische Existenz wird jetzt von der Theorie der Freiheit her begriffen. Daraus sind Zuordnungen des Soldaten zur Gestaltung und Ordnung der menschlichen Lebenswelt abgeleitet worden, die durchaus einen Bruch mit traditionellen Vorstellungen einschlossen.
Im dritten Kapitel steht der Widerstreit im Mittelpunkt, der sich zwischen der Theorie der Freiheit auf der einen und dem Verständnis des Militärs als staatliches Machtinstrument auf der anderen Seite ergeben hat, wobei in der geschichtlichen Entwicklung des 19. und beginnenden 20. Jahrhunderts das letztere Verständnis dominierte. Daraus sind Probleme erwachsen, mit denen sich auseinanderzusetzen durchaus zur Gegenwartsaufgabe geworden ist. Dies betrifft vor allem unerledigte Fragen des Verhältnisses von soldatischer Existenz und Demokratie sowie Fragen der Stellung des Militärs im Rahmen internationaler Sicherheitspolitik.
Während die ersten drei Kapitel stark historisch orientiert sind, greift das vierte Kapitel die Sinnproblematik der soldatischen Existenz unter systematischen Gesichtspunkten auf. Damit läßt sich verdeutlichen, daß diese Problematik unter den gegenwärtigen historischen Bedingungen allein im Horizont der Freiheit angemessen behandelt werden kann, und daß sich vor allem vom Dienst an der Freiheit her die Sinnhaftigkeit der soldatischen Existenz erschließen läßt.

Das fünfte Kapitel schließlich dient einer Klärung der Frage, welche Voraussetzungen erfüllt sein müssen, um sowohl den Zusammenhang von soldatischer Existenz und Freiheit vor allem auch auf dem Hintergrund der durch die wissenschaftlich-technische Zivilisation hervorgerufenen Probleme als aber auch daraus abzuleitende Forderungen an Einstellungen und Haltungen verstehbar zu machen.

Es war, wie ich am Schluß ausdrücklich betone, niemals meine Absicht, eine Berufsethik für den Soldaten zu verfassen. Dafür halte ich auch die Zeit einfach noch nicht für reif. Es müssen noch viel mehr Vorarbeiten geleistet werden, bis es dazu dann einmal kommen mag. Zu diesen Vorarbeiten möchte ich meinen Beitrag gerechnet wissen, der sicherlich in vielfacher Hinsicht korrektur- und ergänzungsbedürftig bleibt, aber, wie ich hoffe, vor allem als kritikwürdig betrachtet wird.

Auf die Auswirkungen jüngster Entwicklungen im Ostblock auf die sozialistische Wehrethik konnte hier deswegen noch nicht eingegangen werden, weil sie noch keine greifbare Gestalt angenommen haben. Auf eine Auseinandersetzung mit dieser Entwicklung konnte aber auch aus dem Grunde hier verzichtet werden, weil die hier angestellten Überlegungen vornehmlich den Aspekt des Schutzes der Freiheit verfolgen.

Nachdem es sich als nicht mehr möglich erwiesen hat, die zweite Auflage im gleichen Verlag wie die erste erscheinen zu lassen, möchte ich an dieser Stelle dem traditionsreichen Verlag E.S. Mittler & Sohn, Herford, für die Bereitschaft und Mühe danken, das verlegerische Wagnis auf sich genommen zu haben.

Meinen Kollegen und Mitarbeitern, insbesondere Herrn Dr. Peter Ernst, habe ich auch jetzt wie schon beim ersten Male für ihren Rat und ihre mannigfache Hilfe zu danken. Frau Helga Giese gilt mein Dank für die Erstellung eines druckreifen Manuskripts.

Hamburg, im Sommer 1989 *Christian Walther*

Vorwort zur ersten Auflage

Diese Studie verdankt ihre Entstehung einer sich über ein Jahrzehnt erstreckenden Arbeit mit studierenden Soldaten an der Universität der Bundeswehr in Hamburg. Hier galt es nicht nur, den Zugang zu theologischem Denken zu schaffen, sondern darüber hinaus auch die Möglichkeit zu eröffnen, den Beruf des Soldaten im Rahmen strenger wissenschaftlicher Erörterungen gerade in seinen Problemgehalten besser verstehen zu lernen. Dafür bot sich in besonderer Weise die Ethik an. Der Versuch, Probleme des Soldaten in ethischer Perspektive sehen zu lernen, machte es allerdings erforderlich, manche Verschüttungen, die nach dem Zweiten Weltkrieg entstanden waren, erst einmal zu beseitigen. Es ist eben ein bemerkenswerter Sachverhalt, daß die nach 1945 entstandenen Entwürfe der Ethik bis auf ganz wenige Ausnahmen dem Soldaten keine besondere Aufmerksamkeit mehr zuwenden. Es gibt ihn, aber man beachtet ihn nicht! Darin reflektiert sich zweifellos auch jene Entwicklung, die einen Historiker unserer Tage zu folgender, nachdenkenswerten Bemerkung am Schluß einer Untersuchung über den »Krieg in der europäischen Geschichte« anregte: »Da die Kriegführung im nuklearen Zeitalter nicht mehr auf Massen von militärisch gedrillten und mit militärischen Einstellungen indoktrinierten Reservisten angewiesen war, blieb die Verbreitung skeptischer, gleichgültiger oder feindseliger Einstellungen gegenüber dem Militär ohne unmittelbare Folgen für die militärische Stärke Westeuropas. Aber auf lange Sicht wird sich dieses Denken bemerkbar machen .... Man darf einerseits mit einer gewissen Genugtuung vermerken, daß sich in Europa nach einem von bewaffneten Konflikten geprägten Jahrtausend eine Gesellschaft entwickelt hat, die sich sicher genug fühlt, um den überlieferten militärischen Tugenden den Rücken zu kehren; aber diese Genugtuung muß durch die Erkenntnis gedämpft werden, daß soviel Friedenszuversicht sich in einer Welt, die so heterogene und unberechenbare Züge trägt wie die unsere, vielleicht als verfrüht erweisen wird.«[1]

Diese Ansicht konnte und sollte freilich nicht zum Anlaß genommen werden, jetzt erneut eine Ethik des bloßen Kämpfertums zu entwickeln. Von der Korrelation **Soldat-Krieg** als der einzig möglichen Beziehung ist man bislang immer in der Ethik ausgegangen. Darüber wurde dann aber zumeist versäumt, die Ergebnisse politik-, sozial- und geistesgeschichtlicher Veränderungsprozesse daraufhin zu befragen, welche Bedeutung sie für die ethische Betrachtung des Soldatseins besitzen und ob nicht auch andere Korrelationen denkbar und möglich sind.

Rainer Wohlfeil hat in einer vergleichenden Studie[2] erhellend dargetan, zu welchen Verzerrungen es führt, wenn das Selbstverständnis des Soldaten, statt den geschichtlichen Wandlungsprozessen zu folgen, seine ethischen Orientierungen an längst vergangenen Leitbildern sucht. Der Versuch, im friderizianischen Preußen einen neuen Offiziertyp zu formen, führte einerseits dazu, an das Traditionsgut des mittelalterlichen Rittertums anzuknüpfen, obwohl dieses längst verfallen war. Andererseits wurde gerade die ritterliche Treue, die von einem hohen Maß an Unabhängigkeit begleitet war, durch die unbedingte Subordination ersetzt. Zwischen beiden fehlte aber jedweder Bezug.

In der Perspektive der Ethik legt es sich dagegen zwingend nahe, diejenigen Bezugsgrößen, die bestimmend auf das soldatische Selbstverständnis einwirken, erst einmal daraufhin zu überprüfen, ob und gegebenenfalls in welcher Hinsicht sie dazu überhaupt geeignet sind. Eine solche Überprüfung anzuregen, ist die Absicht der hier vorgelegten Studie. Dabei wird ein Gedanke dankbar aufgenommen, den *Otto-Heinrich von der Gablentz* bereits 1957 ausgesprochen hat. Im Hinblick auf die Entwicklung der Bundeswehr und in der Rückerinnerung an den militärischen Widerstand gegen den NS-Staat schreibt er: »Die Führung des Offizierkorps, das jetzt gebildet wird, kann nur in Anknüpfung an diese Überlieferung des Widerstandes das werden, was der Führung des Offizierkorps in der Weimarer Zeit mißglückt ist: ein Glied, das sich treu einführt in eine neu sich bildende politische Führungsschicht des deutschen Staates.«[3]

Seitdem sind fast drei Jahrzehnte vergangen. Das gewisse politische Pathos, das in den Jahren des Wiederaufbaus durchaus heimisch war, gehört ebenfalls der Vergangenheit an. Dennoch enthält jener Gedanke zwei Momente, die festgehalten zu werden verdienen. Im Hinblick auf den Widerstand ist dies einmal das *Prinzip der Freiheit*, das sich durch ihn Geltung verschaffte. Sodann aber ist es die angesprochene *Beziehung von politischem Ethos und Soldatsein*, der die Aufmerksamkeit zuzuwenden ist.

Beide Momente versucht diese Arbeit in ihrer zentralen Bedeutung für die soldatische Existenz aufzuzeigen. Es ist eben keineswegs mehr die Beziehung **Soldat-Krieg**, die von der Ethik zu bedenken ist, sondern es ist die Beziehung **Soldat-Freiheit**, die heute eine ungleich stärkere Beachtung verdient. Die Möglichkeit eines bewaffneten Konflikts läßt sich nicht ausschließen. Doch die Möglichkeit der politischen Erpressung mit Hilfe hochgerüsteter Streitkräfte und damit einhergehend eine massive Beschränkung der politischen Selbstbestimmung scheint zur Zeit die aktuellere zu sein. Ihr kann nicht anders begegnet werden als dadurch, daß sich die soldatische Existenz selbst als unabdingbarer Teil der freiheitlich-demokratischen Verfassung unseres Staats- und Gesellschaftswesens begreift. Darum setzt diese Studie an jenem historischen Zeitpunkt an, an dem das Bewußtsein für diese Sicht sich herauszubilden beginnt. Das ist das frühe 19. Jahrhundert.

Wenn im folgenden allerdings statt des Begriffs **Soldatenberuf** von der **soldatischen Existenz** gesprochen wird, dann liegt dem einmal die Absicht zugrunde, keine Berufsethik verfassen zu wollen. Die Lage des Soldaten in den hochindustrialisierten Gesellschaften mit ihren starken Betonungen von Produktion, Wirtschaft und Prosperität hat seine Existenz in eine tiefe Sinnkrise geraten lassen. Sie erfordert zunächst, daß weniger ein berufsethisches System entwickelt als vielmehr ungleich elementarer die Frage nach dem Sinn soldatischer Existenz in das Zentrum der Erörterung gerückt wird. Es geht darum, Elemente einer ethischen Theorie des Soldatseins allererst wieder zu erarbeiten.

Zum anderen aber soll mit dem Begriff **soldatische Existenz** auch etwas viel Allgemeineres angesprochen werden, als das mit dem Begriff **Soldatenberuf** möglich wäre. Es geht darum, deutlich werden zu lassen, daß das von der freiheitlich-demokratischen Verfassung geforderte Ethos politischer Verantwortung auch die soldatische Existenz miteinschließt. Sie ist darum nicht etwas, was sich nur am Rande oder gar außerhalb dieses Ethos zu vollziehen vermag.

Mit dieser Studie möchte ich vor allem meinen Studenten danken, die mir durch ihr interessiertes Fragen immer wieder geholfen haben, die Grundprobleme des Soldatseins in unserer Zeit nicht aus dem Auge zu verlieren. Das aber hat mich zugleich einsehen lassen, daß sie nur in einem weiten, interdisziplinären Horizont angegangen werden können und nicht in der Enge eines sich nur auf institutionelle Eigenbelange ergehenden Denkens.

Im einzelnen habe ich an dieser Stelle meinen Kollegen Prof. Dr. Dr. Ernst Josef Nagel und Prof. Dr. Eckehard Opitz für ihren fachkundigen Rat und ihre mannigfachen Anregungen zu danken. Mein Dank gilt sodann meinen jetzigen und ehemaligen Mitarbeitern: Major Dr. Wolfgang Harms, Pastor Dr. Andreas Pawlas, cand.theol. Carsten Pfeiffer, Pastor Wolf Werner Rausch und cand.theol. Karlheinz Ruppert für ihre Hilfen; Frau Hannelore Bonners gebührt mein Dank für die Sorgfalt beim Schreiben des Manuskripts.

Hamburg, im Spätherbst 1984 *Der Verfasser*

1. Einleitung: Soldatische Existenz und Ethik

Soldatische Existenz im Widerstreit

Zu den nachdenkenswerten Erscheinungen in der westdeutschen Gesellschaft gehört die kontroverse Beurteilung des Soldaten. Sein Bild ist in der Geschichte immer wieder starken Veränderungen unterworfen gewesen. Aber noch in keiner Periode, mindestens der neueren Geschichte, ist es so verdunkelt gewesen wie in der Zeit nach dem Zweiten Weltkrieg. Dessen Ausgang wurde zum Anlaß einer bis heute noch nicht abgeschlossenen Auseinandersetzung mit der jüngsten Vergangenheit. Darin einbezogen ist das Militär. In diesem Zusammenhang muß allerdings zwischen der um Erhellung historischer Ereignisse und ihrer differenzierenden Beurteilung bemühten Geschichtsforschung einerseits und einer oft vorurteilsgeladenen und bisweilen sogar bösartigen Polemik andererseits unterschieden werden. Ereignisse in den letzten 30 Jahren, wie die Aufstellung der Bundeswehr, die Atombewaffnung oder der Nachrüstungsbeschluß, riefen polemische Ausfälle gegen das Militär hervor und verzerrten notwendige sicherheitspolitische Auseinandersetzungen. Gerade vor dem Hintergrund der jüngsten Geschichte kann es nun keineswegs darum gehen, in eine, das Soldatentum heroisierende Haltung zurückzuverfallen. Der Militarismus jeglicher Spielart ist zudem immer wieder zu Recht kritisiert worden. Es besteht überhaupt kein Anlaß, ihn wiederaufleben zu lassen. Das darf dann auf der anderen Seite aber auch nicht daran hindern, dem Soldaten, sei er Wehrpflichtiger oder länger dienend, unvoreingenommen zu begegnen. Dies wird um so leichter sein, je nachdrücklicher man sich vor Augen führt, daß Verteidigungsbereitschaft und eine an den Menschenrechten orientierte, demokratische Gestaltung des gesellschaftlichen Lebenszusammenhangs nicht einander ausschließen, sondern sich geradezu gegenseitig bedingen.

Der Gegenstand dieser Studie ist die soldatische Existenz. Den Fragen, die sie aufwirft, soll im Zusammenhang der Ethik nachgegangen werden. Unter Ethik wird dabei derjenige Prozeß kritischer Urteilsbildung verstanden, bei dem die Prüfung dessen, was ist, an dem, was sein soll, im Vordergrund steht.[1] So kann einmal das Handeln des Soldaten zusammen mit den Bedingungen, denen es unterliegt, zum Gegenstand einer solchen Prüfung werden. Dieses Verfahren hat traditionellerweise seinen Niederschlag in der Tugendlehre gefunden. Ritterlichkeit, Tapferkeit, Mut, Opferbereitschaft, Kameradschaftlichkeit, Treue, Pflichterfüllung und Gehorsam bilden jenes Bezugssystem, von dem das soldatische Handeln seine sittliche Beurteilung erfährt.[2] Die Entwicklung in den letzten 200 Jahren zeigt darüber hinaus aber auch, daß der Prozeß ethischer Urteilsbildung nicht mehr nur auf die Prüfung der sittlichen Qualität soldatischen Handelns beschränkt geblieben ist. Jetzt wird vielmehr die Fragestellung erweitert, indem die Existenz des Soldaten selber zum Gegenstand kritischer Prüfung gemacht wird. Es geht in der Folge dann um die ungleich prinzipiellere Frage, ob und wodurch diese Existenz als ganze noch gerechtfertigt ist. Das 20. Jahrhundert erweist sich in besonderer Weise als derjenige Zeitraum, in dem diese Frage eine äußerste Zuspitzung bekommen hat. Bisher hatte es in der Geschichte eine Vielzahl von Formen gegeben, in denen, trotz aller Kritik am Militärwesen vor allem auf dem Hintergrund des Friedensgedankens[3], das Soldatsein seinen Ausdruck finden konnte. Jetzt gehört es offenbar zu den Signaturen der Gegenwart, daß die Frage offen diskutiert wird, ob dieses Sein überhaupt noch als eine sinnvolle Möglichkeit für den Vollzug menschlicher Existenz betrachtet werden kann. Es zeichnet sich hier ein Gefälle ab, das von einer hohen Einschätzung bis zu einer Ablehnung der soldatischen Existenz über eine Reihe von Zwischenstadien reicht.[4]

Erhebliche Wirkungen sind von Veränderungen im Verständnis des Krieges auf diese Entwicklung ausgegangen. Im Vordergrund steht dabei die Beseitigung des Rechts zum Krieg. »Die Periode des klassischen Völkerrechts muß als abgeschlossen gelten, ohne daß es jedoch bislang gelungen wäre, eine neue, in sich geschlossene Völkerrechtsordnung zu schaffen. ... Schon heute steht aber fest, daß der K. nicht mehr ein erlaubtes Mittel der internationalen Politik ist. Darüber hinaus hat die Entwicklung der Nuklearwaffen die Überzeugung gefestigt, daß der K. seit der Mitte des 20. Jh. absolut dysfunktional geworden ist.«[5]

Das Recht auf individuelle und kollektive Selbstverteidigung bleibt daneben aber bestehen. Auch beseitigt die Ächtung des Krieges durch das Völkerrecht nicht die Wahrscheinlichkeit von Kriegen überhaupt.[6] Zu den Möglichkeiten, sich selbst verteidigen und sich gegen die Wahrscheinlichkeit eines bewaffneten Konflikts annähernd sichern zu können, gehört darum die Aufstellung von Streitkräften. Doch eben dies muß zugleich auch wieder als prinzipielle Verletzung des mit den Veränderungen des Kriegsverständnisses

sich herausbildenden Friedensgebots gelten. Die soldatische Existenz erhält vor diesem Hintergrund den Charakter einer Aporie.
Die damit verbundene Problematik hat in der Ethik ihre tiefen Eindrücke hinterlassen. Das läßt sich besonders an theologischen Ethiken zeigen. Bereits am Zeitraum eines Jahrhunderts kann aufgewiesen werden, welche Schwierigkeiten sich auftürmten, ohne das es gelungen wäre, die Legitimationsproblematik, die die soldatische Existenz in der Neuzeit begleitet, einer Lösung zuzuführen. Ein kurzer Abriß der Entwicklung der Ethik soll dies dokumentieren. Im Blick auf den darin erkennbar werdenden Sachverhalt ist es durchaus verständlich, wenn immer wieder auf eine große Verlegenheit in der Ethik aufmerksam gemacht wird: auf die ungeklärte Frage nämlich, wie es möglich ist, militärische Schlagkraft zu besitzen und auch zu benutzen und sie doch so begrenzt zu halten, daß sie nur als Diener der Gerechtigkeit zur Geltung kommt.[7] Von einer Lösung ist man noch weit entfernt. Ein pragmatischer Pazifismus bietet sich aber als Ausweg an. Er nimmt seine Begründung daraus, daß die Staaten nicht geneigt sein werden, das Vernichtungspotential voll einzusetzen, das die Wehrtechnik bereitstellt. Nichtsdestoweniger bleibt dies jedoch auch ein risikoreiches Kalkül, und das Problem, was es nun mit der soldatischen Existenz auf sich hat, besteht weiter.

Obrigkeitlicher Staat und Militär

Um die eigentümlich problematische Lage, in der sich die soldatische Existenz überhaupt in der Neuzeit vorfindet, aufzulösen, wurden verschiedene Ansätze entwickelt. Unter ihnen ist zuerst der *obrigkeitliche* zu nennen. Er ist aufs engste mit dem Staats- und Gesellschaftsverständnis des 19. Jahrhunderts verbunden.[8] Die soldatische Existenz wird hier mit der prinzipiellen Pflicht der Obrigkeit begründet, das Böse zu strafen. Dieses Böse ist in dem hier erörterten Zusammenhang ein unrechtmäßiger oder ungerechter Krieg. Gegen ihn besteht das Notwehr-Recht. Die Bestrafung des Bösen, indem z.B. ein angegriffener Staat sich zur Wehr setzt, kann aber nur zum Ziel haben, daß der Friede und die gestörte Rechtsordnung wiederhergestellt werden. Sich an der Erreichung eines solchen Zieles als Soldat zu beteiligen ist dann »eine Frage des *Gehorsams* gegen die Obrigkeit«.[9] In ihm findet die soldatische Existenz den ihr entsprechenden Ausdruck.
Mit diesem Ansatz sind indessen eine Reihe von Schwierigkeiten verbunden. Sie finden ihren Kulminationspunkt in einer instrumentalistischen Sicht-

weise, die lediglich durch eine ethische Scheinargumentation verdeckt wird. Diese kann so lange aufrechterhalten werden, als auf der einen Seite der Gehorsamsbegriff einseitig auf bloße Unterordnung hin interpretiert wird i.S. des »blinden« Gehorsams[10] und auf der anderen Seite die den Gehorsam fordernde Obrigkeit selbst sich als sittlich legitimiert darzustellen vermag. Beides zusammen erlaubt dann die Grundannahme, das die eigentliche Gehorsamsleistung selbst nicht unsittlich sein kann. Doch dabei darf nicht übersehen werden, daß gerade unter dem Deckmantel ethischer Legitimation die soldatische Existenz zum Instrument auch der Durchsetzung sittlich nicht gerechtfertigter Maßnahmen werden kann. Die Kategorie des gerechten Krieges besitzt selbst eben nicht jene absolute Unzweideutigkeit, um mit ihr eine in jedem Falle unanfechtbare Feststellung über den sittlichen Wert eines bewaffneten Konfliktes treffen zu können. Dies um so weniger, je mehr die Unterscheidung zwischen Angriffskrieg und Verteidigungskrieg sich zu verwischen drohte. Das aber geschah prinzipiell bereits dort, wo es für nicht zulässig erklärt wurde, »das Unrecht und die Verantwortung eines Krieges und aller seiner Übel demjenigen zuzuschieben, der die ersten kriegerischen Akte vornimmt ...«[11]

Nationale Idee und kriegerisches Ethos

Die nach dem Ersten Weltkrieg entstandene Lage erforderte, gerade der erkennbar gewordenen Schwäche in der **obrigkeitlichen** Argumentation wegen, eine Revision des ethischen Verständnisses der soldatischen Existenz. Der Wandel vom Obrigkeitsstaat zur Demokratie spielte dabei eine besondere Rolle. Darüber hinaus weckten der verlorene Krieg und die daraus hervorgehenden Lasten für die Bevölkerung erneut die Diskussion über das Für und Wider bewaffneter Auseinandersetzungen. Davon konnten die Erörterungen der Problematik soldatischer Existenz nicht unberührt bleiben. In einem Aufsatz mit dem beziehungsreichen Titel: »Zur Geschichte des kriegerischen Ethos« aus dem Jahre 1928[12] bildet diese zeitgeschichtliche Szenerie den aktuellen Hintergrund für den Versuch, die Frage nach dem Grund soldatischer Existenz neu zu beantworten.
Dabei wird nun zunächst sehr prinzipiell im Rückgriff auf Gedanken des 16. Jahrhunderts die These formuliert, daß »Luther ... die Heerespflicht des Einzelnen ... weder ... schlechtweg verneint noch auch im Sinne des ›Obrigkeitsstaates‹ als reine Gehorsamspflicht unter allen Umständen bejaht«

hätte.[13] Die soldatische Existenz gründe vielmehr in der »Gliederung des Einzelnen in einem größeren Ganzen . . .«[14] Dieses **größere Ganze** aber ist das Vaterland. Mit dem Wort Vaterland wird das auszudrücken versucht, was in der Gelehrtensprache des 16. Jahrhunderts »res publica« oder »patria« heißt.[15] Zugleich wird damit aber auch die Ansicht verbunden, daß die im Volkstum gründende soldatische Existenz nur eine frühe Vorwegnahme des Volksheer-Gedankens gewesen sei, wie er nach der Französischen Revolution z.B. die preußischen Reformer bewegt habe.[16]
So kann dem obrigkeitlichen wie dem pazifistischen Argumentationsmuster die These entgegengestellt werden, daß »durch das Hinzukommen des Vaterlandsgedankens oder, was im letzten Grund damit gemeint war, des Volksbewußtseins . . . ein tragfähiges sittliches Fundament des soldatischen Gemeingefühls entstehen« konnte.[17]
Doch reichte auch dieser Ansatz nicht aus, um eine Lösung der mit dem Dasein des Soldaten verbundenen Problematik herbeizuführen. Denn es läßt sich nicht übersehen, daß sich mit der Einführung des Volks-Gedankens in die Begründung der soldatischen Existenz auch dessen nationalistische Engführung als Gefahr einstellt. Das wird insbesondere daran kenntlich, daß der »Kampf um die Idee der deutschen Nation« darin einen besonderen Akzent bekommt.[18] Erneut leuchtet hier ein instrumentalistisches Mißverständnis der soldatischen Existenz hervor. Denn sie wird implizit zum Beförderungsmittel dessen, was jeweils politisch-konkret als **Idee der Nation** zur Zielvorstellung politischen Handelns erklärt wird. Welche verderblichen Entwicklungen sich im Gefolge des Nationalismus dann einstellen konnten und in welches Zwielicht dadurch gerade auch das Militär geriet, machten die Jahre 1933-45 kenntlich.
Im Aspekt der Ethik erwies sich dieser völkische Ansatz aber noch aus einem anderen Grunde als unzureichend. Er versperrte nämlich den Zugang zu einer Anerkennung der Veränderungen im Völkerrecht und zu deren produktiver Aufnahme in das eigene politische Handeln. Denn die Beseitigung des Rechts auf Krieg erforderte im Grunde die Ausbildung neuer internationaler Kooperationsstrukturen. Sie bedingte geradezu den Verzicht auf die Vorrangstellung einer nationalen Idee und verlangte stattdessen die ungeteilte Bereitschaft zur Anerkennung der durch jene völkerrechtlichen Veränderungen ebenfalls mitbedingten Relativierung nationaler Souveränitätsrechte um eines friedlichen und geordneten Zusammenlebens verschiedener Nationen willen. Gerade dazu vermag aber die Fassung, die der Vaterlandsgedanke in dem besprochenen Zusammenhang erhalten hat, wenig beizutragen.

Ein weiterer Mangel dieses Ansatzes wird dort sichtbar, wo sich das Problem **Demokratie und Militär** nach dem Ersten Weltkrieg stellte. Es findet hier erstaunlicherweise überhaupt keine Berücksichtigung. Der Grund dafür dürfte in dem eigentümlichen Sachverhalt liegen, daß die Kritik am Obrigkeitsstaat gar nicht prinzipiell gemeint war, sondern sich lediglich gegen das friderizianische Preußen des 18. Jahrhunderts richtete.[19] Der Obrigkeitsbegriff selber wird offenbar für so unproblematisch erachtet, daß er ohne nähere Erläuterung auch auf die neu entstandenen staatlichen Verhältnisse übertragen werden kann. Im Hinblick auf den Soldaten ergibt sich darauf erneut die Forderung einer »Gehorsamspflicht gegenüber der Obrigkeit«.[20] Daß demgegenüber jedoch der demokratische Staat ein spezifisch politisches Ethos verlangt, dessen Beziehungen zum Begriff der Obrigkeit und seinen Vorstellungsgehalten überprüft zu werden verdienten, wird hier noch nicht als eigene Aufgabe wahrgenommen. So bleibt auch die Frage nach dem Verhältnis der soldatischen Existenz zum demokratischen Ethos ungeklärt. Aufs Ganze gesehen läßt sich darum nicht der Eindruck vermeiden, daß bei dem zuvor dargestellten Ansatz an die Stelle der vergangenen monarchischen Obrigkeit jetzt die Idee der Nation als eigentliche neue **Obrigkeit** tritt, die dem entstandenen demokratischen Staatswesen noch übergeordnet wurde. Die aus einer solchen Überordnung hervorgehende Gefahr, den Staat nur noch als ein Werkzeug für die Verwirklichung der **Idee der Nation** zu betrachten, hat die aufmerksamen Beobachter der politischen Entwicklung in Europa gerade im Hinblick auf den erstarkenden Nationalismus und Faschismus besorgt gemacht.[21] Dies bildete den Anlaß, auf die ständigen Möglichkeiten des Mißbrauchs nationalen oder völkischen Bewußtseins nachdrücklich aufmerksam zu machen. Das, was als Kampf um die Idee der Nation erscheint oder ausgegeben wird, kann im Lichte der aktuellen politischen Prozesse in den dreißiger Jahren durchaus auch als Ausdruck eines nationalen Egoismus verstanden werden. Die »Liebe zum eigenen Volk« wird mißbraucht und ethisch nicht zu rechtfertigendes politisches Handeln, beispielsweise im Hinblick auf die »Unterdrückung anderer Völker oder nationaler Minderheiten«, mit dem Gehorsam gegen eine höhere Ordnung legitimiert.[22]

Diesen Gefahren einer überbetonten nationalen Idee und eines zur letzten Richtschnur gemachten Volksgedankens unterliegt schließlich das Verständnis der soldatischen Existenz. Sie droht hier ebenfalls nur zu einem bloßen Werkzeug für die Verwirklichung der Idee der Nation und des Volksgedankens zu werden.

Kontroverse Beurteilung der soldatischen Existenz nach 1945

Mit dem Zweiten Weltkrieg und seinem Ende setzt eine grundsätzliche Neubesinnung über Militär und Krieg in der Ethik ein. In deren Verlauf fällt das soldatische Ethos immer mehr aus den ethischen Überlegungen heraus. Statt dessen treten der Friede und mit ihm ein Friedensethos thematisch in den Mittelpunkt der Auseinandersetzungen. Im Hinblick auf die christliche Ethik, die sich in besonders markanter Weise an diesen Auseinandersetzungen beteiligt, wird die jetzt entstandene Lage in folgender Aussage treffend charakterisiert: »Wie immer man auch über die Möglichkeit denken mag, Kriege ›abzuschaffen‹, den Zustand der Welt zu ändern und die Chancen des politischen Friedens zu vermehren, so hat auf jeden Fall die christliche Ethik eine nähere Beziehung zum Frieden als zum Kriege. Natürlich ist das eine wie das andere Thema der Ethik; aber in der Zielsphäre der christlichen Ethik gibt es nur den Frieden, nicht den Krieg.«[23]

Trotz einer immer wieder betonten realistischen Einschätzung der entstandenen Situation in bezug auf die Möglichkeit, den Krieg überhaupt abzuschaffen, erfolgt jetzt doch eine radikale Umorientierung in der Fragestellung. Das bedeutet zudem auch eine Absage an die bisherige Tradition. Vor allem ist das Kriegsverständnis davon betroffen. In dieser Beziehung hat die Anwendung von nuklearen Vernichtungsmitteln am Ende des Zweiten Weltkrieges den Prozeß der kritischen Prüfung bisheriger ethischer Aussagen zum Krieg nachhaltig beschleunigt.[24] Allerdings wird dabei bedacht werden müssen, daß die Frage nach dem Sinn der soldatischen Existenz weder positiv noch negativ schon mit dem Hinweis auf den jeweiligen geschichtlichen Stand der Waffentechnik beantwortet werden kann. Die Kritik an der Rüstung kann zwar die Sensibilität für die Notwendigkeit einer Überprüfung des bisherigen soldatischen Selbstverständnisses wecken, aber die Frage nach dem Sinn der soldatischen Existenz wird nicht schon von dieser Kritik einer endgültigen Antwort zugeführt.

Unabhängig von allen weiteren Erörterungen zu den komplexen Themenbereichen Rüstung und Krieg gilt es jetzt aber als ausgemacht, daß der Friede als das bisher erklärte Ziel eines sittlich gerechtfertigten Krieges in der entstandenen historischen Lage nicht mehr erreichbar ist. Auf dem Gebiet der Ethik vollzieht sich so in bezug auf das Verständnis des Krieges eine analoge Entwicklung zum Völkerrecht: Es gibt kein sittliches Recht des Krieges mehr.[25]

Diese Entwicklung hat insbesondere auf die klassische Lehre vom »gerechten Krieg« (bellum iustum) einen nachhaltigen Einfluß.[26] Angesichts der durch die Massenvernichtungsmittel heraufbeschworenen Lage und der von ihnen drohenden Gefährdungen der Menschheit treten die Grenzen dieser Lehre heute deutlich hervor. Es stellt ein hartes, wenn auch zutreffendes Urteil dar, daß diese Lehre »durch die Geschichte des neuzeitlichen Völkerrechts und moderne Ideologien hinreichend disqualifiziert« sei, daß darüber hinaus das ihr »zugrundeliegende statische Ordnungsbild . . . nicht mehr den Chancen und Gefährdungen politischer Handlungslagen« entspräche und daß es ihr schließlich »in neuester Zeit kaum einmal gelungen (sei), konkrete sittliche Entscheidungen politischer oder individual-moralischer Natur eindeutig bestimmen zu helfen«.[27]

Trotzdem darf aber nicht darüber hinweggesehen werden, daß es durchaus respektable Bestrebungen gibt, den Kern dessen, was mit dieser Lehre eigentlich gemeint war, wieder freizulegen.[28] Unter ihnen verdient insbesondere dasjenige Bemühen aufmerksame Beachtung, das den Kompromißcharakter der Lehre vom »gerechten Krieg« herausarbeitet.[29] Danach handelt es sich bei ihr nicht um »eine Rechtfertigungstheorie von Kriegen«[30], sondern um die Vermittlung zwischen dem Prinzip Frieden und dem Recht der Selbstverteidigung.[31] Die jahrhundertlange Auseinandersetzung über den »gerechten Krieg« hat gezeigt, »daß es kaum möglich ist, eine moralische Bedingung adäquat in rechtlich relevante Kriterien umzusetzen«.[32] Heute wird dagegen wieder deutlich, daß die Lehre vom »gerechten Krieg« nur noch als eine Herausforderung an die Ethik verstanden werden kann, erneut Kriterien für einen sittlich gerechtfertigten Vollzug soldatischer Existenz zu entwickeln.[33]

Doch gerade in dieser Hinsicht treten jetzt ernsthafte Schwierigkeiten in der Ethik auf. Durch die Konzentration auf die Friedensthematik ist die Befassung mit der soldatischen Existenz und vor allem mit der Frage, worin sie gründet, in den Hintergrund gedrängt worden. Im Grunde weiß man mit ihr nichts mehr anzufangen. An ihr meint man entdecken zu können, daß sie bereits von der Geschichte überholt ist. Etwas Neues wird stattdessen erwartet. Dessen Verwirklichung soll darum auch alle Kräfte anstrengen lassen. Es handelt sich hierbei um ein »kollektives Weltsicherheitssystem«. Von ihm wird ein dauerhafter Friede erhofft.[34] Die soldatische Existenz kann ihren Ort dann nur noch in jenem geschichtlichen Übergangsstadium haben, in dem das Alte bereits verschwindet, aber das Neue noch nicht an seine Stelle getreten ist. Ihren Sinn findet sie allenfalls darin, daß auch sie sich als ein förderndes Element in der Verwirklichung des universalen, kollektiven Sicherheitssystems versteht, das freilich auf ihre Beendigung drängt. Auf

diesem Hintergrund erhält dann die folgende Feststellung ihren Sinn: »Nur in diesem realistischen, relativierenden und vorwärtstreibenden Spannungsfeld können Soldaten heute noch mit gutem Gewissen ihre Aufgabe vollführen und gleichzeitig darüber hinausdrängen.«[35]
Die spezifische Geschichtsanschauung, die die Grundlage für diese Art von Dialektik bildet, ist zu offenkundig, als daß sie noch einer weiteren Erläuterung bedürfte. Daß aber der Soldat sich selbst gleichsam überflüssig zu machen habe, ist auch ein Gedanke, der gegen Ende der fünfziger Jahre unseres Jahrhunderts auf dem Höhepunkt der Auseinandersetzung über die Atom-Waffen geäußert wurde.[36] Damals hieß es: »Der Soldat, vor allem der führende Soldat, kann sein Amt nur erfüllen, wenn er es von vornherein als befristet betrachtet, und die letzte, höchste Ehre des an geschichtlichen Ehren so reichen Soldatenstandes wird darin bestehen, daß er entscheidend zu einer Selbstüberwindung beiträgt.«[37]
Die neue Weltordnung, die in den letzten Jahrzehnten in der Ethik ihren Anwalt gefunden hat, läßt den Soldaten nur noch als eine Übergangserscheinung gelten. Aber damit wird eigentlich nur zum Ausdruck gebracht, daß die soldatische Existenz keiner weiteren Erklärung und Begründung mehr bedarf. Es kann mit der Feststellung sein Bewenden haben, daß die Soldaten »in dieser Übergangssituation in eine noch nie dagewesene Unsicherheit über die Verantwortbarkeit ihres Tuns gestürzt sind«.[38] Der soldatischen Existenz wird so der Charakter eines historischen Widerspruchs verliehen, dessen Ende aber erst in einem weltumspannenden System der kollektiven Sicherheit — dem Friedensreich — manifest wird.[39]
Ein utopisch-rigoroser Moralismus verleiht diesem Argumentationszusammenhang noch einen besonderen Akzent.[40] Sein Merkmal besteht einmal in einer beständigen Disqualifizierung der geschichtlichen Gegenwart. Gegen sie und ihre Fehlerhaftigkeit wird die Makellosigkeit eines erhofften, zukünftigen Endzustandes gekehrt. Sodann aber ist es das Wesen dieses Moralismus, dem einzelnen den Aufbruch in diese Zukunft und damit das Verlassen der Gegenwart und der in ihr entstehenden Aufgaben zur Pflicht zu machen. Die Gegenwart wird gleichsam zum Ort ungelungenen Menschseins erklärt und damit prinzipiell entwertet. Es liegt in der Konsequenz dieses Vorgehens, für sie dann auch keine besondere Verteidigungswürdigkeit mehr behaupten zu können.
Dieser Moralismus kann sich allerdings nicht auf ethische Traditionen der Moderne und schon gar nicht auf *Kant* und dessen Überlegungen **Zum ewigen Frieden** berufen. Denn bei ihm fehlt das Moment moralisierender

Anklagen gegen die Gegenwart. Seine »Darlegung der realen Politik ist nicht eine verzweifelte und verachtende Anklage, erhoben vom Orte des besseren Wissens und eines besseren Menschen. Weder fördert *Kant* die Passivität, weil ja doch alles Mühen vergeblich sei, noch erhebt er die Forderung einer sofortigen totalen Veränderung der Welt vom Kriegszustand zum Friedenszustand. Sein Entwurf enthält nur die Idee der sittlich-politischen Aufgabe.«[41] Es ist deutlich, daß die Idee des Friedens zur Richtschnur einer Entwicklung werden soll, die in eine doppelte Richtung geht: in die Richtung der Verwandlung des Menschen zum sittlichen Wesen und in die Richtung einer Entwicklung zum Frieden durch Recht. In diesen einander bedingenden Entwicklungsrichtungen ist eine Grundvoraussetzung dafür zu sehen, daß die Friedensruhe eines Weltstaates nicht eintritt, der die Gefahr heraufbeschwört, daß die Freiheit durch Despotismus ersticken wird.[42] Im Gegenzug muß dann aber auch mit gleicher Nachdrücklichkeit gefordert werden, daß die Entwicklung der Freiheit, die unbestritten immer auch eine Entwicklung zum Frieden ist, vor Einwirkungen geschützt wird, durch die sie unterbrochen oder gar abgebrochen zu werden droht. Der für die Gestaltung seiner Lebensverhältnisse verantwortliche Mensch zeichnet sich zudem dadurch aus, daß er die Entwicklung zum Frieden nicht nur aus bloßer Angst betreibt, sondern aus der Einsicht in seine sittlich-politische Aufgabe. Diese Einsicht schließt aber die Gegenwart ein und erklärt sie nicht zu einer im Grunde bereits irrelevant gewordenen Vergangenheit. Es sind dann oft sicherlich nur kleine Schritte, die in dieser Gegenwart getan werden können, um jener Aufgabe verantwortlich gerecht zu werden. Zweifelhaft bleibt dagegen, ob sich diese pragmatische Haltung durch utopische Entwürfe einer für erstrebenswert gehaltenen **Neuen Welt** wirkungsvoll ersetzen läßt, so daß Menschen nicht nur verunsichert und allenfalls politisch-taktischen Absichten unterworfen, sondern auch zur aktiven Mitgestaltung gerade in der Gegenwart angeregt werden.

Politisches Ethos und soldatische Existenz

Die Abkehr von solchen Zukunftsentwürfen und stattdessen die Hinwendung zu gangbaren Schritten in der Befolgung des Friedensgebotes kennzeichnen eine Bestrebung, die sich jetzt in der Ethik Geltung verschafft.[43] Seinen Niederschlag hat das vor allem dort gefunden, wo die primäre Verantwortung der Politik für die Einhaltung des Friedensgebots nachdrücklich hervorgehoben wird.[44]

»*Der Friede ist*«, wie es in einer markanten These heißt, »*der Inbegriff der politischen Aufgabe. Friedenspolitik als Bejahung des Lebens auch im Falle des Konflikts ist die Konkretisierung der politischen Verantwortung gegenüber dem Krieg als Mißlingen der Politik. Die Stärkung und Erneuerung der Friedensaufgabe der Politik muß sich darum im Umgang mit Konflikten bewähren.*«[45]

Zerlegt man diese These in ihre einzelnen Elemente, dann zeigt sich:

1. die Anknüpfung an die im 18. Jahrhundert begonnene Tradition, den Frieden als sittlich-politische Aufgabe zu betrachten;
2. die Betonung des Primats der Politik über dem Militärisch-Kriegerischen[46], wie es bereits v. Clausewitz gültig formuliert hat;
3. die Fortführung der klassischen ethischen Tradition, derzufolge das Ende jedes Konflikts der Friede sein müsse[47]; und
4. die realistische Einschätzung der Wahrscheinlichkeit von Konflikten sowie die Bereitschaft, das Recht der Selbstverteidigung zu behaupten.[48]

Es liegt in der Konsequenz dieses Ansatzes, daß die soldatische Existenz einen anderen Stellenwert erhält als in den zuvor erörterten Gedanken, die ja wesentlich davon bestimmt sind, daß es sie eigentlich nicht mehr geben dürfe. An folgender Aussage wird das kenntlich: »Die Sicherung des Friedens ist die prekäre Aufgabe einer Bejahung des Lebens angesichts der Realität gewaltsam ausgetragener Konflikte zwischen Völkern und Nationen, wie sie *faktisch* auftreten und in dieser *Faktizität* den Vollzug der politischen Aufgabe bedrohen und in Frage stellen. ... Waffen, Rüstung und deren Gebrauch sind unter keinen Umständen an sich selbst legitim und ethisch gerechtfertigt, sondern immer nur im Kontext dieser politischen Aufgabe und allein und ausschließlich durch sie.«[49]

Dennoch fällt auf, daß die soldatische Existenz selbst nicht zu einem eigenen Thema ethischer Reflexion gemacht wird. Das kann dann zu dem Mißverständnis Anlaß geben, ihr Grund müsse lediglich in einem Versagen an der politischen Aufgabe gesucht werden. Eine ebenfalls naheliegende andere Konsequenz wäre es, dem Soldaten nur eine instrumentelle Rolle zuzuweisen, um politische Aktionen mit mehr Nachdruck zu versehen.[50] Argumente, die in die eine oder die andere Richtung zielen, gibt es ja. Dahinter

stellt sich jedoch die weiterreichende Frage, ob nicht gerade im Aspekt der sittlich-politischen Aufgabe die soldatische Existenz auch in einem anderen Licht gesehen werden kann und muß. Es ginge also darum, den zuvor skizzierten politisch-ethischen Ansatz weiterzuführen und dabei die Linien in Richtung eines, der gegenwärtigen historischen Situation angemesseneren Verständnisses des Soldaten kräftiger auszuziehen.
Diese Aufgabe führt an einen Punkt, wo es unerläßlich wird, sich daran zu erinnern, was die gestaltenden Kräfte der Neuzeit geweckt und geformt hat. Man wird dann dessen inne werden, daß ihr Entstehungsgrund das Freiheitsprinzip ist. Die Geschichte der Neuzeit läßt sich seitdem nicht mehr auf ein neues Prinzip gründen. »Das Prinzip der Freiheit ist unantastbar und unwiderrufbar. Es ist für niemanden mehr möglich, die Unfreiheit von Menschen noch zu bejahen.« Aber es ist ebenfalls hervorzuheben, daß ein politischer Zustand noch keineswegs erreicht ist, der es erlauben würde, bereits davon zu sprechen, daß das Freiheitsprinzip uneingeschränkt zur Geltung gelangt sei. Im Blick auf die neuzeitliche Geschichte ist es vielmehr angemessener, zu fragen, ob »nicht die Geschichte eben das (ist), daß das geschichtliche Handeln der Menschen das Prinzip der Freiheit in die Wirklichkeit umzusetzen hat?«[51]
Im Blick auf die christliche Ethik muß an dieser Stelle hervorgehoben werden, daß ihr seit je ein besonderes Verhältnis zur Freiheit eignet. Es hat seinen Ausdruck vor allem darin gefunden, daß die christliche Ethik stets vor der Notwendigkeit gestanden hat, die unverfügbare Freiheit des Glaubens zu den Freiheiten der Welt in Beziehung zu setzen. So stellt auch die Demokratie für sie jene große Herausforderung dar, erneut die Freiheit des Glaubens und das neuzeitliche politische Freiheitsverständnis aneinander zu vermitteln. Dies sollte allerdings nicht aus dem durchsichtigen Grund versucht werden, in einer weithin entchristlichten Umwelt christliche Sitte um jeden Preis zur Geltung zu bringen, sondern alleine unter der Voraussetzung, daß aus jener Vermittlung Impulse an die Gestaltungsnotwendigkeiten der menschlichen Lebenswelt überhaupt hervorgehen. Dies sichtbar werden zu lassen, ist darum durchaus auch ein Grund, warum im folgenden auf theologische Ethiken Bezug genommen wird.
Hinsichtlich eines besseren Verstehens der soldatischen Existenz entsteht jetzt zugleich direkter die Aufgabe, zu prüfen: ob und inwiefern sie mit dem **Prinzip Freiheit** und der Geschichte seiner neuzeitlichen Umsetzung in Beziehung steht. Gibt es Gründe dafür, sie als Bestandteil der freiheitlichen Verfassung der neuzeitlichen Lebenswelt zu begreifen?

Es handelt sich dabei keineswegs nur um eine historische Fragestellung. Die Berücksichtigung militärhistorischer sowie geistes-, politik- und sozialgeschichtlicher Daten ist in diesem Zusammenhang zweifellos ein Erfordernis. Aber die Aufgabenstellung läßt sich darauf alleine nicht beschränken. Sie führt vielmehr mitten hinein in die konfliktreiche Frage nach dem Sinn des Soldatseins in der Gegenwart. Zugleich ergibt sich daraus die Notwendigkeit, die soldatische Existenz in übergreifenderen Zusammenhängen zu bedenken und sie dadurch aus oft sehr einseitigen Sichtweisen herauszulösen, unter denen sie gegenwärtig abgehandelt wird.

Als Bestandteil der freiheitlichen Verfassung der neuzeitlichen Gesellschaft wäre die soldatische Existenz also noch nicht zureichend in Bedacht genommen, wenn nicht zugleich auch ihre Beziehung zu einem, dem Freiheitsprinzip angemessenen politischen Ethos in die Untersuchung miteinbezogen würde. Dies muß vor allem auf dem Hintergrund der politischen Friedensaufgabe gesehen werden. Wenn es zutreffend ist, daß das, »was Frieden *ist*«, nur verstanden werden kann, wenn auch begriffen worden ist, »was Freiheit *sein soll*«[52], dann erhält die Frage nach der Beziehung des Soldatseins zum Freiheitsprinzip noch eine weitere Dringlichkeit. Offenkundig meint jene Formulierung aber auch, daß es sich hier nicht nur um eine theoretische Fragestellung handelt, sondern daß das Begreifen der politischen Friedensaufgabe ins Leere geht, wenn es nicht zugleich mit der politischen Umsetzung von normativen Forderungen verbunden wird, die aus dem **Prinzip Freiheit** abzuleiten sind. Ließe sich die soldatische Existenz nun als integrierter Teil einer freiheitlichen Staats- und Gesellschaftsverfassung verstehbar machen, wäre sie gar selbst ein Ort, an dem sich das geforderte politische Ethos einen spezifischen Ausdruck gibt, dann würde sich von dort her auch der Anteil des Soldatseins an der politischen Friedensaufgabe neu bedenken lassen.

Prinzipiell eröffnet sich so im Kontext des politischen Ethos eine zweifache Perspektive: einmal eine grundsätzliche, in der danach zu fragen ist, ob und in welcher Bestimmung die soldatische Existenz als spezifische Weise einer politischen Verantwortung für die Freiheit zu begreifen ist; und sodann eine weitere, in der es um die Frage nach dem Beitrag zur Wahrnehmung der Friedensaufgabe selber geht. Im Hinblick auf beide Perspektiven muß damit gerechnet werden, daß sich im Aspekt der Freiheit und dem durch sie bedingten Gewicht der politischen Verantwortung andere Möglichkeiten für das Verständnis der soldatischen Existenz eröffnen als solche, die entweder einem Traditionalismus oder dem Pazifismus entstammen. Darin könnte

auch die Chance liegen, die widersprüchliche Lage überwinden zu helfen, in der sich das Soldatsein heute befindet.
Der Versuch, sich der Problematik der soldatischen Existenz im Rahmen einer ethischen Studie anzunehmen, bliebe jedoch unvollständig, wenn er nicht auch einen Fragenkomplex thematisch miteinbezöge, der die Beziehungen von Ethos und Bildung zum Inhalt hat. Nachdem militärische Systeme heute ohne den Einbezug von Wissenschaft und Technologie nicht mehr denkbar sind, stellen sie in besonderer Weise Bereiche dar, in denen die Probleme des Umgangs mit den von Wissenschaft und Technik eröffneten Möglichkeiten in hohen Maße virulent sind. Welche Anforderungen sich daraus ergeben, soll verdeutlicht werden. Im besonderen ist dann aber danach zu fragen, welche Linien sich von dort her zu der Gesamtthematik ziehen lassen. Denn für den Vollzug der soldatischen Existenz unter den Bedingungen unserer geschichtlichen Welt wird es generell darauf ankommen, inwieweit die militärischen Handlungs- und Funktionsabläufe in den übergreifenden Horizont einer Einübung in die Verantwortung für die Freiheit eingezeichnet sind.

2. Die Kultur der Freiheit und die Aufgabe des Militärs — ein Aspekt neuzeitlicher Geschichte

Die Bedeutung der Französischen Revolution für die Veränderung des Militärwesens

Die Frage nach dem Zusammenhang von soldatischer Existenz und politischem Ethos besitzt eine historische Dimension. Sie gilt es vor allem anderen zu erkennen und kenntlich zu machen. Ihr Entstehungsort ist die Neuzeit.[1] Die sie hervortreibende Kraft liegt in deren politischen und sozialen Wandlungsprozessen, genauer: in den mit der Französischen Revolution zusammenhängenden Umbrüchen.[2] Was sie für den hier zu erörternden thematischen Zusammenhang bedeuten, wird sichtbar, wenn man sich zunächst Eigenart und Struktur der Söldnerheere vor Augen führt.

Untersuchungen dieser Heere[3] haben gezeigt, daß in ihnen ein von ganz bestimmten Formen geprägter Sozialtypus des Soldaten entstanden ist. Seine Merkmale bestehen in einem spezifischen *Gruppenbewußtsein,* aus dem ein *bündisch-elitäres Selbstverständnis* hervorging, und in der *Bereitschaft zu bedingungsloser Unterordnung.*

Das elitäre Selbstverständnis verschaffte sich in einer Diskriminierung bäuerlicher und bürgerlicher Daseinsformen Ausdruck. Daran wird das Bestreben erkennbar, das eigene soldatische Selbstverständnis aus einem Kontrast zur nicht-militärischen Umwelt zu gewinnen.[4]

Die Bereitschaft zur Unterordnung bildete eine entscheidende Voraussetzung für ein geübtes, geschlossenes und diszipliniertes Vorgehen im Gefecht. Das begründete schließlich den Erfolg und mit ihm den **guten Ruf** der Landsknechte.[5] So kann als Kennzeichen, durch das sich die Söldnerheere von den Lehnsaufgeboten des Mittelalters unterschieden, die bedingungslose Einordnung des einzelnen Heeresgenossen in die Formation des Gevierthaufens dienen. Diese »funktionelle Einpassung in den taktischen Körper« wurde durch den »Verzicht auf eigenständiges Handeln und die Anerkennung der Gehorsamspflicht gegenüber Vorgesetzten ermöglicht. Die Entwicklung eines durch die Stufung von zahlreichen militärischen Ämtern praktikabel gemachten Gehorsamsprinzips . . . ist der auf Dauer vielleicht wirkungsvollste Beitrag der Landknechtsregimenter in der deutschen Heeresgeschichte.«[6]

Im Hinblick auf solche wirkungsgeschichtlichen Zusammenhänge ist es aufschlußreich, daß auch im Zeitalter des Absolutismus das Argument nicht an Überzeugungskraft eingebüßt hat, **Berufsmilitärs** besäßen ein solches Maß an überlegenen kriegerischen Fähigkeiten, daß diese im Zusammenwirken mit zentral gesteuerten Organisationsformen optimale Erfolge sowohl bei militärischen Operationen als auch im weiteren politischen Bereich überhaupt zwangsläufig garantierten. Diese »Professionalität« stellte zweifellos einen Hauptgrund für eine in den Armeen geübte, den einzelnen Soldaten allerdings depersonalisierende Dienstgestaltung dar, die sich u.a. dadurch auszeichnete, daß der **Drill** zum beherrschenden Element wurde. Die im 18. Jahrhundert zudem auch in militärischen Kreisen geläufige Ansicht, durch wissenschaftliche Methoden — vornehmlich mathematische und physikalische — ließen sich Planung, Organisation und Kontrolle militärischer Vorgehensweisen überhaupt nur effizient gestalten, verstärkte wohl noch jene Tendenz, die Armee als eine Größe anzusehen, die nach den Regeln der Mechanik zu planen und zu führen sei.[7] Das Ideal einer uhrwerkhaften Präzision ließ sich aber nur verwirklichen durch schärftsten Drill, der wiederum bedingungslosen Gehorsam erzwang. Er wurde u.a. mit Hilfe strenger körperlicher Züchtigungen in den Armeen erzeugt, wenn er nicht durch andere Abschreckungsmittel gegen Ungehorsam herbeigeführt werden konnte.[8]
Die Französische Revolution brachte nun einen prinzipiellen Einbruch in das bis dahin geltende Bild vom Militär. Insbesondere die in ihrem Gefolge eingeführte allgemeine Wehrpflicht, die in einem entsprechenden Gesetz von 1798 ihren verbindlichen Ausdruck erhielt, erwies sich in mehr als einer Hinsicht als folgenreich. Das **ganz Frankreich als Soldat** bezeichnet wurde[9], war eben nicht nur ein Grund für tiefgreifende Veränderungen in dem Selbstverständnis, der Moral und der Organisation des Militärwesens[10], sondern es hatte vor allem auch ethische Implikationen. Besonders die Frage nach dem Verhältnis von politischer Verantwortung und soldatischer Existenz mußte jetzt neu durchdacht werden, nachdem der Volkswille zu einer die politischen Prozesse regulierenden Größe geworden war. Die Entwicklung zu einem republikanischen Staatswesen, dessen bestimmendes Prinzip u.a. die Einschränkung individueller Freiheit zugunsten eines am Wohl aller Staatsbürger orientierten, allgemeinen politischen Willens vorsah, mußte auch prinzipiell das Ende des überkommenen soldatisch-elitären Sonderethos bedeuten. Unter den neuen Bedingungen konnte darum nur ein demokratisches Ethos — wie schwach auch immer ausgebildet — die gemeinsame Grundlage für die Wahrnehmung von sowohl politischer

als auch militärischer Verantwortung bilden. Es galt folglich, Freiheit nicht nur in Anspruch zu nehmen, sondern sie durch politischen und militärischen Dienst zugleich zu wahren und zu fördern.

Der große französische Analytiker politischer Entwicklungen im 19. Jahrhundert, *Alexis de Tocqueville,* hat am amerikanischen Demokratieverständnis das Postulat des Dienstes an der Freiheit als eine mindestens auch für das Frankreich nach der Revolution geltende Verbindlichkeit aufgezeigt, indem er auf das Prinzip hinwies, »daß es Pflicht und Interesse des Menschen ist, sich seinem Nächsten nützlich zu erweisen«.[11] Er verband damit allerdings auch eine Kritik an den entstandenen französischen Verhältnissen, weil man es nicht vermocht habe, Freiheit und Gleichheit als zusammengehörig, sondern nur als politische Gegensätze zu denken. Seine Bemerkung endet mit der bedeutsamen Aussage, daß »die Übel, die die Gleichheit hervorbringen kann«, nur auf eine wirksame Weise bekämpft werden können: durch »die politische Freiheit«.[12] Von diesem Grundsatz ausgehend, schließt de Tocqueville, »daß Leidenschaft und Gewöhnung an die Freiheit« ebenfalls unerläßliche Voraussetzungen für den Dienst des demokratischen Bürgers als Soldat sind. »Im anderen Fall kann ich mir nichts vorstellen, das der Eroberung leichter zugänglich ist als ein demokratisches Volk ohne freiheitliche Institutionen.«[13]

Jeder Versuch, die soldatische Existenz im Zusammenhang mit der politischen zu thematisieren, wird so unzweifelhaft seinen Ausgang bei eben der zentralen Bedeutung zu nehmen haben, die das **Prinzip Freiheit** erhalten hat. Im Blick auf die Französische Revolution läßt sich unschwer behaupten, daß mit ihr diese Thematik aufgebrochen ist und seitdem zu immer neuen Erörterungen genötigt hat.

Dieses historische Ereignis mit seinen tief einschneidenden Wirkungen auf das Leben der europäischen Staaten und ihrer Bürger birgt so bereits in sich, was danach in vielfältigen Anläufen und mit ständiger Modifikation die Politik bewegt hat. In dieser Hinsicht kann man dem zusammenfassenden Urteil *Golo Manns* zustimmen. Er beurteilt die Französische Revolution als eine inspirierende Quelle, von der »die europäische Politik im 19. Jahrhundert« gelebt habe. »Es sind in all der Zeit keine Ideen, keine Träume, keine Furcht, kein Konflikt erschienen, die nicht in jenem schicksalsschwangeren Jahrzehnt schon wären durchexerziert worden: Demokratie und Sozialismus, Reaktion, Diktatur, Nationalismus, Imperialismus, Pazifismus.«[14]

Auf dem Grunde der durch diese Revolution ausgelösten Entwicklungen liegt allerdings ebenfalls ein Problem, das sich jeder historischen Epoche neu stellt: die Aufgabe, praktisch-politische Einsicht in eine gegebene Situation und sittliche Rationalität aneinander zu vermitteln. Sofern Politik nicht nur von pragmatischen, auf akute Lagen bezogenen Handlungsentscheidungen, sondern immer auch von Gedanken und Entwürfen vorgängig in ihren Entscheidungen geleitet wird, was künftighin sein soll, geht es in diesem Zusammenhang um die Durchsetzung solcher Entwürfe in der Wirklichkeit unter Maßgabe des in einer historischen Situation überhaupt Möglichen. Dies aber legt jeder politisch-verantwortlichen Kraft Rücksichtnahmen auf, die es verhindern, daß Politik nur unter dem Vorzeichen der Idealität ihres Strebens geschehen kann. Stets muß mitbedacht werden, was Menschen um einer angestrebten Zukunft willen in ihrer Gegenwart an Unsicherheiten im Gefolge von gewollten Umbrüchen oder verändernden Reformen an persönlichen Opfern und an Verlusten an Lebenssinn zugemutet werden darf, der als rechtfertigender und fraglos machender Grund individuellen Entscheidungen und Handlungen zugrunde liegt. Was im Blick auf die Französische Revolution ebenfalls hervorgehoben werden muß: das Mißlingen nur von Enthusiasmus getragener Unternehmungen, die Perversion der leitenden Ideen durch ungezügelten Machtrausch oder materialistische Selbstsucht und das Unvermögen unerfahrener Theoretiker, Macht im politischen Alltag konstruktiv einzusetzen, das alles gilt es immer wieder neu zu überwinden, indem Energien aus dem Strom destruktiver Entwicklungen umgeleitet werden auf die Erreichung lebenswerter und lebenswichtiger Ziele hin.[15]

Die in diesen Studien behandelte Frage nach dem Verhältnis von politischer Ethik und Militär hat ihren Ort in der skizzierten Fundamentalproblematik. Sie richtet sich im besonderen auf die Frage, ob Militär bereits zureichend verstanden ist, wenn es als ein bloßer instrumenteller Faktor für die Realisierung politischer Zielsetzungen begriffen wird.

Erstaunlicherweise hat die Französische Revolution allen ihren Humanitäts-, Demokratie- und sozialen Gerechtigkeitsidealen zum Trotz in dieser Beziehung noch keine nachhaltige Veränderung in den überkommenen Ansichten bewirkt. Dies tritt mit beispielhafter Deutlichkeit an *Napoleon I.* selbst zutage. Sein Biograph, *Jaques Presser,* in der erkennbaren Absicht, verbreitete Legenden zu zerstören, macht unter Hinweis auf den von *Metternich* überlieferten Ausspruch Napoleons, demzufolge ein Mann wie er sich um das Leben von einer Million Menschen nur wenig Sorgen machen könne, auf ein solches instrumentelles Verständnis des Militärs aufmerksam, das letztlich aus Napoleons eigenem Sendungsbewußtsein hervorging.[16] Aber es ist

auch in anderen Darstellungen des Lebens und Wirkens dieses exemplarischen Machtpolitikers der Neuzeit vermerkt worden.[17]
Bemerkenswert ist, daß jenes Verständnis des Militärs auch in der zeitgenössischen Ethik anzutreffen ist. Ein besonders eindrucksvolles Beispiel dafür bietet der dänische Theologe und einstige Bischof von Seeland, Dr. H. Martensen, der vor allem durch die Kritik Kierkegaards an ihm bekanntgeworden ist. In der von ihm verfaßten Ethik, die mit großer Aufmerksamkeit von den Zeitgenossen aufgenommen worden war, heißt es: ». . . das Heer ist die physische Macht, durch welche der Staat, sowohl nach innen als nach außen seine Sicherheit zu behaupten hat. Und eben darum, weil das Heer in allen seinen Operationen als eine physische Macht durch mechanische Mittel wirken soll, ja, weil die ganze Kriegsführung die Ausführung eines großen Mechanismus ist . . ., ist Gehorsam und *Subordination* eine Haupttugend, die beim Militärstande erfordert wird«.[18]

Soldatische Existenz und freiheitliche Gestaltung der Gesellschaft

Im Gegensatz zu einem allzu traditionalistischen Verständnis bildet sich in Auseinandersetzung mit der Französischen Revolution, verbunden mit Versuchen, sie in ihrer wirklichen Bedeutung zu begreifen, eine andere Verstehensmöglichkeit heraus: nämlich Militär als einen an der Wahrung und Förderung der Freiheit aktiv beteiligten Faktor zur Geltung gelangen zu lassen. Soldatische Existenz wird damit prinzipiell zu einem festen Bestandteil der freiheitlichen Verfassung der neuzeitlichen Gesellschaft erklärt.
Dieser Traditionsstrang der neuzeitlichen Geistesgeschichte hat es freilich schwer gehabt, überhaupt Anerkennung zu finden. Vor allem mit der Epoche der Restauration wird er vollends zurückgedrängt. Es ist offenbar leichter und bequemer, das Militär als ein willenloses Instrument zu verstehen, das der Politik vornehmlich im Blick auf potentielle Gefährdungen äußerer Sicherheit zur Unterstützung dient. Dagegen erfordert es ein ungleich demokratischeres und ethisch reflektierteres Verständnis von politischer Willensbildung und Macht, im Militär auch einen Faktor zu sehen, dessen Angehörige — wie alle anderen Staatsbürger auch — an der freiheitlichen Gestaltung der Lebenswelt einen spezifischen Anteil nehmen.
Vieles spricht dafür, daß es auch für die kontrovers geführte sicherheits- und friedenspolitische Diskussion der Gegenwart äußerst belangvoll ist, in wel-

chem Maße sich eben diese Sicht durchzusetzen vermag. Denn in der Gegenwart wird immer noch Militär mit repressiver Institution gleichgesetzt. Die ständigen, seit den 50er Jahren geführten Diskussionen über den Stellenwert des Soldaten in der heutigen Welt zeigen das deutlich. Demgegenüber fällt es offensichtlich schwer, das Militär in einem freiheitlich-demokratischen Rechtsstaat als eine Institution der Freiheit zu begreifen. Es ist erkennbar, daß die aus der Vergangenheit stammenden Vor-Urteile in bezug auf Militär und soldatische Existenz ihre kritische Prüfung noch eigentlich vor sich haben, und damit stehen auch die politischen Traditionen auf dem Prüfstand, aus denen sie entstanden sind, gleichgültig, ob damit eine positive oder negative Bewertung von vornherein verbunden ist.
Die Beziehungen zwischen dem sich seit den Ereignissen von 1789 herausbildenden demokratisch-politischen Ethos und der soldatischen Existenz stellten jedenfalls einen wichtigen Gegenstand ethischer Erörterungen dar, den es nicht länger zu vernachlässigen galt: die Zielrichtung solcher Erörterungen besteht in der Ausbildung einer freiheitlichen Kultur, in der auch der Soldat seinen Platz zu finden vermag. Welche Vorstellungen sich damit im einzelnen verbanden, soll im folgenden exemplarisch an zwei Denkern, Fichte und Schleiermacher, verdeutlicht werden.

Zur Sicherung politischer Selbstbestimmung bei Fichte

Von den bedeutenden Denkern des 18. und 19. Jahrhunderts wurde *Johann G. Fichte* ausgewählt, weil seine Überlegungen zu einer »Cultur zur Freiheit« wichtige Einblicke in die spannungsvollen Prozesse gewähren, die von der Französischen Revolution so nachhaltig beeinflußt worden sind. Fichte sah sich 1793 dazu herausgefordert, kritisch auf Urteile über diese große Revolution einzugehen. In der »Vorrede« zu einer diesem Zweck gewidmeten Schrift[19] gibt er seine Einschätzung dieses Ereignisses wieder. Dessen Wichtigkeit besteht danach nicht allein in den politischen Folgen, »die sie sowohl für jenes Land, als für benachbarte Staaten gehabt, und welche sie, ohne das ungebetene Einmischen, und das unbesonnene Selbstvertrauen dieser Staaten wohl nicht gehabt haben würde«.[20] Für ungleich wichtiger hält Fichte etwas ganz anderes. Das erschließt sich ihm aus einer Betrachtung der faktischen Vorgänge. Sie führt ihn zu einem eher desillusionierenden Urteil: »So lange die Menschen nicht weiser und gerechter werden, sind alle ihre Bemühungen, glücklich zu werden, vergebens. Aus dem Kerker des Despoten entronnen werden sie mit den Trümmern ihrer zerbrochenen Fesseln sich untereinander selbst morden . . . so scheint mir die französische Revolution ein reiches Gemälde über den großen Text: Menschenrecht und Menschenwerth.«[21]

Die beiden zuletzt genannten Begriffe zeigen die Richtung an, in die die Französische Revolution diesen bedeutenden Philosophen nachzudenken sehr nachdrücklich anregt. Im Blick auf die Politik stellt sich für Fichte vor allem die Aufgabe, eine solche Ordnung zu entwickeln, die **Menschenrecht** und **Menschenwert** schützt, statt sie zum Opfer gewaltsam ausgeführter Machtkämpfe im Namen irgendwelcher schwärmerischer Vorstellungen von Gleichheit und Gerechtigkeit werden zu lassen. Die Voraussetzung dafür findet er in einer »Cultur zur Freiheit«.[22] Sie gilt es vordringlich auszubilden und zu fördern. An dieser Zielsetzung wird deutlich, daß nicht die Unterdrückung der Revolution der letzte Zweck politischer Maßnahmen sein kann. Vielmehr ist die Hinlenkung der durch sie freigesetzten humanen Energien auf das große Ziel, eine Welt zu schaffen, in der mehr Freiheit und auch mehr Friede zu Hause sind, als der eigentliche Zweck politischen Handelns zu begreifen und bewußt zu machen. Kultur in diesem umfassenden politischen Sinn stellt darum keine Aufgabe dar, die für den Menschen lediglich eine sekundäre Bedeutung besitzt, sondern sie ist identisch mit dessen Bestimmung überhaupt. In der »Cultur zur Freiheit nun ist der einzigmögliche Endzweck des Menschen, insofern er ein Theil der Sinnwelt ist, welcher höchst sinnliche Endzweck, aber nicht wieder Endzweck des Menschen an sich, sondern letztes Mittel für die Erreichung seines höhern geistigen Endzwecks ist der völligen Übereinstimmung seines Willens mit dem Gesetze der Vernunft«.[23]

Als ein hervorstechendes Motiv der in Politik, Gesellschaft, Wissenschaft, Kunst und Technik wirkenden Kräfte seit dem 19. Jahrhundert ist der **Wille zur Zukunft** benannt worden.[24] In Fichtes Formulierung: **Cultur zur Freiheit** kehrt dieses Motiv in einer reflektierten Weise wieder als das alles umgreifende Ziel, das der Mensch zu erreichen trachten muß, wenn der Aufbruch in die Zukunft nicht zu einem zerstörerischen Unternehmen geraten soll.

Seine weitere Entfaltung des Kulturbegriffs folgt jener prinzipiellen Linie. Fichte versteht nämlich unter Kultur auch: »Übung aller Kräfte auf den Zweck der völligen Freiheit, der völligen Unabhängigkeit von allem, was nicht Wir selbst, unser reines Selbst ist.«[25] Die »Selbstthätigkeit«, also der Gegensatz von passivem Hinnehmen, ist demnach das Entscheidende. Von ihr nimmt die Kultur der Freiheit ihren Ausgang, deren stete Förderung aber auch das Ziel aller Kulturbemühungen sein muß. Es liegt Fichte in diesem Zusammenhang viel daran, Kultur nicht als das Ergebnis eines mit Zwangsläufigkeit dazu führenden Plans erscheinen zu lassen, der unabhängig von der menschlichen Subjektivität ist. Kultur der Freiheit ist vielmehr immer nur insoweit wirklich, als jeder sie für sich selbst buchstäblich **erkämpft**. In diesem Sinne kann er sagen: »Kein Plan der Cultur kann also so angelegt werden, daß seine Erreichung nothwendig sey; er wirkt auf Freiheit, und hängt vom Gebrauch der Freiheit ab.«[26]

Daß Fichte nun tatsächlich gemeint hat, Kultur sei etwas im übertragenen Sinne aus Freiheit für Freiheit zu Erkämpfendes, zeigt seine Kritik an einer damals offenbar gängigen Vorstellung, wonach der Krieg eine kultivierende Wirkung habe. Ihr widerspricht er vehement. Denn er vermag nicht, dem Krieg einen positiven Einfluß auf die Ausbildung von Kultur zuzuerkennen. An folgender Formulierung wird das ganz deutlich: »Nur solche Seelen erhebt der Krieg zum Heroismus, welche schon Kraft in sich haben, den Unedlen begeistert er zum Raube und zur Unterdrückung der wehrlosen Schwäche; er erzeugte Helden und feige Diebe, und welches wohl in größerer Menge.«[27]

Mit seinem Begriff der Kultur verbindet Fichte aber noch einen endzeitlichen Ausblick. In ihm verschafft sich Ausdruck, was an politischer Hoffnung damals lebendig war. Der Gedankengang ist folgender: Gesetzt der Fall, es gelänge, diese Kultur der Freiheit in einem ständigen geschichtlichen Prozeß auszubilden, dann wäre jener Endzustand erreicht, in dem das »Gesetz der Vernunft« zur allgemeinen Herrschaft gelangt ist. Dieses Gesetz ist aber nichts anderes als die Freiheit. Freisein und Vernünftigsein sind nur zwei Seiten ein und derselben Sache. Unter der Herrschaft der Freiheit allein könnten alle Menschen »zur höchsten Einmüthigkeit der Gesinnungen« vereinigt werden, »und kein anderes Gesetz würde mehr über ihre Handlungen zu wachen haben«.[28] Vor allem aber würde dies das Ende jedes staatlichen Zwanges bedeuten. Aber solche Erwägungen sind doch nur Vorwegnahmen einer Entwicklung, von der keineswegs als sicher angenommen werden kann, daß sie auch den Erwartungen entsprechend verläuft.

Fichte hat sicher keine andere Absicht gehabt, als die Konsequenzen seines Ansatzes selbst noch bis zu dem Punkt auszuziehen, wo es keine Erfahrung, sondern allenfalls nur Hoffnung geben kann, das Ende der Geschichte werde die Richtigkeit solcher, der historischen Gegenwart vorauseilenden Erwartungen bestätigen. In einer Beziehung schwingt allerdings eine sehr leben-

dige Erwartung mit. Sie erstreckt sich darauf, daß, wenn schon nicht ein Ende des Staates überhaupt als real erfahrbar vorausgesehen werden könne, dann doch wenigstens mit einem Ende der Monarchie und ihrer Ersetzung durch die republikanische Staatsform gerechnet werden können müßte.[29]
Denn in der Monarchie meinte Fichte die Verlängerung einer Tendenz zur Alleinherrschaft und ständigen Expansion von Macht erblicken zu müssen, welche die wahre Ursache für Rüstungen und Krieg bildete. Darum folgert er konsequent: »dieses stete Streben nach Vergrößerung von Innen und Außen ist ein großes Unglück für die Völker; es ist wahr, daß sie es ertragen müssen, um einem ungleich größeren zu entgehen, so laß uns doch die Quelle jenes größeren Unglücks aufsuchen, und sie ableiten, wenn es möglich ist. Wir finden sie in der uneingeschränkten monarchischen Verfassung. Laßt uns diese Quelle verstopfen, so ist unser Übel aus dem Grunde gehoben. Wenn uns niemand mehr wird angreifen wollen, dann werden wir nicht mehr gerüstet zu seyn brauchen; dann werden die schrecklichen Kriege und die noch schrecklichere stete Bereitschaft zum Kriege, die wir ertragen, um Kriege zu verhindern, nicht mehr nöthig seyn«.[30]
Es ist nicht zu übersehen, daß die Erwartung eines dauernden Friedens utopische Züge an sich hat. Wichtiger indessen ist jedoch die Einschätzung der Republik als derjenigen Staatsform, in der die Kultur der Freiheit ungleich besser zu gedeihen vermag. Damit stellte sich aber implizit auch bereits die Frage nach dem Verhältnis von politischer Ethik und Militär in dieser Kultur. Denn das vermochte Fichte nun eben doch nicht anzunehmen, daß es keine bewaffneten Auseinandersetzungen zwischen Staaten mehr geben werde. Sieben Jahre nach seiner Kritik an einer vielfach mehr von Emotionen als von Vernunft getragenen Beurteilung der Französischen Revolution, drückt er diese realistische Sicht in folgender Bemerkung aus: »Es ist von jeher das Privilegium der Philosophen gewesen, über die Kriege zu seufzen. Der Verfasser liebt sie nicht mehr, als irgend ein anderer; aber er glaubt die Unvermeidlichkeit derselben bei der gegenwärtigen Lage der Dinge einzusehen und hält es für zweckmäßig, über das Unvermeidliche zu klagen.«[31]
Fichte hat die angesprochene Problematik des militärischen Schutzes der freiheitlichen Kultur in einem republikanischen Staatswesen, in dem Menschenrecht und Menschenwert besonders verteidigungswerte Güter sind, in seinen Schriften nicht mehr thematisch ausdrücklich aufgegriffen. Was in der Folge darum als mögliche Antwortrichtung in bezug auf die Frage nach dem Verhältnis von politischer Ethik und Militär aufgezeigt wird, ist so vor allem aus seinen Bemerkungen zur Kultur der Freiheit in der Weise von Schlußfol-

gerungen erhoben worden. Diese Bemerkungen bieten dazu deswegen eine überaus wichtige Grundlage, weil sie einen Schlüssel zum Verständnis dessen darstellen, was er in seinen verschiedenen Darstellungen der **Wissenschaftslehre**, in dem **System der Sittenlehre** und in den **Grundlagen des Naturrechts** an Einsichten in den hier erörterten Zusammenhang vermittelt hat.

Im Mittelpunkt jedes Versuchs, Fichtes Gedanken nachzuzeichnen, muß eine Auseinandersetzung mit seinem Verständnis der Freiheit stehen. Erst dann wird erkennbar werden, warum das, was der Begriff **Militär** umgreift, unabdingbar in ethische Überlegungen gehört und keine Sonderrolle am Rande des allgemeinen sittlichen Bewußtseins spielen darf. Nach der **Wissenschaftslehre** ist die Freiheit Voraussetzung und Gegenstand des aus der Bindung an das Sittengesetz hervorgehenden Handelns.[32] Das besagt jedoch nichts anderes, als daß ein den Anspruch auf Sittlichkeit erhebendes Handeln diesem Anspruch nur gerecht werden kann, wenn es die Hervorbringung von Freiheit als das es bestimmende Gesollte akzeptiert. Weil Freiheit als Zweck des Handeln aber zugleich eine dauernde Aufgabe in den wechselnden historischen Situationen bleibt, eignet ihr selbst als Voraussetzung wie als Handlungszweck ebenfalls eine Zukunftsdimension. Diesem Aspekt hat Fichte 1812 im **System der Rechtslehre** mit folgender Feststellung Ausdruck verliehen: »Also in jedem Zweckbegriffe wird eine *Zukunft* umfaßt. Jeder Gebrauch der Freiheit schließt darum nothwendig das Wollen einer Zukunft in sich.«[33]

Daraus geht hervor, daß der dem politischen Handeln zugrunde liegende Entwurf von Zukunft ethisch dann als gerechtfertigt angesehen werden kann, wenn in ihm die Aufgabe einer Kultur der Freiheit ausdrücklich wird. Darüber hinaus wird weiter geschlossen werden können, daß in einer solchen ethischen Konzeption auch das Militär insoweit einen Platz haben muß, weil es durch die Verteidigung einer sich als Staat darstellenden freiheitlichen Rechtsgemeinschaft in spezifischer Weise die Möglichkeit sichern hilft, die Kulturaufgabe zu erfüllen, indem es dazu beiträgt, das politische Handeln von äußeren Einflußnahmen frei wirksam werden zu lassen. In diesem erweiterten Rahmen stellt die soldatische Existenz durchaus einen Faktor im Wollen der Zukunft dar.

Es gibt nun im Kontext des Fichte'schen Freiheitsverständnisses aber auch entscheidende Hinweise, die es erlauben, diese Aussagen im Hinblick auf Grundzüge des Vollzugs individueller soldatischer Existenz zu ergänzen. Das bezieht sich vor allem auf die Betonung der Bindung im Sinne einer freien Selbstbeschränkung, die für die Freiheit des Menschen als konstitutiv angesehen wird. Der Grundsatz einer sich aus Freiheit selbstbeschränkenden Freiheit spielt in seinem Rechtsverständnis eine hervorragende Rolle. Die Selbstbeschränkung wird dadurch möglich, »daß *jedes freie Wesen es sich zum Gesetz mache, seine Freiheit durch den Begriff der Freiheit aller übrigen einzuschränken«.*[34] Dabei unterstellt er, daß die Beschränkung der Freiheit des einzelnen, um die Freiheit aller zu ermöglichen, ebenso im Wollen der Natur liege, sofern man ihr »Verstand und Willen zuschriebe«, wie es ihr Wille sei, »daß sie (sc. die Menschen) dieses Gesetz freiwillig sich selbst auferlegen«.[35] Die Grundlage dafür also, Person sein zu können i.S. des Freiseins für, besteht folglich sowohl darin, daß jeder Freiheit gewährt, indem er auf eine volle Inanspruchnahme seiner Freiheit verzichtet, als auch darin, daß er Freiheit in Anspruch nimmt, indem er sie sich gewähren läßt. Aus diesem Doppelcharakter der Freiheit folgert Fichte, daß es kein Recht für Handlungen gäbe, durch die »die Freiheit und Persönlichkeit eines anderen unmöglich gemacht werden müßte«; zu allen anderen Handlungen aber, durch die Freiheit gewahrt, gefördert und gewährt würde, bestünde dann ein Recht. Fichte hebt diesen, die Bedingungen der Freiheit und Persönlichkeit umfassenden Aspekt deswegen besonders hervor, weil »eine Verletzung derselben durch physische Kraft möglich ist«.[36] Es ist diese Möglichkeit, die die Konsequenz erforderlich macht, sich gegen solche Verletzungen zu sichern und im akuten Fall sich gegen sie zur Wehr zu setzen; und was in dieser Hinsicht für die Rechtsgemeinschaft nach innen gilt, wobei in solchem Falle Verletzungen fundamentaler Rechte durch unabhängige Instanzen geahndet werden sollen[37], muß auch für die Wahrung der Integrität der Freiheit, die ja in der politischen Selbstbestimmung einen entscheidenden Ausdruck findet, nach außen gelten. In dieser Hinsicht muß der Staat als eine Schutzgemeinschaft angesehen werden, die durch seine Angehörigen als Soldaten zur Sicherung ihrer Freiheit und ihres Rechts konstituiert wird.[38]

Die soldatische Existenz läßt sich damit als in der Verletzlichkeit der politischen Freiheit gründend begreifen; und sie läßt sich dann ebensowenig von der politischen Ethik trennen, die im gesamten Kontext der Freiheitslehre Fichtes als Reflexion des Freiheit bewahrenden und fördernden Handelns in der Polis als einer Rechts- und Schutzgemeinschaft begriffen werden muß. Wesentliche inhaltliche Bestimmungen empfängt die soldatische Existenz zudem von der allgemeinen Pflichtenlehre. Dies bedeutet vor allem, daß sie als Weise einer verantwortlichen staatsbürgerlichen Existenz nicht anders vollzogen werden kann als schließlich im Hinblick auf den »Endzweck aller Handlungen des sittlich guten Menschen überhaupt«, der darin zu sehen ist,

»daß die Vernunft, und nur sie, in der Sinnenwelt herrsche. Alle physische Kraft soll der Vernunft untergeordnet werden«.[39]
Es ist zuvor bereits kenntlich gemacht worden, daß Freiheit zum **Gesetz der Vernunft** erklärt worden war. Die Pflichten des Soldaten können dann ebenfalls keinem anderen Gesetz unterliegen. Auch für ihn sind die »Pflichten in Beziehung auf die formale Freiheit Anderer«[40] maßgebend.
Mit dem Begriff **formale Freiheit** ist das Vermögen überhaupt gemeint, als Person selbständig handeln zu können.[41] Dieses Vermögen dem einzelnen zu erhalten oder wiederzugeben, geht aus dem Begriff der Pflicht hervor. Pflichtwidrig dagegen ist es dann, »durch physischen Zwang, Schläge, Stöße, Hunger, Entziehung der Freiheit, oder Gefängnis den Willen der Person zu bewegen suchen«.[42] Zwang beschränkt eben das Vermögen zur Freiheit oder beseitigt es überhaupt. Sofern zu den unerläßlichen Bedingungen für eine Betätigung der Freiheit »Gesundheit, Stärke und Erhaltung des Lebens« gehören[43], schließt die Pflicht gegenüber der **formalen Freiheit** deren Schutz in besonderer Weise ein.
In diesem Zusammenhang nun erwähnt Fichte das christliche Liebesgebot als regulatives Prinzip. Im Blick auf den Einsatz des Soldaten im Krieg formuliert er: »Es tritt hier zuerst der Satz ein: sorge für das Wohl jedes deiner Nebenmenschen gerade so, wie du für das deine sorgst; Liebe deinen Nächsten, wie dich selbst, der hinfort bei allen positiven Pflichten gegen andere Regulativ seyn wird.«[44]
Daran wird erneut deutlich, daß der Schutz des Lebens in einem umfassenden, keineswegs aber nur biologischen Sinn Inhalt der soldatischen Existenz ist, weil erst dadurch die entscheidende Voraussetzung gewahrt bleibt, unter der das Vermögen, frei zu sein, praktisch zu werden vermag. In der besonderen Hinsicht auf das Recht der Freiheit impliziert die so eindrücklich betonte Nächstenschaft des Soldaten die Pflicht, für gerade dieses Recht des Mitmenschen einzutreten. Das aber kann nun, wie Fichte an einem strittigen Grenzfall erläutert, auch in einer durch situative Bedingungen im Gefecht hervorgerufenen Außerkraftsetzung des Grundsatzes bestehen, daß »der Tod eines Menschen . . . nie Zweck meiner Handlung« sein soll.[45]
In einem keineswegs leicht nachzuvollziehenden Gedankengang vertieft er diese Sicht noch durch den Hinweis darauf, daß, obwohl der »Zweck des Krieges . . . keineswegs die Tödtung der Bürger des bekriegten Staats« ist, der Soldat nicht darum herum kommt, töten zu müssen, »um sein eigenes Leben . . . zu vertheidigen; und dies tuth er nicht zufolge eines ihm vom Staate übertragenen Rechts zu töten, welches der letztere selbst nicht hat,

sondern zufolge seines eignen Rechts und seiner eignen Pflicht der Selbstvertheidigung«.[46] Damit soll darauf aufmerksam gemacht werden, daß diese Pflicht sich selbst gegenüber als eine entscheidende Vorbedingung dafür angesehen werden muß, daß das Gebot der Nächstenliebe als regulatives Prinzip im Sinne einer Pflicht dem Nächsten gegenüber an extremen Situationen seine Gültigkeit erweist.

Ordnung der menschlichen Lebenswelt und militärischer Geist bei Schleiermacher

An einem anderen Großen des 19. Jahrhunderts, an *Friedrich Ernst Daniel Schleiermacher*, läßt sich ebenfalls zeigen, daß das Militär durchaus in der Ethik seinen Platz findet und darum kein Gegensatz zwischen beiden gedacht werden muß. Allerdings bietet er keine Lehre vom Militärwesen, wie es *Lorenz v. Stein* später getan hat. So finden sich bei Schleiermacher Aussagen zum Militär nur in Darstellungen übergreifender Zusammenhänge wie z.B. in der Staatslehre. Insofern kann es im folgenden auch nur darum gehen, diese Aussagen daraufhin zu prüfen, welche Bedeutung sie für die hier untersuchte Problematik besitzen.

Es ist im besonderen ein Vortrag, der das Interesse auf sich zieht. Schleiermacher hat ihn am 10. August 1820 in der Akademie der Wissenschaften in Berlin gehalten. Er stand unter dem Thema: »Über die verschiedene Gestaltung der Staatsvertheidigung.«[47] Es ist zweifellos bemerkenswert, daß ein weithin als Ethiker bekannter und geachteter Theologe zu einer Frage Stellung nimmt, deren Behandlung man eher der Militärtheorie im allgemeinen und strategischen Studien im besonderen vorbehalten sein lassen würde. Aber der Tatbestand, daß entgegen allen heutigen Vorstellungen von den Aufgaben eines Theologen ein hochrangig militärtheoretisches Feld betreten wird, zeigt doch schon, daß dies als ein für die Ethik des 19. Jahrhunderts keineswegs ungewöhnliches Vorgehen verstanden worden ist.

Schleiermacher greift in einem Vortrag eine Fragestellung auf, in deren Zentrum die Bürgerpflicht zur Verteidigung des Staates steht. Diese Pflicht zu einem expliziten Gegenstand zu machen, weist einerseits auf die bereits im Rahmen allgemeiner Reformen, unter maßgeblicher Beteiligung *Scharnhorsts* und anderer, erfolgte Preußische Heeresreform hin. Schleiermacher hatte sich seit 1806 überhaupt zu einem lebhaften Befürworter von wirksamen Reformen entwickelt.[48]

Andererseits hingegen geht Schleiermacher in seinem Vortrag auf eine Fragestellung ein, die in *Carl v. Clausewitz* ihren militärischen Bearbeiter gefunden hat. Sie hat es mit den Beziehungen zwischen der Bereitschaft eines Volkes, die Verteidigungspflicht zu erfüllen, und der militärisch-technischen Durchführung der Verteidigung zu tun. Im Kern handelt es sich dabei um das Zusammenwirken von Volksmoral und den Grundsätzen militärischer Führung. Clausewitz hat diesem Problem — in deutlicher Polemik gegen die Militärtheorie friderizianischer Prägung — einen präzisen Ausdruck in folgender Aussage verliehen: »Wenn sich auch in Büchern darüber wenig oder aber nichts sagen läßt, so gehören diese Dinge darum doch zur Theorie der Kriegskunst so gut wie alles andere, was den Krieg ausmacht. Denn ich muß es noch einmal sagen es ist doch eine armselige Philosophie, wenn man nach alter Art seine Regeln und Grundzüge diesseits aller moralischen Größen abschließt, und sowie diese erscheinen, die Ausnahmen zu zählen anfängt, die man dadurch gewissermaßen wissenschaftlich konstituiert, d.h. zur Regel macht; oder wenn man sich dadurch hilft, an das Genie zu appellieren, welches über alle Regeln erhaben ist, wodurch man im Grunde zu verstehen gibt, daß die Regeln nicht allein für Dummköpfe geschrieben werden, sondern auch wirklich selbst dumm sein müssen.«[49]

Es zeigt sich hieran, daß die allgemeine Wehrpflicht deutliche Veränderungen in der Militärtheorie forderte, deren traditioneller Zuschnitt für Berufsheere jetzt als keineswegs mehr ausreichend angesehen worden ist.
An dieser Stelle nun setzen Schleiermachers Überlegungen ein. Dabei tritt bereits deutlich erkennbar die Frage in den Vordergrund, ob eine Armee lediglich als ein Instrument betrachtet werden könne, bei dem auf das, was Menschen politisch bewegt — und zwar durchaus als freie Bürger ihres Staates — keine Rücksicht genommen zu werden brauche. Zunächst formuliert er jedoch die Maxime, »daß die Vertheidigung eine Gesamtpflicht ist, der jeder seinen im Ruhestand (gemeint ist offenkundig der Friedenszustand, d.V.) ihm angewiesenen Beruf aufopfern und in welchem Grade dies geschehen solle durch das Gesetz muß bestimmen lassen«.[50] Diese Pflicht dadurch zu suspendieren, daß die »Vertheidigung durch Söldner« erfolgt, kann ihm nur als eine »Unvollkommenheit« erscheinen[51], deren Grund ebenso in »einem Mangel an politischer Entwicklung« zu suchen ist, wie damit überhaupt ein »Mangel an politischer Gesinnung« einhergeht.[52] Mit dieser Erklärung gibt Schleiermacher zu erkennen, für wie tiefgreifend er gerade die politischen Wandlungen gegenüber dem Zustand einschätzt und letztlich

voll bejaht, der mit dem Namen des von ihm durchaus verehrten preußischen Königs Friedrich II. so eng verbunden ist.
Sodann wendet er sich vor diesem Hintergrund einer zweifachen Fragestellung zu: »Die erste ist diese. Der Krieg selbst ist ein vorübergehender Zustand, die Möglichkeit dazu ist aber immer gegeben. Wonach soll sich das Vertheidigungswesen richten? Soll es eben so vorübergehend sein, wie der Krieg selbst, oder eben so beständig, wie die Möglichkeit desselben? Die zweite ist die. Das unmittelbar thätige in der Vertheidigung ist die Masse. Diese kann wirksam sein mehr auf die mechanische Weise, und dann muß sie beseelt werden durch die Kunst; sie kann es sein mehr auf eine dynamische, und dann muß sie beseelt werden durch den Geist durch die Gesinnung. Soll sie das eine oder das andere?«[53]
Was die erste Frage angeht, so ist Schleiermachers Antwort darauf nur ein Reflex auf die Heeresreform und die damit verbundene Einführung des Landsturms neben die Linientruppen. Ihm geht es darum, daß ein kleines Berufsheer — als Kader gewissermaßen — unterhalten wird, um im Bedarfsfall die mit der allgemeinen Wehrpflicht anstehenden organisatorischen und taktischen Fragen effektiv lösen zu können.[54] Beides zusammen nämlich erlaubt »die größt mögliche Verminderung der stätigen Rüstung in Zeiten der Ruhe, und die größtmögliche Erhöhung der widerstehenden Kräfte«.[55]
In bezug auf die zweite Frage strebt Schleiermacher ebenfalls eine zwischen Gegensätzen vermittelnde Antwort an. Es geht ihm um »das rechte Gleichgewicht zwischen dem Kunsttrieb und der Macht der Gesinnung«.[56] In unserer Sprache übersetzt heißt dies aber nichts anderes, als daß hier ein Zusammenwirken von militärischem Können und politischer Verantwortung angestrebt wird, und zwar in einer solchen dynamischen Weise, daß beider Rechte ungeschmälert zur Geltung kommen. Denn jede Vereinseitigung des einen zu Lasten des anderen hätte empfindliche Störungen zur Folge. Wo allein das auf das Gefecht zweckgerichtete militärische Können betont wird, droht die Gefahr eines Rückfalls in seelenlosen militärischen Uhrwerkmechanismus und damit die weitere Gefahr einer Desintegration aus der Gesellschaft, weil die allein durch das staatsbürgerliche Ethos zu vermittelnde Bindung an das Ganze fehlt. Wohingegen, wenn nur die staatsbürgerliche Gesinnung in der Idealität ihres Strebens nach konfliktloser Einheit mit allen Teilen der menschlichen Lebenswelt Priorität erhält, der Armee der Verlust dessen droht, was Schleiermacher die »mechanische Geschikklichkeit« nennt[57] und wozu man heute **Verlust der Fähigkeit zu wirksamer Erfüllung des Verteidigungsauftrags** sagen könnte.

Der Vortrag endet mit einer äußerst wichtigen Bemerkung über den **militärischen Geist**, einem Begriff, der selbst einen komplexen Sachverhalt umgreift, in dem sich Selbstverständnis, motivationale Elemente, Staats- und Weltverständnis sowie militärisch-strategisches Denken zusammenfinden. Dieser Geist ist nun, worauf es Schleiermacher vor allem ankommt, nicht etwas, was losgelöst vom »Gesammtleben des Staates« und den »einzelnen Bürgern« betrachtet werden darf, sondern nur in unaufhebbarer Verbindung mit ihnen. Denn »die Basis des militärischen Geistes ist allemal der Widerstandstrieb . . . eines Volkes. Der Widerstandstrieb aber kann nur erwachsen in dem Maaß, als das Volk sich eng und fest verbunden fühlt, und er ist also nichts anderes als die zum Streit aufgerufene Vaterlandsliebe«.[58]

Dieses Verständnis des **militärischen Geistes** wird dann gegen Einseitigkeiten abgegrenzt. So sind der »Raubgeist« — jener schon bei Landsknechten verbreitete Trieb, Beute um jeden Preis zu machen — der »kriegwünschende Sinn« nichts anderes als »Ausartungen« des **militärischen Geistes**. Für ihn aber ist es nach Schleiermacher konstitutiv, daß er nicht im Kampf das letzte Ziel sieht, sondern daß dieses Ziel für ihn der Friede ist, der auf den Kampf folgt. Ihn gilt es aufzurichten und darum konsequent alles zu unterlassen, was dem zuwiderläuft. Der Schluß seines Vortrages bildet in dieser Hinsicht einen Kulminationspunkt, weil sich darin zeigt, daß in der Zeit zwischen dem Ende der Befreiungskriege und dem Beginn der Restaurationsepoche auch ein aufgeklärtes, christliches Welt- und Staatsverständnis weit davon entfernt war, soldatischen Heroismus im Sinne des späteren Militarismus zu pflegen. Eben nicht der kriegerische Kampf, sondern der Friede als Grundvoraussetzung für ein Leben in Freiheit ist es, wonach gerade auch im Vollzug soldatischer Existenz gestrebt werden soll. Insofern klingt es wie ein Appell an den Bürger im Soldaten und an den Soldaten im Bürger, wenn Schleiermacher bemerkt: »Da aber der Krieg nur ist, insofern es auch Frieden gibt: so muß auch jene Aufregung begrenzt sein; sie darf nicht ausarten weder in einen allgemeinen feindlichen Sinn noch in einen spezifischen Nationalhaß, sondern er (sc. der Krieg) muß das Princip des künftigen friedlichen Verkehrs in sich tragen, und dies zeigt sich theils in der Schonung des Eigenthums, theils im Wohlwollen gegen die Personen außerhalb des Streites selbst.«[59]

Schleiermachers Einstellung zur soldatischen Existenz, zu ihrem Grund im Widerstandwillen des Volkes und zu den Zielen, welchen ihr Vollzug folgen soll, gibt zu erkennen, daß Kultivierung des Militärs, Unterordnung kriegerischer Handlungen unter humane Forderungen und die Förderung des Friedens durchaus in das Gedankengebäude der politischen Ethik integriert zu werden vermögen. Ja, es ist geradezu ein Ausdruck der politischen Reife und der Bildung, diese Integration energisch voranzutreiben. Diese Sicht gründet darum letztlich nicht in einer bloßen patriotischen Grundstimmung, wie sie für die damalige Zeit durchaus kennzeichnend war, sondern sie erwächst auf dem Boden einer theologisch-philosophischen Ethik. Ihr Ziel ist die Ausbildung einer Geisteskultur, in der der Mensch sich bei der Gestaltung individuellen Lebens ebenso frei zu orientieren vermag wie bei der Gestaltung sozietärer Mitmenschlichkeitsbezüge. Aber dieser Zusammenhang verlangt, gerade zum besseren Verständnis der in ihren Umrissen bereits sichtbar gewordenen Tradition eines vom Christentum geprägten Verständnisses des Militärs, noch eine, allerdings auf das Wesentliche beschränkte weitere Darstellung der Position Schleiermachers.

Er gebraucht in dem zitierten Vortrag das Verb **beseelen**, und zwar im Blick auf die organisatorische Gestaltung des Volksheeres mit Bezug auf seine soldatischen Aufgaben, sodann aber gebraucht er dieses Verb auch im Blick auf die geistige Strukturierung eines solchen Heeres im Zusammenhang mit dem Begriff der Gesinnung.[60] Dieser Begriff aus der Tugendlehre bezeichnet das, was die allgemeine, auf das Idealziel bezogene Grundrichtung des Handelns ausmacht. Bei dem ersteren handelt es sich um die Einübung in militärische Funktionen, bei dem anderen geht es um die Ausbildung eines soldatischen Ethos, von dem sichtbar geworden ist, daß es im unauflöslichen Zusammenhang mit dem in der Neuzeit entstandenen politischen Bewußtsein des sich selbst als Person bestimmenden Bürgers steht. **Beseelen** ist darüber hinaus jedoch ein von Schleiermacher in der Lehre vom **höchsten Gut** zentral verwendeter Begriff. Diese Lehre stellt nun in der Tat den theoretischen Rahmen dar, innerhalb dessen auch die Stellung zu Militär und soldatischer Existenz ihre prinzipielle Begründung erfährt. Denn mit ihr versucht er, generell Ort und Aufgabe des Menschen in der Welt mit Hilfe einer ethischen Theorie so zu bestimmen, daß sich der **Bürger als Soldat** und der **Soldat als Bürger** gleichermaßen an ihr zu orientieren vermögen.

In seinem Entwurf der Ethik von 1805/06 stellt Schleiermacher das höchste Gut als die Beseelung der ganzen Natur durch die Vernunft dar.[61] Im Hinblick auf den Kulturbegriff des frühen 19. Jahrhunderts steht dieses Verständnis auch in Übereinstimmung mit »der Idee einer vollkommenen Kultur«.[62] Als Kultur wird in diesem Zusammenhang jener Prozeß begriffen, durch den Welt zu einer geordneten und in dieser Ordnung dann zu einer wirklichen

Welt für den Menschen, zu einer angeeigneten wird.[63] Dies geschieht vor allem dadurch, daß die Natur duch Vernunft beherrscht wird.[64]
Ein Jahrzehnt später hat Schleiermacher diese Sicht noch einmal bekräftigt, indem er das »höchste Gut« als »Ausdruck der gesamten Einheit der Vernunft und Natur« darstellte.[65] Erst das »Handeln der Vernunft«, das die Einheit mit der Natur zum Ziel hat, ist für ihn überhaupt Gegenstand der Ethik.[66] Einheit von Vernunft und Natur meint dann aber auch nichts anderes als den geschichtlichen Kulturprozeß, in dem die Natur vernünftig und die Vernunft natürlich wird. Dieser Prozeß weist auf eine ideelle Einheit zurück, die allem ethischen, Kultur hervorbringenden Handeln immer schon zugrunde liegt, deren konkreter Ausdruck der geschichtliche Prozeß der Kulturwerdung dann also ist. Ohne diese Gründung in der ideellen Einheit von Vernunft und Natur, in die sich Schleiermacher durch seine Studien der griechischen Philosophie, vor allem der Platons, Einsicht verschaffte, wäre für ihn ein Kulturprozeß auch gar nicht denkbar. Denn andernfalls würde er seines Grundes in der Wahrheit ebenso beraubt, wie er auch keine mit dieser Wahrheit übereinstimmende Zielrichtung hätte, sondern zufällig und willkürlich in seinem Verlauf bleiben müßte. Die Herstellung der Einheit von Natur und Vernunft durch die Kultur ist demzufolge nur die Sichtbarmachung ihrer Idee.
Von dieser Idee, die nur in sich vollendet, die nirgendwo jedoch schon empirisch erfahrbar Einheit ist, empfängt das menschliche Streben nach Gestaltung der Welt allerdings seine sittliche Qualifikation; und die ideelle Einheit ist es auch, die die menschliche Vielzahl von geschichtlich stets zu überholenden, individuellen Handlungen aus ihrer Vereinzelung und Unabgeschlossenheit zu einer sinnvollen Ganzheit zusammendenken läßt. Von der sittlichen Rationalität wird diese Ganzheit in der Mannigfaltigkeit der Handlungen als »Einssein der Vernunft und Natur« durch Gegensätze hindurch erfaßt.[67]
Das Werden der Einheit als Vollendung des Kulturideals, vorgestellt als ein, alles Vereinzelte und Unterschiedene zusammenschließendes Ganzes, impliziert notwendigerweise den Gedanken der geschichtlichen Entwicklung. Ihn entfaltet Schleiermacher u.a. am Staatsbegriff, der sich als eine weitere unerläßliche Voraussetzung für seine Sicht des Verhältnisses von Ethik und Militär erweist.
Der Staat wird als »eine gemeinsame organisierende Thätigkeit unter einer individuellen Idee der Kultur«[68] begriffen. In diese Definition ist vor allem eine Absage an das frühliberalistisch-aufklärerische Staatsverständnis eingeschlossen. Denn Schleiermacher vermag im Staat weder etwas Entbehrliches

in bezug auf die individuelle Freiheit noch ein bloßes Instrument zur Herbeiführung eines Interessenausgleichs zu sehen.[69]
Der Staat ist vielmehr diejenige Gemeinschaftsform, ohne die es für den einzelnen ebensowenig eine Beteiligung am Kulturwerdungsprozeß gibt, wie dieser Prozeß ohne Staat als organisierende Größe überhaupt nicht zustandekommt. Jeder Ausbildung von Kultur im individuellen Bereich, also das, was Schleiermacher »das Durchdringen seines Leibes mit Bewußtsein als Function seines sittlichen Lebens« nennt[70], geht der Staat als Vermittlungs- und Ermöglichungszusammenhang voraus. In ihm und durch ihn tritt so Kultur in Erscheinung als »Nationalsitte, Nationalerziehung, Nationalcharakter«.[71] Darin bricht sich gleichsam die Idee der Kultur; sie gibt aber auch nur auf diese Weise dem einzelnen Menschen die Möglichkeit, sich an ihr zu bilden und dadurch zur Persönlichkeit zu werden. Stets verläuft dieser Prozeß vom Allgemeinen zum Besonderen und vom Besonderen zum Allgemeinen. Schleiermacher verwendet hierfür das Wort **Oszillieren**. Im Prozeß der Realisierung jener ideellen Einheit von Vernunft und Natur, als welche Kultur begriffen wird, stellt so die ständige Interaktion von Allgemeinem und Besonderem, von Staat und Bürger einen entscheidenen Faktor dar.[72]
Es ist in diesem Kontext bemerkenswert, daß Schleiermacher den Persönlichkeitsbegriff auch auf den Staat überträgt. Wie sich der einzelne Mensch innerhalb des vom einzelnen Staat gebildeten Kulturrahmens zur Persönlichkeit entwickelt, so findet analog auch beim Staat eine Entwicklung statt. Er wird zu einer Persönlichkeit sui generis. Durch diesen Gedanken gelingt es Schleiermacher, die durch eine Betonung des Staates als bloßer Autorität entstehende Fremdheit zum Staatsbürger zu vermeiden. Statt dessen durchdringen sich individuelle Bildung und Verfassung zunehmend, d.h. der bloße Gegensatz von »Obrigkeit und Unterthan« hebt sich durch den »Kulturprozeß« in der Weise auf, daß an seine Stelle die Gemeinschaft der beiden **Persönlichkeiten** tritt.[73]
Damit wird nur noch einmal der Aspekt des Zusammenwirkens hervorgehoben, das um so intensiver sein muß, je mehr bei fortschreitendem Kulturprozeß auch die staatsbürgerliche Gesinnung wächst. Sie bildet den Ort, an dem der Staatsbürger dessen inne wird, daß er von seinem Handeln »immer von dem Ganzen (sc. dem Staat als Einheit von Persönlichkeit und Gemeinschaft) ergriffen und demselben untergeordnet ist«. Die Gesinnung aber ist es auch, die den Bürger dem Handeln der politischen Gemeinschaft gegenüber »weder Knecht . . . noch Despot« sein läßt.[74]

Die Bewährung der staatsbürgerlichen Gesinnung, von der einmal gesagt wurde, daß sie »die Gegenwart der Ideen als Antrieb, Wille und Handlung« manifestiere[75], ließ sich, dem Zeitgeist des 19. Jahrhunderts entsprechend, an dem Extremfall des Krieges besonders eindrücklich demonstrieren. Dabei ist es bemerkenswert, daß der Krieg selbst zu einem Faktor im Prozeß der Persönlichkeitswerdung des Staates wird. In ihr hat er seine Notwendigkeit. Aus diesem Grund vermag Schleiermacher dann auch Kants Begriff des **ewigen Friedens** nicht zu übernehmen.[76] Frieden begreift er im Aspekt der Staatsentwicklung immer nur als »provisorisch und als Waffenstillstand«.[77] Anders als — nach dem heutigen Sprachgebrauch — vom **negativen Frieden** konnte Schleiermacher offenbar nicht sprechen. Diese Sichtweise begründet schließlich, warum er in der staatsbürgerlichen Gesinnung die Bereitschaft angelegt sah, dem Staat auch als Soldat bei gleichzeitig bejahter Einschränkung individueller Freiheit zu dienen.[78]

Wie sehr allerdings Kulturentwicklung und Entwicklung zum Frieden trotz einer realistischen Einschätzung des Krieges zusammengehen, das zeigt Schleiermacher schließlich in seiner »Lehre vom Staat«[79]. Bereits 1805/06 stellt er Überlegungen zum Problem des Weltstaates an. Damit erweitert er seine entwicklungsgeschichtliche Sicht des Staates, indem er die Interaktionen zwischen Staatsbürger und Staat jetzt auf die Interaktion zwischen Staat und Staat im Rahmen einer Staatengemeinschaft ausdehnt.[80] Diese anzustrebende Gemeinschaft vermag er aber nicht mit denjenigen hoheitlichen Attributen zu kennzeichnen, die er dem Nationalstaat beilegt. Insofern beharrt er auch in dieser Beziehung auf einer kritischen Position gegenüber *Kants* Schrift »Zum ewigen Frieden«, der durchaus in der Kategorie eines föderativen Weltstaates dachte.[81]

In der Staatslehre präzisiert Schleiermacher also seine Vorstellung von der Entwicklung zwischen Staaten und verbindet sie mit dem Kulturprozeß. Der Gedanke, den er dabei verfolgt, ist folgender: das »politische Gleichgewicht der Staaten stellt den eigentlichen »Angelpunkt« dar, um welchen sich die Politik dreht. Denn es ist eben dieses Gleichgewicht, das Kriege verhindern helfen kann, und zwar nicht zuletzt dadurch, daß Abhängigkeiten entstehen, daß auf diese Weise der Sinn für Gemeinsamkeiten geweckt und Gegnerschaft überwunden werden. Ein sich von solcher Gemeinschaft isolierender Staat stellt dagegen, weil er das Gleichgewicht stört, ein Sicherheitsrisiko dar. Mit der Entwicklung zu einer solchen Staatengemeinschaft geht damit die Ausbildung eines wünschenswerten »Gemeingeist(es) unter den Völkern« einher. Sie fördert eine gemeinsame Kultur, die den Umgang miteinander so beeinflußt, daß Kriege vermeidbar werden.[82] »So sehen wir auf allen Seiten mit der allmächtigen Entwicklung immer mehr von der ursprünglichen Bewußtlosigkeit sich verlieren. Auch die Staaten untereinander kommen dadurch immer mehr in die Lage wo die Nothwendigkeit des Krieges aufhört.»[83]

An diesem Prozeß, der, wie Schleiermacher wiederholt deutlich macht, ein Bildungsvorgang ist, an dem Familie, Kirche, Schule und Universität ihren unverzichtbaren Anteil haben, sind schließlich alle Bürger beteiligt. Es müßte aus diesem Grunde als widersinnig erscheinen, sollte dem Soldaten daran kein Anteil gegeben werden, nur weil er gerade seiner Pflicht als freier Bürger genügt.

Was sich bisher aus den von der Französischen Revolution angestoßenen Entwicklungen als ein Grundzug herausschälen ließ, war die neue Einschätzung der soldatischen Existenz im Rahmen einer ethischen Theorie der Freiheit. Sie ließ sich jetzt als spezifischer Ausdruck eines verantwortlichen staatsbürgerlichen Handelns verstehen und erhielt dadurch einen Platz im politischen Leben des Staates zugewiesen, der eben nicht mehr exklusiv vom Ausnahmefall des Krieges bestimmt war, sondern von der Ausbildung einer gerade auch das demokratisch-politische Leben umschließenden Kultur. Sie bildet denjenigen geistigen Raum, in dem die Kräfte der Gesinnung und der Gesittung geweckt und gefördert werden, durch welche man den Menschen — gerade auch in der vollen Breite seines Eingespanntseins in politische Bezüge — erst in den Stand versetzt sah, sein Menschsein in Freiheit zu bewähren. Aber es findet sich nirgendwo ein Hinweis, daß der Kulturprozeß in einer bestimmten geschichtlichen Epoche bereits als abgeschlossen angesehen werden könnte. Die Vollendung liegt vielmehr noch in der Zukunft. Die Gegenwart ist nur ein historisches Durchgangsstadium. Darum gibt es keinen Stillstand, und darum gibt es auch kein bequemes Einrichten in der Gegenwart. Emphatisch drückt Schleiermacher diese Einsicht in einer seiner berühmtesten Schriften, den »Monologen« aus: »So einiget sich meine Kraft mit dem Wirken aller Auserwählten, und mein freies Handeln hilft die Menschheit fortbewegen auf der rechten Bahn zu ihrem Ziele.«[84]

Man begriff es als eine ständige Aufgabe, die Kulturentwicklung im Bewußtsein der Freiheit voranzutreiben. Diese Aufgabe nachdrücklich bewußt zu machen, ist als eine vorrangige Aufgabe der Ethik begriffen worden. Kultur wurde dabei nicht als ein ästhetisches oder esoterisches Unternehmen betrachtet, sondern als ein so weitreichender Vorgang, daß Staat und Politik darin ihren Platz als durchaus bestimmende Faktoren fanden. Die soldatische

Existenz schließlich war davon nicht ausgenommen, obwohl sie in ihrem Wesen auch auf die entgegengesetzte Möglichkeit der Vernichtung von Kultur hinweist. Aber diesen Gegensatz versuchte man im Begriff des Staates und seiner Entwicklung sowie in der Pflichtenlehre aufzuheben, ohne freilich dadurch schon den paradoxen Charakter zu beseitigen, der die soldatische Existenz prägt. Die Nüchternheit, mit der man dieser existentiellen Spannung Rechnung trug, ist bemerkswert. Sie führte dazu, daß in der Ethik der Grund für ein Verständnis des Soldaten gelegt worden ist, das sich wohltuend von den damals weit verbreiteten Heroisierungen unterschied. Das folgende Zitat macht diesen Unterschied kenntlich: »Der Wehrberuf unterscheidet sich von den übrigen wegen dieser seiner Beziehung auf das Böse sehr wesentlich; die anderen (sc. Berufe) gewähren in ihrer Ausübung unmittelbar einen Genuß . . ., der Wehrberuf ist eine fortgehende Aufopferung und hat keinen unmittelbaren und äußerlich sich kundmachenden Genuß; er ist nicht bloß die Bereitwilligkeit zur Übernahme schwerer Gefahren und Leiden und zur Aufopferung des Lebens, sondern das fast noch größere Opfer ist das rein verneinende Wesen seines Strebens; seine Aufgabe ist, sich selbst überflüssig zu machen . . .«[85]

Im übrigen verdient es ebenfalls Beachtung, daß hier der Krieg als »das Böse« verstanden wird. Er stellt »die höchste Offenbarung des Bösen in der Menschheit« dar und lediglich »als Nothwehr«, mit der sich die »sittliche Pflicht der Selbsterhaltung des Volkes« verband, wurde er geltengelassen. Aber daraus wurde auch die Pflicht abgeleitet, als Soldat der Verteidigung des Staates zu dienen[86], — ein Dienst, der, wie das obige Zitat ausweist, allerdings jenseits aller Verherrlichung vollzogen werden mußte.

Die Entwicklung, die hier an zwei ausgewählten Beispielen nachzuzeichnen versucht worden ist, bleibt aber im Bereich einer im Grunde unvollständigen Betrachtungsweise, wenn nicht auch mitgesehen wird, daß im Zusammenhang mit dem Gedanken einer **Kultur der Freiheit** zugleich eine tiefe Veränderung im Verständnis des Krieges selbst angelegt ist. Mochten gerade einige, besonders von Schleiermacher gemachte Aussagen noch den Eindruck erwecken, daß der negative Charakter des Krieges zugunsten eines evolutionistischen Verständnisses seiner positiven Funktion im Prozeß der **Persönlichkeitswerdung** des Staates zurückgedrängt werde, so bleibt dennoch festzuhalten: die mit dem Themenbereich **Kultur der Freiheit** verbundene Diskussion des Problemkreises **Politik und Krieg** unterstützte jene Kräfte, die in die Richtung einer den Krieg in seiner Gefährlichkeit reduzierenden Zähmung drängten. Der Begriff **Kultur der Freiheit** zwang geradezu zu einem ethisch-rationalen Umgang mit der politischen und militärischen Macht. Er drängt ferner auf Einstellungs- und Verhaltensänderungen im Verhältnis von Staatsbürger und Staat durch die Ablösung der Untertanengesinnung. Er drängt schließlich auf Veränderungen im Verhältnis der Staaten untereinander durch die Entwicklung von Kommunikations- und Kooperationsstrukturen, die es erlauben, gemeinsam Ziele zu entwerfen und zu verfolgen. Insofern diese Konzeption die Armee im Volkswillen gegründet und diesen Willen selbst darauf gerichtet sein läßt, mit der Verteidigung des Staates auch den Kulturprozeß als einen nicht zuletzt auch politische Freiheit befördernden Prozeß in seinen historisch konkreten Phasen zu schützen, sind Freiheit und soldatische Existenz nicht zu trennen. Es liegt in der logischen Konsequenz einer solchen Gedankenführung, daß dem Militär im Grunde keine Sonderrolle als **willenloses** politisches Machtinstrument zugewiesen werden darf. Die historische Entwicklung hat jedoch gezeigt, daß diese Folgerung nicht gezogen worden ist. Die daraus entstandenen Spannungen und Friktionen reichen bis in die Gegenwart. Insbesondere erweist sich der Problemkomplex **demokratisches Ethos und soldatische Existenz** nach wie vor als klärungsbedürftig.

3. Zwischen Freiheit und Instrumentalität

Militär als ethisches Problem im Aspekt der Freiheit

Die soldatische Existenz findet in der neuzeitlichen Theorie der Freiheit ihren Sinngrund. Aber entsprach dieser Theorie auch eine Praxis? Welche wirkungsgeschichtlichen Folgen hat sie gehabt? War das Militär zu einer Institution der Freiheit geworden, zu einem Bestandteil der freiheitlichen Kultur, der zu dem »Kampf der Grundsätze, der Sitten, des Charakters«[1] seinen Beitrag leistete? Oder hat trotz allem Golo Manns Urteil Gültigkeit, daß eine Armee eine Institution ist, »die das Töten zum Zweck hat und auf den rauhesten Sitten, auf Befehlen und Gehorchen, nun einmal aufgebaut ist und immer bleiben muß«?[2] Ist folglich die Bewertung der Institution **Militär** nicht ausschließlich von ihrem Zweck her vorzunehmen, so daß letztlich ihr instrumenteller Charakter im Vordergrund aller Betrachtungen zu stehen hat?[3]
Die Spannung zwischen Freiheit und Instrumentalität durchzieht die historische Entwicklung der letzten 200 Jahre wie ein roter Faden. Die darin aufbrechenden Fragen erweisen sich immer wieder von neuem als hartnäckige, die Auseinandersetzungen nicht zur Ruhe kommen lassende Faktoren. Das wird auch, worauf noch gesondert einzugehen sein wird, an der Ethik sichtbar, in deren Erörterungen sich diese Konflikte widerspiegeln.[4]
Bereits in der Aufklärung ist eine Klärung darüber unterblieben, als was das Militär zu bewerten sei. Zwar wurden einige auch heute noch bejahenswerte Ziele formuliert, so von *John Locke,* der es zum ausdrücklichen Staatszweck erklärt, daß »der Schutz als Gemeinschaft von Überfällen und Angriffen« nachdrücklich zu erfolgen habe, wobei er lediglich die einschränkende Bedingung macht, daß »all dies . . . zu keinem anderen Ziel . . . als zum Frieden, zur Sicherheit und zum öffentlichen Wohl des Volkes« führen dürfe.[5] Aber das Militär blieb darin nur eine Voraussetzung für die erfolgreiche Durchsetzung des Staatszwecks. Die Möglichkeit, es in diesem Zusammenhang rein instrumentell und funktional zu interpretieren, war damit zweifellos gegeben.
Wesentlich definitiver weisen Aussagen von *Adam Smith* in diese Richtung, der sich als ein lebhafter Befürworter des Berufsheer-Gedankens darstellte.

Ein solches Heer war für ihn ebenso ein Sicherheits- und Ordnungsfaktor wie ein Garant dafür, daß »die Zivilisation eines Landes . . . geschützt und bewahrt« werden konnte. Er verschwieg allerdings auch nicht, daß er im Militär eine ökonomische Größe ersten Ranges sah. Die durch Rüstung und Verteidigung der Volkswirtschaft erwachsende Belastung bezeichnete er als beklagenswert hoch. Lediglich der Zweck eines Berufsheeres vermochte sie für ihn zu rechtfertigen.[6]
Aber gerade an der Frage des Berufsheeres, das dem Verständnis als bloßes Instrument keine Schwierigkeiten bereitete, hatte sich der Streit entzündet, ob diese militärische Organisationsform nicht im völligen Gegensatz zu den Grundforderungen stehe, die aus dem entstandenen politischen Freiheitsbegriff abgeleitet werden müssen. So machte gegen Ende des 18. Jahrhunderts bereits *Georg Heinrich v. Berenhorst,* ein scharfsichtiger Beobachter nicht nur der militärischen, sondern auch der politischen Szene, darauf aufmerksam, daß die stehenden Heere im Grunde ein Anachronismus seien. Denn eine ganz andere, keineswegs mehr ständisch orientierte Verfassung des Heeres beginnt bereits »über den Horizont der Politik ein wenig empor zu blicken . . .«[7] Berenhorst präzisiert in einer Anmerkung zu dieser Bemerkung, daß er mit dem, was am Horizont auftauche, die konstitutionelle Monarchie meine.[8] Der ihr entsprechende Soldat werde ein anderer sein, als der »bei den Haaren unter das Gewehr« gezerrte »oder zehnmal desertierte Vagabund«. Die neuen Soldaten werden »schon ursprünglich anders gesinnte und besser bemüthete Menschen« sein.[9]

Zwei Jahrzehnte später entsteht in *Carl v. Rotteck*[10] ein äußerst engagierter Streiter gegen das stehende Heer.[11] Er spitzt das Problem auf seinen eigentlichen Gehalt zu, indem er im Grunde fordert, daß freie Bürger ihren Staat selbst zu verteidigen haben und diese Verantwortung nicht an Söldner abgeben dürfen.[12] Denn er ist der festen Überzeugung, daß alle Bürger für das Militär tauglich seien. Der entscheidende Aspekt besteht bei v. Rotteck aber darin, daß der Bürger als Soldat die Schwelle für bewaffnete Auseinandersetzungen ungleich höher setzen werde als ein zum bloßen Machtinstrument denaturiertes Söldnerheer.
Des weiteren verbindet sich damit der Gedanke einer demokratischen Kontrolle des Militärs: seine Herauslösung aus der ausschließlichen Bindung an den Fürsten und statt dessen seine Unterstellung unter den Volkswillen war in den Prinzipien der von Rotteck vertretenen liberalen Politik als unabdingbare Forderung enthalten.

An dieser Stelle wird das ethische Problem sichtbar. Es besteht darin, daß die Weisen näher bestimmt werden müssen, mit denen demokratisches Ethos und Militär vermittelt werden können. Dabei geht es allerdings nicht um die Frage eines Ausgleichs zwischen politischen Rechten und soldatischen Pflichten. Das war, wie an Fichte gezeigt werden konnte, durch die Pflichtenlehre geregelt, die auch gar nicht ernsthaft in Zweifel gezogen wurde. Es geht vielmehr um die Frage, ob die Theorie der Freiheit selbst sich als so ausreichend tragfähig erweist, daß sie zur Basis eines Zusammenwirkens von Demokratie und Militär wird. Das aber bedingt zugleich eine Gesittung, die nicht nur die gegenseitige Annahme, sondern auch die Ausbildung von Regeln für den Umgang miteinander und deren Respektierung einschließt.[13]

Neue Dimensionen der Politik

Hinter all dem taucht aber bereits ein anderes, ungleich schwierigeres Problem auf, das sich dann erst in der zweiten Hälfte des 20. Jahrhunderts in aller Schärfe stellte. Im Begriff **Kultur der Freiheit** ist die Tendenz enthalten, die Gefährdung oder gar Vernichtung von Freiheit zu verhindern und schließlich sogar auszuschließen. Ebenfalls ist die Forderung beschlossen, freiheitlichen Umgang mit der Welt in einer solchen Art zu praktizieren, daß zerstörerische Potenzen, die den durch Wissenschaft und Technik eröffneten Möglichkeiten eignen, weitgehend neutralisiert bleiben. Freiheit benötigt ihren weltlichen Lebensraum, und sie wird zerstört, wenn dieser Lebensraum zerstört wird. Die Vermittlung von Demokratie und Militär enthält darum in ihren prinzipiellen ethischen Aspekten das Ziel einer möglichen Verhinderung des Aktivwerdens destruktiver Kräfte. Diese Forderung stößt jedoch auf einen entgegengesetzten Trend: Seit dem 17. Jahrhundert entfalten sich Naturwissenschaften und auf ihnen fußende Technologien rapide. Auch fanden sie im Militär einen großen Förderer. Aber auf dem Hintergrund teilweise enthusiastischer Erwartungen, die an Wissenschaft und Technik gerichtet waren, weil man von ihnen einen großen Beitrag zur Höherentwicklung der Menschheit erhoffte, stellte sich die Forderung nach der Ausbildung einer Steuerungsrationalität noch nicht. Gerade ihrer hätte es aber bedurft, um die mit der Anwendung neuer Technologien potenzierte Vernichtungskraft zu bändigen, deren verheerende Wirkungen in den beiden Weltkriegen des 20. Jahrhunders sichtbar wurden. Wo anders hätte sie aber zuerst ausgebildet werden müssen als in einer, in ihren Zielsetzungen und Methoden fundamental veränderten Politik? Das wäre ebenfalls eine durchaus logische Konsequenz gewesen, die sich nicht zuletzt daraus ergeben hätte, daß die Politik die Durchsetzung und Förderung der **Kultur der Freiheit** zur Pflicht habe. Im Primat der Politik über das Militär, der bei *v. Clausewitz* eine so wichtige Rolle spielt, ist bereits ein früher Reflex auf die prinzipielle Ver änderung zu sehen. Er beharrt immer wieder darauf, daß das Militär und in letzter Konsequenz der Krieg der Politik folgende Größen sind. »Also noch einmal: der Krieg ist ein Instrument der Politik; er muß nothwendig ihren Charakter tragen, er muß mit ihrem Maße messen; die Führung des Krieges in seinen Hauptumrissen ist daher die Politik selbst, welche die Feder mit dem Degen vertauscht, aber darin nicht aufgehört hat, nach ihren eigenen Gesetzen zu denken.«[14]

Nichts anderes als eben diese »eigenen Gesetze« standen auf dem Prüfstand. Das aber konnte nur bedeuten, daß der Verantwortungsbereich der Politik neu zu definieren war. Er hatte ganz offenkundig neue Dimensionen hinzugewonnen, die in ihrer prinzipiellen Bedeutung weit über das hinausreichten, was seitdem als politische Kontrolle des Militärs gefordert und praktiziert wurde.

Das »Prinzip Freiheit« und die Preußische Heeresreform

Doch mit dem Ausziehen dieser Linie wird der Entwicklung bereits vorausgeeilt. Zumindest was Deutschland angeht, bestand das Erfordernis zunächst darin, in einer sehr viel elementareren Weise Folgerungen aus der Theorie der Freiheit für das Militär zu ziehen.

Am Anfang stand die Erfahrung mit dem Enthusiasmus des revolutionären Volksheeres, wie es in Frankreich entstanden war. Für einen militärischen Sieg waren jetzt ganz andere Faktoren ausschlaggebend als das uhrwerkhafte Funktionieren der gegen das französische Revolutionsheer aufgebotenen Koalitions-Truppen. Dieser Sachverhalt konnte bereits als eine Revolution für sich gelten. Zeitgenössische Beobachter der Revolutionskriege (1792-1802) heben diesen Umstand dann auch in ihren Berichten besonders hervor. So wird von einem dieser Beobachter aus dem Jahre 1796 vermerkt, daß »jener Teil, der die geistigen Kräfte aller ihm zu Gebote stehenden Individuen mit für sich anzuspannen weiß, allerdings den entscheidenden Vortheil vor jenen voraus hat, der von den mehrsten nur die physischen gebraucht«.[15]

Ungleich deutlicher in der Hervorhebung dessen, was an entscheidend Neuem und Veränderndem auf das Militär Einfluß nahm, aber auch nicht minder deutlich in bezug auf die Kennzeichnung der Schwächen der alten Militärverfassung ist die Darstellung eines hessischen Stabsoffiziers. Er stellte fest, daß die Revolutionskriege bewiesen hätten, wie wenig »zwangvoller, gekünstellter zu sehr zusammengesetzter Mechanismus zum Siegen« beizutragen hätte. Zwar könnte die alte Theorie der Kriegskunst »auf Übungs- und Paradeplätzen alles Mögliche« leisten, aber im Gefecht vermögen »angewandte moralische und Geisteskräfte der Heere mehr . . . als alle mechanischen Künste der Waffenübungen . . .« Er gelangt zu folgendem Endurteil: »So schön und glänzend die Außenseiten aller Truppen waren, so kriegerisch die Bewaffnung und so imposant die Evolutionen, besonders der meisten deutschen Kriegsvölker zu seyn schienen, so entsprach doch kein froher Gemeingeist — nicht das moralische Einverständnis — nicht der Einklang der kleinen und großen Massen — noch die Anstrengung der Leibes- und Seelenkräfte aller Glieder, — den schmeichelhaften Hoffnungen, womit sich bisher jedermann — selbst die einsichtsvollsten Männer getäuscht hatten.«[16]
Zu den vehementen Kritikern vor allem der preußischen Schule gehört im besonderen der bereits erwähnte *Georg Heinrich v. Berenhorst.* Die am französischen Revolutionsheer sichtbar gewordene Sachlage stellt sich ihm als eine Einrichtung für sinn- und funktionslose Ausbildung dar.[17] Er fragt, was denn mit derartigen Subtilitäten, d.h. mit dem Einüben von Grundstellungen, Schritten, Formationen etc. überhaupt noch zu gewinnen sei. Sie verleiten doch lediglich zu der völligen Fehleinschätzung, daß aus der Kunst des Manövrierens bereits »die Überlegenheit an Wissenschaft und Kraft hervorgeht, auf welche der Sieg folgt«.[18] Aber eine derartige illusionäre Erwartung »macht in der That den Sinn blöde«.[19] Denn von einer solchermaßen überbewerteten und zugleich doch auf eingedrillte, formale Bewegungen von Truppen reduzierten Kriegskunst sei überhaupt nichts zu halten, weil wahres »Feldherrengenie . . . von Manövrierkunst eben so sehr verschieden (ist), als die Muse, welche Oden und Heldengeschichte eingiebt, von der Wissenschaft verschieden ist . . .«.[20]
Diese Stimmen machen auf ihre Weise einmal mehr deutlich, in welchem Maß die Auseinandersetzung mit der Französischen Revolution und ihren Folgen bereits Einfluß auf das Denken genommen hat. Das zeigte sich gerade auch bei *Scharnhorst,* dem schließlich die Reform des Heeres so entscheidende konzeptionelle Überlegungen und praktische Maßnahmen verdankte. Aufgrund seiner Erfahrungen während der Revolutionskriege gelangt auch er

zu der Einsicht, daß künftighin die moralische Komponente im Militär die größte Aufmerksamkeit und Pflege verdiene.[21] In dieser Hinsicht kommt der folgenden Bemerkung nicht nur eine unmittelbare zeitgenössische Bedeutung zu, sondern in ihr drückt sich bereits eine Vorahnung davon aus, womit, nachdem die Dinge so in Bewegung geraten sind, spätere Generationen auch konfrontiert werden und was sie zu schwierigen Entscheidungen herausfordern wird: »Wir haben angefangen, die Kunst des Krieges höher als die militärischen Tugenden zu schätzen. Dies war der Untergang der Völker in allen Zeiten. Tapferkeit, Aufopferung, Standhaftigkeit sind die Grundpfeiler der Unabhängigkeit eines Volkes: wenn für diese unser Herz nicht mehr schlägt, so sind wir schon verloren auch selbst in dem Laufe der großen Siege.«[22]
Scharnhorsts militärtheoretischen Überlegungen sind allerdings auch die Frucht einer immer um Verstehen der anderen Position bemühten Auseinandersetzung mit jenen Denkern, die wie *Kant, Herder* und der frühe *Fichte* überhaupt gegen das Militär und den Krieg votierten. Der Disput mit Herder, dem Bückeburger Superintendenten und Prediger, legte sich dem von Graf Wilhelm zu Schaumburg geförderten Scharnhorst besonders nahe. Wie die Förderer des Friedensgedankens verabscheute er die Greuel eines Krieges zutiefst. Aber anders als sie vermochte er nicht zu sehen, daß die gerade auch aus humanitären Gründen zum Schutz der Schwachen verfolgte Idee einer für immer befriedeten Welt je verwirklicht werden konnte. Denn wo dies versucht würde, mußte geradezu ein Reiz an die Mächte ausgehen, die Expansionswünsche hegten. Er sah voraus, daß die Realisierung der Idee des Friedens immer eine instabile Lage zur Folge haben würde.[23]

Hier ist auch der Grund dafür zu suchen, daß Scharnhorst sich so nachdrücklich gegen alle Kritiker, allen voran v. Berenhorst, für die Beibehaltung stehender Heere einsetzte, um auch militärisch die Lage so stabil zu halten wie es nur möglich war. Die Ziele, die damit verfolgt werden sollten, waren jedoch Menschlichkeit und Freiheit. In dieser Hinsicht erwies er sich auch als Soldat der **Kultur der Freiheit** verpflichtet. Dies zeigt eine Bemerkung zu den Kritikern des Militärs, denen er vorhält, daß sie vor einer »tieferen Einsicht in die Verhältnisse der Dinge, des moralischen Zustandes des Menschen und des politischen Verhältnisses der Völkerschaften« die Probe nicht zu bestehen vermögen. Dieses Urteil wird mit dem allgemeinen Hinweis untermauert: »Ein Schriftsteller, der die stehende Armee seiner Nation untergräbt, mag immer seinem Herzen ein Denkmal errichten, aber für seine Mitbrüder bereitet er Fesseln, oder die Geschichte müßte lügen.«[24]

Es läßt sich nicht übersehen, daß sich an der Auseinandersetzung zwischen Vertretern der Idee des ewigen Friedens und — vor allem historisch gebildeten — Soldaten überhaupt ein Grundkonflikt abzuzeichnen beginnt, der bis in die Gegenwart hinein besteht. Im Kern dieser Auseinandersetzung steht der Gegensatz zwischen der Erwartung, die Geschichte selbst werde den Krieg überholen, und der Bestreitung dieser Ertwartung durch den Hinweis auf eben die Geschichte selbst. Darin eingeschlossen sind zwei entgegengesetzte Grundorientierungen des Handelns. In dem ersten Fall empfängt das Handeln von dem erwarteten Ende her — im vorliegenden Fall also vom ewigen Frieden — seine Ausrichtung. Der ewige Friede ist, wie *Kant* es ausgeführt hat, in bezug auf seine Zukunft zwar nicht mit letzter Sicherheit »(theoretisch) zu weissagen«, aber »doch in praktischer Absicht« stark genug, daß er »es zur Pflicht macht, zu diesem (nicht bloß chimärischen) Zwecke hinzuarbeiten«.[25]

Im zweiten Fall soll nicht minder der Friede gesichert und gefördert werden. Das Handeln in dieser Absicht empfängt aber seine Ausrichtung von dem, in einer gegebenen Lage für die Erreichung des Friedensziels Möglichen. Beachtenswert ist, daß bei gleicher Zielrichtung die Differenz an der Mittel-Frage in Erscheinung tritt. Im ersten Fall bedeutet dies, daß das Ziel der Geschichte schließlich ohne jedes Militär zu erreichen sei. Im zweiten Fall wird Militär geradezu zur Bedingung der Sicherung des Friedens und mit ihm — der Freiheit.

Für die Frage der Vermittlung von Demokratie und Militär, die ja den Kern einer kontroversenreichen, neuzeitlichen Entwicklung bildet, ist jener Grundkonflikt von außerordentlich entscheidender Bedeutung. Denn er schließt selbst eine ganze Reihe von Möglichkeiten ein, die diese Vermittlung erschwert oder überhaupt nicht zustandekommen läßt. Hierzu gehört im besonderen, daß sich der skizzierte Gegensatz zur Struktur verfestigt. Eine Folge davon kann entweder die Abdrängung des Militärs in eine Sonderrolle am Rand des gesellschaftlichen und politischen Bewußtseins, oder der Versuch sein, als Militär sich in eine dominierende Rolle zu bringen oder bringen zu lassen, wie es beim Militarismus der Fall ist.

Die neuzeitliche Theorie einer freiheitlichen Kultur wird diese Kontroverse nicht einfach ignorieren können. Aber sie enthält eine Konsequenz, der man sich nicht entziehen kann. Sie besteht darin, daß die politische Freiheit eines Volkes, das frei bleiben will, in allen konkreten historischen Situationen des Schutzes vor Einschränkung oder gar Vernichtung seiner Entscheidungs- und Handlungsfähigkeit von außen bedarf. Die Bereitschaft, diesen Schutz aktiv wirksam werden zu lassen, ist Bestandteil einer, von der Freiheit selbst dem sie in Anspruch nehmenden Bürger auferlegten Pflicht.

Es ist auf dieser Erde und in der auf ihr stattfindenden Geschichte kein Zustand absehbar, der die soldatische Existenz überflüssig machen würde. Es ist allerdings auch kein Zustand mehr denkbar, in dem die politische Anstrengung, Freiheit zu sichern und zu fördern, durch militärische Lösungen einfach ersetzt werden könnte. Es sind Bemühungen, die Französische Revolution in ihrem geistigen Wesensgehalt zu erschließen, indem hinter ihre — bisweilen eher abschreckenden — Erscheinungsformen zurückgefragt wurde, die mit dem Bewußtsein der Freiheit zugleich auch die Forderung nach einer demokratischen Wehrhaftigkeit verbinden.

Das frühe 19. Jahrhundert konnte sie allerdings noch nicht oder doch nur unzureichend erfüllen. Denn eine wesentliche Bedingung, die *demokratische Verfassung des Staates,* war noch nicht gegeben. Aber die preußische Heeresreform stellt dessen ungeachtet einen Versuch dar, dem erwachten Freiheitsbewußtsein mit einer Reihe von Maßnahmen Rechnung zu tragen. Für den hier behandelten Themenkreis ist vor allem bedeutsam, daß der Grundsatz, nur Freie können die Freiheit verteidigen, zur Geltung gelangt. Die Aufhebung der Erbuntertänigkeit der Bauern von 1807 im Zusammenhang der *Stein'schen* Reform bildet dafür eine wesentliche Voraussetzung. Die von *Gneisenau* geforderte Öffnung des Offiziersberufs für »die Talente aller Stände«[26] stellt einen weiteren Schritt auf dem Wege dar, in die Theorie der Freiheit das Militär einzubeziehen und ihre reformerischen Impulse aufzunehmen. In dem »Reglement über die Besetzung der Stellen der Portepee-Fähnriche und über die Wahl zum Offizier bei der Infanterie, Kavallerie und Artillerie« vom 6. August 1808 findet das bereits einen Niederschlag.[27]

Das mit dem Freiheitsverständnis unauflöslich verbundene Empfinden für die Achtung der Menschenwürde erhält schließlich seinen Ausdruck in Verordnungen, durch die neue Richtlinien für den Umgang und die Behandlung des Soldaten eingeführt werden. Es ist durchaus bemerkenswert, daß 1808 folgende Sätze formuliert worden sind: »Die Erfahrung lehrt, daß Rekruten ohne Schläge im Exerciren unterrichtet werden können. Einem Offizier, dem dies unausführbar erscheinen möchte, mangelt entweder die nöthige Darstellungsgabe oder der klare Begriff vom Exercier-Unterricht . . . folglich die für seinen Posten unentbehrliche Ausbildung.«[28]

Dennoch, trotz des Bemühens, die Kultur der Freiheit auch das Militär durchdringen zu lassen, war den Reformern nur ein zeitlich kurzer Erfolg beschieden. Das Urteil des englischen Historikers *Martin Kitchen* trifft diesen Sachverhalt: Ohne einen drastischen Wandel der preußischen Gesellschaft konnte der Gedanke eines Volksheeres oder einer Nation in Waffen wenig mehr als eine fromme Hoffnung sein. Der Gegensatz zwischen der Modernität des militärischen Systems und den veralteten sozialen Strukturen wurde zunehmend akut. Einer allgemeinen Verpflichtung, Militärdienst zu leisten, entsprach nicht die Gleichheit bürgerlicher Rechte und Pflichen.[29]

Die Restauration und ihre Folgen

Was sich im Blick auf die Entwicklung im Zeichen der Restauration besonders nach 1848 abspielte, war mit der Einschränkung des **Prinzips Freiheit** auch die Zurückdrängung des Militärs in eine ausschließlich instrumentelle Rolle. Das Zusammenspiel von Politik und Militär im Rahmen der Kultur der Freiheit wird nun durch ein Sonderdasein des Militärs ersetzt, das von funktionalen Aspekten und der Aufgabe einer Wiederherstellung oder doch mindestens Bewahrung des ancien regime oder was von ihm noch übrig ist, beherrscht ist. *Gerhard Ritter* hat das Wesentliche dieser Entwicklung in die Frage eingefangen: «War die Armee eine Staatseinrichtung wie andere auch, oder nahm sie als Machtinstrument der Krone — nicht des Verfassungsstaates schlechthin — eine Sonderstellung ein?[30]

Mit dem Begriff **Machtinstrument** ist das Stichwort gefallen, das auf denjenigen Faktor hinweist, der sich in der Geschichte der Neuzeit in vielerlei Hinsicht verhängnisvoll ausgewirkt hat. Denn er läßt eine Funktion des Militärs hervortreten, die gerade dem, was mit **Kultur der Freiheit** und dem ihr entsprechenden Ethos gemeint ist, zuwiderläuft. Zwar kann keineswegs ignoriert werden, daß nicht auch die Verteidigung der Freiheit instrumentelle Funktionen impliziert. Die mit dem Begriff **Machtinstrument** aber bezeichnete Weise der Zuordnung von Militär und Gesellschaft bewegt sich nicht mehr im Rahmen der Theorie der Freiheit. Sie desavouiert diese vielmehr, weil sie eine Praxis ermöglicht, die selbst auf Einschränkung der Freiheit oder gar ihre Beseitigung gerichtet sein kann. Jenes emphatische Aussein auf Freiheit, das *Schleiermacher* in den »Monologen« mit dem Satz ausdrückt: »Willkommen mir, in jedem Augenblicke, wo ich die Sklaven zittern sehe, aufs neue willkommen, geliebtes Bewußtsein der Freiheit!«[31] — kann an einem so bestimmten Militär keinen Anhalt mehr finden.

Es spiegelt in gewisser Weise eine Tragik wider, daß das Ziel der Reformer, Militär und Gesellschaft durch den in der Gesellschaft selber eine Rolle spielenden Soldaten zu vermitteln, nicht erreicht, sondern als gefährliches, revolutionären Unterfangen verdächtigt wurde. Dadurch gelang es leichter, die Armee zum Instrument einer restaurativen Ordnung werden zu lassen. Besonders nach 1848 verband sich damit aber noch eine andere Wirkung. Das Militär wurde zunehmend aus der Gesellschaft als ein aktiver Teilhaber an ihr desintegriert. Es erhielt eine Sonderrolle am Rande des allgemeinen gesellschaftlichen Bewußtseins. Seine Angehörigen bekamen den Kastenstatus, der schon im bündisch-elitären Selbstverständnis der mittelalterlichen Söldnerheere eine gewichtige Rolle gespielt hatte: Die instrumentelle Funktion der Erhaltung traditioneller Machtverhältnisse bildet jetzt die Brücke zur Politik, und der Militarismus sicherte schließlich den zwanghaften Einfluß aus dem militärischen Dasein abgeleiteter Denk- und Verhaltensmuster auf die Gesellschaft.[32] Hier liegen tiefe Gründe für ein generelles Mißtrauen dem Militär gegenüber, das auch in der zweiten Hälfte des 20. Jahrhunderts noch spürbar ist und das sich vor allem im Blick auf die enormen Steigerungen des Vernichtunspotentials der Waffen verstärkt.

Wie das Militär als Instrument der Macht zu gebrauchen sei, dies hat freilich bereits Napoleon I. **musterhaft** gezeigt. Das hat sicher einmal seinen Grund im Selbstverständnis dieses Mannes, der in seinem Dankschreiben an den Senat vom 3.8.1802 anläßlich der Ernennung »zum ersten Konsul auf Lebenszeit« seinem eigentümlich messianischen Selbstbewußtsein Ausdruck verlieh: »In dem frohen Bewußtsein, durch den Willen Gottes, von dem alles ausgeht, dazu berufen zu sein, Gerechtigkeit, Ordnung und Gleichheit auf Erden wiederherzustellen, werde ich ohne Bedauern mein Sterbeglöckchen läuten hören, denn die Meinung künftiger Geschlechter kann mich nicht beunruhigen.«[33]

Hinter dieser Selbsteinschätzung als Vollstrecker göttlichen Willens scheint aber auch eine politische Konzeption hervor, die in dem »Gedanken eines großartigen Reiches« gipfelt, »das über mehrere Vasallenreiche herrsche . . .«[34] Dadurch sollte das deutsche Reich abgelöst werden, das ohnedies nur noch dem Namen nach vorhanden war. Entstehen sollte dagegen das »Reich der Franken«, wie es unter Karl d. Gr. geworden war. Napoleon I. hatte die politische Vision eines »Kaiserreich(s) des Westens« entwickelt, das jenen Namen annehmen sollte.[35]

Diese politische Konzeption ließ sich aber nur mit militärischer Gewalt durchsetzen. Des tiefen Widerspruchs, in den er dadurch zum göttlichen Willen — nach christlichem Verständnis — geriet, war sich Napoleon I. offensichtlich nicht bewußt geworden, weil er ohnehin den Begriff Gott mit

Kriegsgott gleichzusetzen schien und darum auch nur als dessen Vollstrecker auftrat. Es ist zweifellos mit Recht bemerkt worden, daß das »Übermenschliche dieses Auftrages . . . bei Napoleon . . . zu einer unbarmherzigen Realität« geworden ist.[36] Aber gerade darin vermochte dann auch die Absurdität gigantischen Ausmaßes ihre Rechtfertigung zu finden, daß »Gerechtigkeit, Ordnung und Gleichheit« mit den ihnen zutiefst widerstreitenden Mitteln kriegerischer Expansion, Unterwerfung und wirtschaftlicher Ausbeutung wiederhergestellt werden sollten.[37]

Das weist nun zugleich aber auch darauf hin, daß in diesem Kaiser ein Herrscher von machiavellistischen Proportionen die Politik Europas nachhaltig bestimmte. Hierin ist der andere Grund für eine rein instrumentelle Verwendung des Militärs zu sehen. Machiavelli forderte, daß die wichtigsten Grundlagen, die alle Staaten haben müssen, sowohl die neugegründeten als auch die altererbten oder die aus beiden Arten gemischten Staaten, ». . . gute Gesetze und ein gutes Heer« sind. Beides, ein gutes Heer und gute Gesetze, bedingen danach einander förmlich.[38] Im Rückblick auf sein Wirken hat Napoleon I. die Forderung Machiavellis in bemerkenswerter Weise erfüllt, indem er beides, Gesetz und Militär, als Werkzeuge kannte und brauchte. »Alles in allem: er ist der vollendete Selbstherrscher, der wahre moderne Autokrat.«[39]

Doch es gibt noch einen dritten Grund. Er liegt darin, daß Napoleon I. in einer erstaunlichen Weise »dem Geist der europäischen Staatsräson« verhaftet war. »Denn darin hatte Goethe recht, daß Napoleon in einer Idee lebte, in einer Konzeption von Europa im Sinne des Vorrangs des Staatsinteresses und der allseitigen Durchsetzung der Gleichförmigkeit, nicht der Freiheit, wie sie die Revolution gewollt hatte. Nur war er sich dessen nicht voll bewußt, und es war eben keine befreiende, sondern eine zwingende, nüchterne Idee, kein weltmissionarischer Gedanke.«[40]

Das Militär als Instrument zur Stützung und zur Durchsetzung von Ordnungsstrukturen, deren Legitimation aus der quasireligiösen Einsicht in den unbedingten Willen eines Absoluten abgeleitet wurde und die auch dem Instrument selbst eine verklärende Weihe im Sinne eines vordergründigen Heroismus verlieh — dies bildet nun ebenfalls einen wichtigen Teil des historischen Hintergrundes, auf dem die Ethik die Probleme der soldatischen Existenz erörtert.

Mit dem Begriff **Ethik** verbindet sich im folgenden nicht eine Darstellung dessen, was in der Geschichte dieser Disziplin zu ihrer Stellung im Rahmen der Wissenschaften, zu ihren Forschungsgegenständen und ihrer Methodik ausgesagt worden ist. In einem ungleich elementareren Sinn wird hier unter Ethik nur eine Denkebene verstanden, auf der anthropologische, kulturelle, soziologische und politische Sachverhalte im Hinblick auf Haltungen und Handlungen diskutiert werden. Ethik ist in dieser Hinsicht so auch immer ein Ort, an dem sich das Zeitbewußtsein in der Vielfalt individueller Brechungen auf eine besondere Weise Rechenschaft darüber ablegt, was sein Inhalt und die diesen im einzelnen bestimmenden Faktoren sind. Sie ist in diesem Sinne auch immer eine **Theorie der Zeit**.

Das, was im 19. und frühen 20. Jahrhundert im Zusammenhang mit dem Zeitbewußtsein, wie es in einzelnen Epochen seinen Niederschlag gefunden hat: der Restauration, der Gründerzeit, der Vorkriegszeit, der Nachkriegszeit und der NS-Zeit, über die soldatische Existenz ausgesagt worden ist, soll an der Ethik — vor allem der protestantischen — aufgewiesen werden.

Einer ihrer bedeutenden Vertreter war der Heidelberger Professor *Richard Rothe.* Er veröffentlichte (1845–48) eine dreibändige Ethik, in deren 3. Band er die Relation **Militär-Staat** in einem sozialethischen Kontext unter dem Stichwort **Die besonderen Sozialpflichten** erörtert.[41] Dem stellt er die Praemisse voran, »daß der einzelne Staat den übrigen gegenüber ein völkerrechtliches Verhältniß . . . einhalte, ja auch, soviel in seiner Macht steht, auf die immer vollständigere Herstellung der völkerrechtlichen Verbindung zwischen *allen* einzelnen nationalen Staaten, eben damit aber eines allgemeinen, allumfassenden Staatenorganismus . . . hinwirke.«[42]

Die Idee, mittels eines alle Staaten verbindenden Völkerrechts zu einem Regulativ in Konfliktfällen zu gelangen, wird schon bei Kant entwickelt.[43] Rothe greift hier nur erneut auf Gedanken zurück, die inzwischen unumstrittenes Allgemeingut waren. Denn auch erscheint die Entwicklung zu einem Nationalitäten relativierenden, föderativen Staatensystem als unaufhaltsam.[44] Sie macht aber ein »organisiertes Rechtsinstitut« erforderlich, »mittelst dessen die Gesammtheit der einzelnen Staaten als ein einheitlicher Staatenbund nach von ihm einmüthig anerkannten Grundsätzen die internationalen Fragen und Angelegenheiten schlichtet und ordnet, also ein allgemeiner Staatengerichtshof, in welcher Form auch immer . . .«[45] Damit wird eine Forderung erhoben, der später im Haager Gerichtshof zu entsprechen versucht wurde.

Es vermag aber nichts darüber hinwegzutäuschen, daß sich hier ein Bemühen Ausdruck verschafft, dessen Gegensätzlichkeit zu dem tatsächlichen Zustand in den Beziehungen unter den Völkern den gedanklichen Entwurf als reines Wunschdenken erscheinen lassen mußte. So kommt es, daß »die Nothwendigkeit und die sittliche Rechtmäßigkeit einer Lösung der Conflicte zwischen den Staaten durch materielle Gewalt, also des *Krieges* schlechthin« als Aufhebung des bestehenden Gegensatzes schlechthin bejaht wurde.[46]

Der Krieg, dies versucht Rothe einzuschärfen, bleibt so eine »sittliche Abnormität«, die aber nicht beseitigt werden kann. Sie stellt vielmehr jene »tief erschütternden Krisen dar, durch welche die geschichtliche Fortentwicklung der menschlichen Gemeinschaft nothgedrungen hindurchgeht und die großen politischen Neugestaltungen zum vollständigen Durchbruch bringt«.[47]

In dieser Aussage meldet sich erneut eine Sicht an, die bereits von Schleiermacher vertreten wurde: Der Krieg, ein Durchgangsstadium und Mittel zugleich in der Persönlichkeitswerdung des Staates im Zusammensein mit anderen Staaten, und er ist auch in dieser Sicht ein Faktor in der Entwicklung der Kultur.

Wird jedoch der Krieg für unvermeidbar gehalten, dann entsteht die Notwendigkeit, Kriterien auszubilden, die es erlauben, zwischen gerechtfertigten und ungerechtfertigten Kriegen zu unterscheiden. Es ist bemerkenswert, daß Rothe statt gerechtfertigt auch »pflichtgemäß« sagen kann, um auf diese Weise zum Ausdruck zu bringen, daß ein gerechtfertigter Krieg auch ein, den einzelnen verpflichtendes Geschehen ist. Lehnte der Bürger die Teilnahme ab, dann »würde er sich geradezu der Pflicht des Unterthanengehorsams entziehen und gegen die Obrigkeit auflehnen«.[48]

Gegen diese Pflicht aber wird jeder Einspruch für ungültig und wirkungslos angesehen. Was aber sind nun die Kriterien für einen gerechten Krieg, die solch einen Standpunkt unumstößlich zu rechtfertigen scheinen? Rothe hält eine bewaffnete Auseinandersetzung dann für gerechtfertigt, wenn es sich »um ein wirklich unveräußerliches Gut des Staates« handelt. Zu diesen Gütern rechnet er: »die Freiheit, die Ehre, die Nationalität« und »die Identität des Volkes. Denn jedes Volk *soll* über seiner natürlichen Integrität und Einheit wachen.«[49] Es fällt auf, daß die Frage, ob es sich um einen Offensiv- oder einen Defensivkrieg handelt, für die Beurteilung der gewaltsamen Auseinandersetzung selbst, d.h. für die Feststellung, ob sie gerechfertigt werden kann oder nicht, keine Rolle mehr spielt.[50]

Die soldatische Existenz gründet in der Pflicht zum Krieg, vorausgesetzt, daß die Rechtfertigungskriterien diesen selbst zum gerechtfertigten erklären. Doch was schützt vor einer entstellenden Anwendung dieser Kriterien? Was verhindert, sie zur Rechtfertigung von Unrecht zu mißbrauchen? Die Ethik der Restaurationszeit hat offenbar keine Notwendigkeit gesehen, den möglichen Mißbrauch mitzubedenken. Statt dessen spiegelt sie den Legitimitätsstandpunkt des bestehenden Obrigkeitsstaates und seiner Repräsentanten wider. Der Garant für die Richtigkeit der Kriterien und ihre angemessene Anwendung war damit die »Obrigkeit«. So wird schließlich das Militär zu jener Macht erklärt, die der Staat als Mittel besitzt, »gleich sehr um die Ordnung in seinem Innern aufrecht zu erhalten und um sich nach außenhin geltend zu machen und in seiner Selbständigkeit zu behaupten«.[51] Damit ist dann allerdings auch etwas völlig anderes gemeint als die in der **Theorie der Freiheit** mitgesetzte Verteidigung des politischen Entscheidungs- und Handlungsvermögens. Das Militär ist in dieser Konzeption als Institution der Freiheit zugleich die Einrichtung zur Abwehr jedweder Einschränkung der Freiheit als politische Selbstbestimmung. Hier dagegen dient sie in letzter Konsequenz der Machtentfaltung des Staates selber, die Expansion mit militärischer Gewalt nicht prinzipiell ausschließt.

Indem der Staat dadurch den Charakter einer Letztinstanz erhält, wird in bezug auf die soldatische Existenz eine folgenreiche Entscheidung getroffen. Sie ist überhaupt nicht mehr als eine eigenständige Größe zu denken, die Rechte geltend machen darf, wie sie im Rahmen der Theorie der freiheitlichen Kultur entwickelt werden, sondern sie erfährt ihre Bestimmung durch eine vollständige Unterordnung unter die Macht des Militärs, damit »die Obrigkeit eine *unwiderstehliche Macht«* sein kann.[52]

Es entsprach dem Zeitbewußtsein, wenn im Aspekt der Macht des Staates der bedingungslose Gehorsam[53] als die einzig mögliche Haltung auf seiten des wehrpflichtigen Staatsbürgers betrachtet wurde. Nur war man sich in den Kreisen der Ethiker offenbar dessen nicht bewußt, was dies einerseits an entpersönlichenden Folgen im Blick auf den einzelnen Soldaten hervorrufen mußte, und was dies andererseits an negativen Folgen für die Beziehungen von Militär und Gesellschaft in sich barg. Denn vom einzelnen Soldaten wird ja prinzipiell nicht weniger verlangt, als unter Verzicht auf seine individuelle Personalität sich zum bloßen Faktor einer Maschinerie zu machen. Dem Militär aber, als einer immerhin sich aus Menschen zusammensetzenden Institution, wird zugemutet, zugunsten seines funktionalen Charakters als Machtinstrument außerhalb der **Kultur der Freiheit** zu existieren.

Demgegenüber erscheint es wie ein bloßes Überspielen der Problematik, wenn mit der Bejahung des Volksheeres, also der Nation in Waffen, zugleich eine Art Heroismus gepflegt wird.[54] Aber auch dies entsprach dem politischen und kulturellen Bewußtsein in der Mitte des 19. Jahrhunderts. Die Ethiker sind nur sein Spiegelbild. Der Soldat wird als Beispiel einer »völligen, aufopferungsvollen Selbsthingebung an den Staat« genommen, an dem sich ablesen läßt, was es heißt, »aus hoher sittlicher Begeisterung . . . für *sein eigenes* wahres sittliches Leben« zu kämpfen. Es ist dann nur noch ein kleiner Schritt zu jener verallgemeinernden Feststellung, daß »der allgemeine wirkliche Waffen*dienst* die einzig sittliche angemessene Ordnung« darstelle.[55]

Im Ersten Weltkrieg bildet dies die Basis für eine Pflichtenlehre, in deren Mittelpunkt der Vollzug soldatischer Existenz mit der Erfüllung eherner Pflicht gleichgesetzt wird.[56] Aber auch damit werden der instrumentelle Charakter des Militärs und seine Sonderrolle verbunden. Das findet seine Begründung in dem Argument, daß für die »Einrichtung eines von der Zivilbevölkerung scharf abgegrenzten Heeres als geordneten Organes des Staates für den Zweck der Kriegführung . . . nicht nur praktische Zweckmäßigkeitsgründe« sprechen, sondern daß darin zum Ausdruck gebracht wird, »daß der Krieg eine Sache des Staates im ganzen ist . . .«. Der Soldat kann unter diesem Aspekt seinen Dienst nur als Eintreten »für den Staat, für die verantwortlichen Leiter des Staats, für das ganze Volk und insbesondere für die Wehrlosen im Volke« begreifen. Es ist die Pflicht zur »Stellvertretung« — im Sinne der Stellvertretung für das Ganze -, die hier gefordert wird als »Dankesleistung und Treueleistung« für die vom Staat und Vaterland erfahrenen Wohltaten.[57]

Nicht minder fragwürdig ist es schließlich auch, wenn unter dem Einfluß der allgemeinen Fortschrittsidee die neuen Waffentechniken als sittlicher Fortschritt ausgegeben werden, weil durch sie »der Muth im Kampfe . . . der mehr unpersönlichen, allgemeinen Todesmacht gegenüber standzuhalten«, gefordert wird »und dadurch einen höheren sittlichen Charakter enthält«.[58]

Es wäre nun in der Tat nicht schwer, den Nachweis zu führen, daß in der Ethik des 19. Jahrhunderts oft wenig von einer kritischen Analyse und Würdigung des herrschenden Zeitbewußtseins zu spüren ist. Sie bleibt dadurch auch hinter ihrem eigenen Anspruch zurück, »geltende Regeln für das menschliche Handeln« aufzustellen »und in irgendeinem Sinne Gesetzgeberin, Lehrmeisterin, Wegweiserin, Ratgeberin« sein zu wollen.[59] Denn es ist schwer vorstellbar, wie dieser Anspruch eingelöst werden konnte, ohne auf das Zeitbewußtsein und die es prägenden Faktoren analysierend und kritisch urteilend einzugehen, statt es im Grunde quasiwissenschaftlich zu überhöhen.

Doch bevor ein Verdikt ausgesprochen wird, sollte die Ursache für jenes eigentümliche Versagen nicht nur in persönlichem Unvermögen, sondern vor allem in einer ebensowohl erkenntnistheoretischen wie methodologischen Grundentscheidung gesucht werden, die man weithin als auch für die eigene Arbeit verbindlich mitübernommen hat. Im Rückblick auf die eigene Wissenschaftsgeschichte der Ethik besteht diese Entscheidung darin, das Ziel ethischer Untersuchungen »niemals (in) ... der bloßen Schilderung einer empirischen Wirklichkeit, eines ›Realen‹ als solchen«, zu suchen, »sondern ... (in) der Darstellung eines ›Idealen‹ und ... (in) der Verständigung über dessen Wesen«.[60] Die begegnende Welt der Realitäten wird so zum Ort, an dem das Ideale sichtbar gemacht werden kann. Aber sie besitzt keine ethische Eigenqualität. Dadurch läßt sich aber die Differenz zwischen Idealität und Realität schon im Ansatz nicht mehr überbrücken. Die Aussagen der Ethik bekommen ein von der Lebenswelt und den in ihr stattfindenden Handlungs- und Funktionsabläufen eigentümlich abgehobenes Dasein, dem die Verselbständigung der Realitäten gegenübersteht und, wie im Falle des Krieges, als solche auch anerkannt wird, indem man sie zur Ausnahme von der Regel erklärt.

Die auf diesem Hintergrund mit der Bejahung einer funktionalen Instrumentalität des Militärs zugleich einhergehende Zuerkennung einer Sonderrolle wird dann als staatswissenschaftlicher Tatbestand festgeschieben. Das geschieht beispielhaft durch *Lorenz von Stein.*[61] Er geht bereits davon aus, daß »das Heer als ein selbständiger Körper auftritt« , und zwar mit allen Konsequenzen für seine Angehörigen. Dem Sprachgebrauch der Zeit entsprechend dient das Wort **Geist** dazu, dieser Selbständigkeit eine eigentümliche Tiefendimension zu geben. Der Geist des Heeres ist danach das, was »für sich« ist und »für sich sein eigenes Bewußtsein« hat.[62] Er formt das militärische Berufsverständnis im engeren Sinne ebenso, wie er überhaupt der Lebensführung normative Richtungsvorgaben macht. Ihr Inhalt ist es, »die höchste Kraft, den höchsten Willen, das höchste Leben des Staates zum vollen, vor dem Tode nicht zurückschreckenden Ausdruck zu bringen«.[63] Erneut ist damit nur präzisiert, in welchem Maße die Differenz von Militär und Gesellschaft vom konstitutiven Faktor im Selbstverständnis soldatischer Existenz geworden ist. Zugleich ist durch den Bezug auf den Staat aber auch der Gefahr vorgebeugt, das Militär zu einem Selbstzweck werden zu lassen, indem es als Mittel nur der Verwirklichung der Staatszwecke zu dienen hat. Doch läßt sich bei diesem gedanklichen Ansatz, was übrigens auch hier für weite Teile der Ethik gilt, dann auch nicht mehr die Gefahr ausschließen, daß das Militär unter spezifischen geschichtlichen Konstellationen zum Instrument der Selbstverherrlichung des Staates wird.

Zur Diskussion über das Militär in der Ethik nach dem Ersten Weltkrieg

Nach dem Ersten Weltkrieg beginnt sich in der Ethik eine Wende abzuzeichnen. Die Entwicklung selbst verläuft in einer doppelten Richtung. Einerseits wird die im 19. Jahrhundert vorgezeichnete Linie weitgehend beibehalten. Andererseits aber bringen sich jetzt auch kritische Stimmen zu Gehör, durch die ebenso die Problematik des Krieges und die Ambivalenz des Militärs thematisiert werden, wie durch sie auch das Problem der Vermittlung von Demokratie und Militär erneut aufgeworfen wird.

Zu denjenigen, die in der traditionellen Beurteilung des Krieges beharren, gehört vor allem *Reinhold Seeberg.*[64] In seinem »System der Ethik«, das in erster Auflage 1916, in zweiter Auflage 1920 erschien, schreibt er im Vorwort zur zweiten Auflage: »Sodann aber regten die neuen politischen und sozialen Aufgaben den Ethiker zu prinzipiellen Erwägungen verschiedenr Art an.«[65] Diese Bemerkung weckt zunächst die Erwartung, daß die Erfahrungen des Ersten Weltkriegs in bezug auf die Problematik des Krieges überhaupt eine angemessene Berücksichtigung gefunden haben, daß folglich an der Ethik der Nachkriegszeit in dieser Beziehung Unterschiede zu der der Vorkriegszeit festzustellen sein müßten. Aber diese Erwartung wird durch Seeberg nicht erfüllt.

Zwar greift auch er den Gedanken »eines friedlichen Miteinanders der Völker und eines fröhlichen Wettstreites in Handel und Industrie, Kunst und Wissenschaft« auf, der seit Kant und Fichte populär ist. Aber er schränkt die Konsequenzen sofort wieder ein. In dieser Hinsicht fällt er sogar hinter die im 19. Jahrhundert von der Ethik bereits gewonnene Einsicht in die Notwendigkeit eines völkerrechtlich geordneten Miteinanders zurück. Diese hatte ja durchaus zu einer Relativierung der Nationalstaatlichkeit Anlaß gegeben. Seeberg hingegen fühlt sich gedrängt, das, was dieser Relativierung Ausdruck verleiht und was er »kosmopolitische(n) Internationalismus« nennt, zu kritisieren.[66] Auch der Völkerbund, dessen Ziele er durchaus zu würdigen weiß[67], verfällt letztlich der Kritik, weil er »unhistorisch gedacht« ist. Er wird mit dem Vorwurf bedacht, daß er »einerseits die geschichtliche Bindung der Völker« übersieht und »andererseits ihrer fortgehenden Entwicklung keine Rechnung« trägt.[68] Diese Kritik ist aber gänzlich unberechtigt, weil sich zum Zeitpunkt der Überarbeitung seiner Ethik noch gar nicht absehen ließ, was der Völkerbund tatsächlich zu leisten vermochte. Sie wird aber verständlich, wenn bedacht wird, daß Seeberg den Nationalismus zum Parameter für die Beurteilung anderer internationaler, politischer Erscheinungen macht. Darin läßt er schließlich auch den Krieg begründet sein. Seine Notwendigkeit gründet im Eigenrecht der Nation, das nicht nur Selbstbehauptung, sondern machtvolle Expansion zwecks Darstellung ihrer Größe einschließt. »Der Krieg in diesem Sinne hat deshalb nichts mit roher Selbstüberhebung oder mit räuberischen Tendenzen gemein, sondern er ist das Mittel, durch das eine Nation einer anderen gegenüber die internationale Stellung erwirbt, die ihr vermöge ihrer Kraft faktisch zukommt.«[69]

Bei dieser eigentümlich positiven Einschätzung des Krieges nimmt es sich reichlich merkwürdig aus, wenn unter Hinweis »auf die furchtbaren Leiden und Schäden«, die er in seinem Gefolge hat, die bewaffnete Auseinandersetzung nur als ultima ratio gesehen wird.[70] Denn ein beständiger »Widerstreit vitaler Interessen und letzter Entwicklungstendenzen der Völker«, sowie die daraus gezogene Konsequenz, daß der »Starkgewordene . . . mehr Raum und Einfluß in der Welt als einst« brauche und dies nur gewinnen könne auf Kosten derer, »die einst stärker als er waren«[71], legt viel eher den Gedanken nahe, daß der Krieg hier keineswegs »nur im äußersten Notfall als berechtigte Kraftprobe der Völker in Anwendung kommen darf«.[72]

Auch was Seeberg über den Frieden als »Zweck jedes Krieges« zu sagen weiß, steht formal durchaus in der Tradition des 19. Jahrhunderts. Rothe und von Oettingen hatten bereits diesen Aspekt deutlich herausgearbeitet. Aber auf dem Hintergrund des von Seeberg vertretenen, in seiner Tendenz durchaus als militant zu bezeichnenden Nationalismus bekommt in seinen Auslassungen der Friede dennoch den Anstrich eines Diktats. Zwar bemüht er die »Rechtsidee« als letzten Maßstab für den Umgang des Siegers mit dem Besiegten.[73] Aber er spricht im gleichen Atemzuge auch davon, daß deren Inhalt »das reine soziale Wollen der Kulturmenschheit« ist.[74] Die Konsequenz ist unumgänglich, daß durch den Stärkeren, der ja auch den gerechtfertigten Krieg im Namen seines nationalen Eigenrechts führt, dieser Inhalt zu einer ungleich angemesseneren Darstellung gelangt als durch den Besiegten. Ja, es ist aufgrund der Argumentationsweise von Seeberg auch keineswegs abwegig zu behaupten, daß überhaupt erst die **Besiegung** selbst dem Besiegten die Chance gewährt, in die »Kulturmenschheit« eingereiht zu werden. Denn er meint ernsthaft, daß für alle Besiegten bzw. die Besiegten eben durch ihre Niederlage der Tatbeweis erbracht sei, »daß sie über die äußeren und inneren Kräfte, deren sie zu der erstrebten neuen Weltstellung bedürfen, nicht verfügen«.[75] Dieser Ethiker war sich offenkundig nicht über den eklatanten Widerspruch im klaren, in dem der Sinn dieser Aussage zu der faktischen Niederlage

Deutschlands stand. Da er vom »Schmachfrieden von Versailles« spricht[76], kann es weder seine Absicht gewesen sein, die zuvor erörterten Kriterien auch auf Deutschland anzuwenden, noch es zu denjenigen Nationen zu rechnen, deren einstmalige Geltung wegen erwiesener Untauglichkeit an andere Nationen übergegangen ist. Ist dies jedoch zutreffend, dann bekommen seine Aussagen die gefährliche Tendenz, indirekt zu einer Revision der eingetretenen Lage aufzufordern. Das Urteil *Brakelmanns* über diesen Ethiker erhält seine prinzipielle Bestätigung. Er wirft Seeberg vor, daß er »die radikale Verweigerung der Anerkennung der grundsätzlichen Gleichwertigkeit der Völker bei allen zivilisatorisch-kulturellen Unterschieden« betrieben, und daß er darüber hinaus »die Absage an das Selbstbestimmungsrecht der Staaten und an die Menschenrechte ihrer Bürger« vollzogen habe. »Es ist die Festlegung des eigenen Volkes auf die Dominanzrolle und der anderen Völker auf die subsidiäre Funktion im Kräftehaushalt der Zukunft.«[77]
Die ethische Begründung des Krieges, wie sie durch Seeberg erfolgte, ist allerdings auch noch aus dem Grund bemerkenswert, weil die in der Theorie der freiheitlichen Kultur angestrebte Kooperation von Politik und Militär, deren Ziel ja gerade in der Wahrung und Förderung von Freiheit, Sicherheit und Menschenrechten gesehen wurde, bereits im Ansatz wieder zerstört wird. Denn die von ihm mit Priorität versehenen Ziele: **Größe und Macht der Nation** sind nicht mehr unbedingt mit jenen anderen Zielen identisch. Dies verändert aber nachhaltig die Stellung des Militärs in der Gesellschaft und damit auch die des einzelnen Soldaten. Das verhängnisvolle instrumentale Mißverständnis des Militärs tritt wieder auf. Ebenfalls macht es einen fundamentalen Unterschied aus, ob die soldatische Existenz in der ständigen Angefochtenheit und Verletzbarkeit der Freiheit gründet, oder ob man sie im nationalistischen Machtwillen begründet sein läßt. Gerade an solchen Aussagen wie denjenigen Seebergs zeigt sich mit Deutlichkeit, wie schmal der Graben ist, der die Sicherung der Freiheit von ihrer Unterdrückung trennt. Um so dringlicher aber tritt das Problem der Vermittlung von demokratischem Ethos und soldatischer Existenz als ein, aus der neuzeitlichen Theorie der Freiheit selbst Hervorgehendes in den Vordergrund sozialethischer Reflexionen des Politischen.
Die Eindeutigkeit, mit der das Nationale bei Seeberg den Vorrang erhält, tritt in anderen Ethiken, die ebenfalls eine Rechtfertigung des Kriegs für möglich halten, zugunsten differenzierender Abwägungen zurück. Dabei wird aber zugleich auch das Dilemma sichtbar, in dem sich die Ethik befindet, vor allem dann, wenn sie der Kriegsproblematik im Kontext der Pflichtenlehre

beizukommen versucht. Ein sehr gutes Beispiel dafür ist die 1916 erschienene Ethik von *Hans Heinrich Wendt.*[78]

Dieser Ethiker sieht durchaus die Negativität kriegerischer Auseinandersetzungen und die mit ihr zusammenhängenden Schwierigkeiten, überhaupt einen ethischen Zugang dazu zu finden.[79] Aber er meint doch ebenfalls, dieser Schwierigkeiten Herr werden zu können, indem er unter dem Aspekt der »sittlichen Pflicht« eine dreifache Unterscheidung einführt: Zum einen fragt er nach dem Verhältnis »der für den Willen zum Krieg maßgebenden Beweggründe . . . zur sittlichen Pflicht«.[80] Zum zweiten unterscheidet er zwischen solchen Personen und Personengruppen, die an der Kriegsvorbereitung beteiligt sind, und solchen, die die »Entscheidung über den Krieg« fällen.[81] Zum dritten fragt er nach dem Verhältnis, in welchem »Kriegshandlungen . . . zum Wesen und Zwecke des Krieges« stehen.[82]

Doch es bleibt festzuhalten, daß diese Unterscheidungen letztlich keine Hilfe bei der Suche nach einer ethischen Beurteilung des Krieges sind. Sie bleiben vage. Im ersten Fall laufen sie auf ein **sowohl als auch** hinaus. Es gibt Kriege, die sittlich verwerfliche Gründe haben, und solche, die in Übereinstimmung mit der sittlichen Pflicht stehen. Doch wer oder was entscheidet darüber? Eine Ethik zumal, die Urteile allein von der richtigen Gesinnung und in diesem Rahmen von den »vom Gewissen vorgezeichneten Pflichten« abhängig macht[83], wird kaum in der Lage sein, dafür allgemein akzeptable Kriterien beizubringen. Es ist dann aber kaum zu vermeiden, daß über Recht oder Unrecht die siegende Partei entscheidet.

Im zweiten Fall ist es nicht anders. Hier läuft die Unterscheidung auf ein **es kann sein, es kann auch nicht sein** hinaus. Es kann dann sein, daß es direkt und aktiv an der Vorbereitung und Durchführung eines Krieges beteiligte Personen oder Gruppen gibt; es kann aber auch sein, daß eben diese Personen oder Gruppen nur Verführte sind.[84] Schließlich sind es dann Erfolg oder Mißerfolg, die über Schuld oder Unschuld, Pflichterfüllung oder Pflichtwidrigkeit entscheiden.

Lediglich im dritten Fall werden Grundsätze einer humanen Kriegführung sichtbar, die Politik und Militär gemeinsam binden, den Schaden, der immer zu Lasten der Zivilbevölkerung geht, nicht größer zu machen als notwendig. Im besonderen aber gehört dazu »auch die gewissenhafte Beobachtung der völkerrechtlichen Grundsätze«.[85]

Den Reflexionen Wendts gegenüber ist die Behandlung der Kriegsproblematik in der Ethik vom *Emil Walther Mayer*[86] an lapidarer Kürze kaum mehr zu übertreffen. Bemerkenswert indessen ist, daß sie lediglich als Unterabschnitt in den Ausführungen über auswärtige Politik Erwähnung findet.[87] In diesem Zusammenhang wird festgestellt, daß die militärische Auseinandersetzung ein Mittel auswärtiger Politik ist, dessen sie sich »stets bedient hat und noch immer bedient, um ihre Zwecke zu verwirklichen«.[88] Von Clausewitz' Diktum vom Krieg als der Fortsetzung der Politik mit anderen Mitteln[89] hat hier, aus seinem theoretischen Kontext herausgelöst, ein merkwürdiges Eigenleben bekommen. Was bei v. Clausewitz als analytische Aussage gemeint war, erhält jetzt unter der Hand eine quasi legitimierende Funktion.

Bemerkenswert ist darüber hinaus auch die Kritik pazifistischer Ideen.[90] Sie erwächst u.a. aus einer für die damalige Zeit keineswegs ungewöhnlichen Ehrauffassung. Ein Heer zu haben, damit nicht wehrlos zu sein und schließlich Kriege führen zu können, wird als Ausdruck des Ehre-habens betrachtet. »So gut wie die Individuen brauchen auch die Nationen ein gewisses Maß von Ehre, um ihren Aufgaben gerecht werden zu können.«[91]

Nach dem Ersten Weltkrieg meldeten sich aber auch andere Stimmen. Eine von ihnen war die des in Deutschland lehrenden Schweizer Theologen *Adolf Schlatter.* Er fragt nach dem Verhältnis von Krieg und Gerechtigkeit. Dieser Fragestellung liegt die einer zwischen beiden Größen bestehenden Verbindung zugrunde. Sie besteht im Hinblick auf den Idealfall darin, »daß durch ihn (sc. den Krieg) die Gemeinschaft zwischen den Völkern in neuer Festigkeit und Gerechtigkeit entstehen« und damit der »Bestätigung des Friedens« dienen soll.[92]

Die Anschauung, daß der Friede das Ziel des Krieges sei, teilt Schlatter mit der Ethik überhaupt. Erst die Konsequenzen, die er aus dem Ersten Weltkrieg im Blick auf die Relation von Krieg, Gerechtigkeit und Frieden zieht, markieren den Unterschied zu den zuvor dargestellten Sichtweisen. Während diese ja grundsätzlich am Krieg als einem durchaus gerechtfertigten politischen Mittel festhielten, gelangt Schlatter zu einer völlig entgegengesetzten Beurteilung: Die an den großen Materialschlachten demonstrierten Vernichtungspotentiale moderner Heere, damit zusamenhängendes Leid für unzähliche Menschen, schließlich die enormen ökonomischen Folgelasten — dies alles, in seinem komplexen Zusammenhang, führt ihn zu der Einsicht, »daß der Krieg nicht mehr zu den anwendbaren Mitteln unserer Politik zu rechnen ist«.[93]

Schlatter greift damals bereits einer Entwicklung voraus, die sich nach dem Zweiten Weltkrieg besondere Geltung verschafft hat. *Wolfgang Trillhaas* formuliert ihr Ergebnis gültig, wenn er feststellt: »Der Begriff des Krieges hat sich völlig gewandelt. Was in der Tradition der theologischen Ethik bis vor kurzem über das Kriegsproblem vorgebracht wurde, trifft den Krieg in seiner heutigen Gestalt nicht mehr.«[94] Hierin liegt der Grund für die implizite Forderung, die vergeblichen Versuche einer ethischen Klärung des Problems Krieg zugunsten einer produktiven Auseinandersetzung mit dem Frieden aufzugeben.

Schlatter seinerseits fügt der gezogenen Konsequenz im Blick auf das Nachkriegsdeutschland und seine politische Verfassung noch eine weitere hinzu. Ihr zufolge ist die durch den verlorenen Krieg eingetretene Lage keineswegs nur negativ zu beurteilen, sondern sie gewährt Deutschland auch die Chance, ein Mitglied der Völkergemeinschaft zu sein, dessen Existenz nicht mehr durch ein starkes Militär gesichert ist. »Dem deutschen Volk ist nun der hohe Beruf zugeteilt, sich seinen Staat ohne ausreichenden Waffenschutz zu erhalten und ihn auch so, sowohl für die Volksgenossen als im Völkerverkehr, fruchtbar zu machen.«[95]

Aber Schlatter verkennt nicht die paradoxe Situation, die darin besteht, daß der »Vernichtungswille, der den Krieg unmöglich macht, die beständige Gefahr des Streits zwischen den Völkern schafft«.[96] Die Frage jedoch, wie er im Falle des Akutwerdens geschlichtet werden könne, vermag er nicht mehr zu beantworten. Sie führt ihn vielmehr in Ratlosigkeit.

Dennoch vermag dieser Ethiker nicht, einem prinzipiellen und radikalen Pazifismus das Wort zu reden.[97] Trotz einer illusionslosen Sicht der verheerenden Folgen eines moderenen Krieges tritt er dafür ein, »zum Schutz unseres Staates« gerüstet sein zu müssen.[98]

Die Absage an den Krieg als Mittel der Politik auf der einen, aber die ständige Möglichkeit des Krieges auf der anderen Seite — das kennzeichnet die widersprüchliche Lage. Die Schutzbedürftigkeit des Lebens überhaupt und damit auch der Freiheit, es gestalten zu können, hört eben nicht auf. Sie bedingt nach wie vor darum auch die soldatische Existenz.

Zu denjenigen, die diese Sicht nach dem Ersten Weltkrieg nachdrücklich vertreten, gehört *Ernst Troeltsch.* In einer selten geglückten Weise verbinden sich in ihm der Wissenschaftler und der Politiker. Innerhalb einer sehr kurzen Zeitspanne durchläuft er in bezug auf die politischen Erfordernisse eine rasche Entwicklung seiner Anschauung. Noch 1912 vermerkte er im Zusammenhang einer Analyse des Verhältnisses von Religion und Staat in Deutschland[99] den Sachverhalt, daß in Deutschland der Staat im Gegensatz zu den USA und England nur als eine »militärische Monarchie« ausgebildet werden. Diese Eigentümlichkeit bedinge aber, daß für sie »die Erhaltung aller für Disziplin und Autorität günstigen Kräfte unerläßlich ist«.[100] Weiterhin, so meint Troeltsch damals folgern zu können, unterscheide sich der deutsche Staat von dem angelsächsischen darin, daß er nicht so stark auf den Dienst am »Recht und der Wohlfahrt« in seiner theoretischen Begründung ausgerichtet, sondern »als Erziehungs- und Gesinnungsstaat eingerichtet ist, der materielles und geistiges Wohl« in gleicher Weise verwaltet, und der daher »mit den höchsten geistigen Gütern zusammen als ein ethischer Wert an sich empfunden werden will«.[101]

Diese eigentümliche Hochschätzung des Staates, die z.B. in der Ethik immer wieder beobachtet werden konnte, bildet einen entscheidenden Beweggrund dafür, dem Staatsbewußtsein angepaßte Denk- und Verhaltensweisen zu entwickeln. Hierin hat *Herbert Spencer,* auf den sich Troeltsch gelegentlich beruft, einen wesentlichen Einfluß auf die Ausbildung und Wirksamkeit des Militarismus gesehen. Spencer begreift ihn als ein System massiver Zwangsanpassung aller Lebensbereiche an die vorherrschende militärisch geprägte Grundstruktur des Staates.[102]

Mit dem Ende des Ersten Weltkriegs sieht Troeltsch nun allerdings, daß damit zugleich auch der Militarismus preußischer Prägung endgültig zerbrochen ist. Unter dem 16. November 1918 notiert er, daß die zu gewinnende Klarheit über die entstandene Lage vor allem darin bestehen müsse, anzuerkennen, was endgültig an sein Ende gekommen ist: *»Das aber ist der Militarismus*, der Aufbau des Staates und der Gesellschaft auf der bisherigen preußischen Militär-Verfassung und dem ihr entsprechenden Geist.«[103]

Der Zusammenbruch von 1918 läßt den Politiker aber auch danach fragen, welche Kräfte für den Aufbau des neuen Staatswesens bereitstehen. Es ist konsequent, wenn Troeltsch zu ihnen nicht mehr das Militär zu rechnen vermag. »Das Friderizianische System ist in jeder Hinsicht zu Ende. Dann aber gibt es auch unter keinen Umständen eine Restauration durch das Militär . . . Es gibt eine Rettung nur durch die Grundsätze der reinen Demokratie.«[104]

Doch gerade der Aufbau des demokratischen Staates in Deutschland, für den der Militarismus keine Bedeutung mehr besitzt, läßt die Frage nach dem Verhältnis von Demokratie und Militär, von demokratischem Ethos und soldatischer Existenz erneut hervortreten. Troeltsch hat sich dieser Frage nicht mit der systematischen Strenge zugewandt, die seine wissenschaftlichen Arbeiten sonst auszeichnet. Es sind vielmehr nur gelegentliche Bemerkungen, die aber einen deutlichen Hinweis darauf geben, daß sie ihn tief beschäftigt hat. Vor allem die Einsicht, daß in der Geschichte keine Leerstellen bleiben, wenn etwas endgültig vergangen ist, sondern daß Neues und damit nicht schon per se in jedem Falle Besseres an seine Stelle tritt, hat Troeltsch bewegt, am Militär als einem, für die Funktionstüchtigkeit des Staates vor allem im Blick auf den Schutz der Freiheit unerläßlichen Faktor festzuhalten. Alte Formen, in denen die Bedeutung des Militärs für das Staatswesen ihren Ausdruck gefunden haben, sind unwiderbringlich dahin; es ist jetzt die politische Verantwortung, die nach neuen Formen Ausschau halten läßt. In der Reichswehr sah er einen möglichen Ansatz dazu, wenngleich auch nicht ohne Skepsis im Blick auf faktische Entwicklungen.[105] Trotzdem kann Troeltsch positiv anmerken, daß »die jungen Leute« — gemeint sind die Offiziere —, obwohl »in der Gesinnung natürlich keine Republikaner«, dennoch entschlossen seien, »ihren *Ordnungsdienst* in der loyalsten Weise auszuführen«.[106] Weil er aber so viel Gewicht auf die Ordnungsfunktion legt, ist Troeltsch nach dem Kapp-Putsch 1920 zutiefst darüber besorgt, »daß die Zerbrechung und Verdächtigung der Reichswehr, des letztlich einzigen Mittels der Ordnung, nun die Regierung ohnmächtig machte gegen den sofort ausbrechenden Putsch von links . . .«[107] Als Grund für seine Besorgnis gibt er an, daß im Gefolge des Kapp-Putsches, in welchem Troeltsch durchaus einen Kampf um die Wiederherstellung der alten militärischen Gesellschaft sah[108], sich Mißtrauen und Abneigung gegen die Reichswehr verbreiteten. Es stellt sicher keine unangemessene Interpretation dar, wenn darauf hingewiesen wird, daß diese Besorgnis auch davon mitbestimmt gewesen sein kann, daß eine mögliche neue Form des Verhältnisses von Demokratie und Militär schon am Beginn ihrer Entwicklung zerbricht.

Aber die Bemerkung über die mangelnde republikanische Gesinnung macht auch auf ein Defizit aufmerksam. Im Vordergrund der staatlich-politischen Neugestaltung nach den **Grundsätzen der reinen Demokratie** mußte neben vielem anderen auch die Frage nach dem demokratischen Ethos stehen. Auf diesen Aspekt hatte damals auch *Paul Tillich* eindringlich hingewiesen.[109] Dieses Ethos braucht jedoch den Raum individueller Freiheit, um sich entfalten zu können. Es kann dort nicht gedeihen, wo diese Freiheit reglementiert wird und die mit ihr unauflöslich verbundene Verantwortung nicht oder nur sehr eingeschränkt praktiziert werden kann. So wenig also eine bindungslose Freiheit gefordert werden soll, so sehr muß allerdings darauf gedrängt werden, daß ihr Raum gegeben wird, sich in Verantwortung zu bewähren. Troeltschs Bemerkung weist darauf hin, daß das demokratische Ethos in der Reichswehr noch keine zureichende Pflegstätte gefunden hat.

Doch die Anregung, dem Problem **Militär und Demokratie** weiter nachzugehen, wurde nicht aufgenommen. Ein Grund dafür lag sicher in einer solchen Gesinnung, wie sie bei Reinhold Seeberg ihren Ausdruck gefunden hat. Das totalitäre Regime des Nationalsozialismus hat mit seinen Gleichschaltungsmechanismen eine Diskussion darüber vollends unterbunden. Das aber mußte gerade die Ethik vor weitere Schwierigkeiten stellen.

Das Bedeutsame, das Schlatter in die ethische Auseinandersetzung mit dem Krieg eingebracht hatte, wurde 1932 von seinem schweizerischen Landsmann *Emil Brunner* erneut zur Geltung gebracht, aber auch in eigenständiger Weise weiterentwickelt.[110] Beide Stimmen verdienen aus dem Grunde erwähnt zu werden, weil sie Orientierungsmarken für die ethische Diskussion der 30er Jahre gesetzt haben.

Brunner trifft die Unterscheidung zwischen dem zeitlosen und dem aktuellen Kriegsproblem. Im Aspekt der Zeitlosigkeit behält der Krieg seinen Charakter als politisches Machtmittel des Staates, »solange als es keinen besseren Schutz seines Rechtes . . . gibt«.[111] Außerdem ist der Krieg, solange »zwischen den Staaten mehr oder weniger Faustrecht herrscht«, die Art der »Notwehr«, welche »zu den primitivsten, unaufgebbarsten Existenzbedingungen« des Staates gehört.[112]

Die aktuelle Kriegsproblematik nimmt sich dagegen ganz anders aus. Sie wird von Faktoren bestimmt, die es definitiv unmöglich machen, das politische Machtmittel noch zu gebrauchen. Es klingt wie vorweggenommene Argumente der Diskussion über den Frieden in den 80er Jahren des 20. Jahrhunderts, wenn Brunner unter dem Eindruck des Ersten Weltkriegs und ein Jahr vor der nationalsozialistischen Machtübernahme schreibt: »Die Entwicklung der Kriegstechnik, der Kriegsintensität und der Kriegsextentionen hat zu dem Punkt geführt, wo Krieg mit Völkerselbstmord identisch wird. Der Krieg hat sich selbst überlebt. Er ist zu kollossal geworden, als daß er noch eine sinnvolle Funktion auszuüben vermöchte. Die Herstellung irgendwelcher gerechter Ordnung vom allgemeinen Weltbrand, Krieg genannt, erwarten, ist politischer Irrsinn geworden.«[113]

Anders als Schlatter indessen beurteilt Brunner die Möglichkeit, den Dienst als Soldat zu verweigern. Konnte er im Aspekt der Zeitlosigkeit die Bejahung des Staates mit der Bejahung des Krieges gleichsetzen, weil »vor der Gewalt des anderen . . . ihn nur seine eigene Gewalt« schützt[114], und so indirekt auch den Dienst des Soldaten fordern, dann drängt sich ihm angesichts der aktuellen Kriegsproblematik die radikale Verweigerung des Kriegsdienstes als einzig mögliche Konsequenz mindestens für den Christen auf. Er hält es jedenfalls für keinen politischen »Unsinn«, sondern für »eine neue politische

Möglichkeit, daß ein Volk sich wehrlos — im alten Sinne — macht, um die neue Form der Sicherheit vorzubereiten . . .«[115]

Brunners Aussagen geben die eine Seite der Schwierigkeiten zu erkennen, die die Ethik jetzt zu bewältigen hatte. Im Grunde kam dies bereits einer Aufforderung zum Bruch mit ihrer Tradition gleich, in der die Stellung zu Militär und Krieg positive Vorzeichen besaß.

Andere Schwierigkeiten, vor die sich die Ethik — besonders die theologische — in den 30er Jahren gestellt sah, werden im Vorwort eines 1937 erschienenen Lehrbuchs umrißhaft sichtbar. Sein Verfasser schreibt dort: »Die Ethik, die hier vorgelegt wird, mußte in einer Zeit geschrieben werden, in der der deutsche Protestantismus sich in einer seit Jahrzehnten nicht dagewesenen Gärung befand, die alle Bereiche seines inneren Lebens wie seines Verhältnisses zur Welt durchdrang. Daraus ergab sich eine solche Fülle von Schwierigkeiten, daß es immer wieder nahegelegen hätte, auf die Lösung der Aufgabe wenigstens vorläufig zu verzichten und ruhigere Zeiten abzuwarten. Wenn der Versuch gleichwohl zu Ende geführt wurde, so nur deshalb, weil seine Dringlichkeit nie einen Augenblick zweifelhaft sein konnte.«[116] Die Aufgabe der Ethik wird hier darin gesehen, »den in der Sache selbst liegenden Zusammenhang aller Einzelfragen mit den letzten Grundfragen der menschlichen Existenz aufzudecken und das menschliche Handeln von daher zu befruchten«.[117]

Doch was folgt daraus für das Verständnis der soldatischen Existenz im Blick auf den Krieg und seine Probleme? Um die Antwort, ohne breitere Darstellung der dort vertretenen Position, sogleich zu geben, zumal sie über das, was die Ethik herkömmlicherweise zu dieser Problematik gesagt hat, nicht hinausführt, kann festgehalten werden, daß der »Krieg als menschlich-politische Wirklichkeit« das Handeln des Soldaten notwendig macht.[118] In diesem Zusammenhang wird Brunners Aussage zitiert, daß, wer »den Staat als Notwendigkeit bejaht, . . . auch den Krieg als eventuelle Notwendigkeit bejahen« muß.[119]

Aber ebenso wie jedweder Verherrlichung des Krieges widersprochen wird, wird auch die soldatische Existenz entheroisiert.[120] Vor allem hat sich der Akzent auf die »Kriegsverhütung« als notwendige Aufgabe verlagert.[121]

Nach einem Jahrhundert intensiver Auseinandersetzung schält sich am Ende der dreißiger Jahre heraus, daß sich die traditionelle Lehre vom gerechten Krieg als zu brüchig erweist, um den mit ihm zusammenhängenden Problemen noch beikommen zu können.[122] Die Notwendigkeit, »Antworten nicht für alle Zeit, wohl aber für unsere heutige Lage zu finden«[123], tritt damit aber nur um so unabweisbarer hervor. Denn daß ein kriegsloses Zeitalter anbrechen würde, damit rechnete man ebenfalls nicht. Dies mußte aber vor allem zu einer binnenethischen Auseinandersetzung darüber führen, ob an den bislang von der Ethik vertretenen Bestimmungen noch festgehalten werden konnte, unter denen ein Krieg als gerechtfertigt galt. Waren die in diesem Zusammenhang immer wieder genannten **höchsten Güter der Nation** tatsächlich von der Art, daß zu ihrer Verteidigung ein Krieg in den Bereich des Möglichen oder gar Notwendigen gerückt werden konnte? Oder gab es gar anderes, das als ungleich wertvoller zu gelten hatte? Auf alle Fälle aber sollte ein Krieg aus Gründen der Macht ausgeschlossen werden.[124] Das mußte dann auch sogleich zur Folge haben, das Militär nicht mehr als Instrument der Macht zu betrachten.

Doch was ist dann das Wesen des Militärs? Es gehört zu den bemerkenswerten Sachverhalten, daß im Zusammenhang dieser Frage eine Antwortrichtung wieder sichtbar wird, die bereits im späten 18. Jahrhundert diskutiert worden war: das Wesen des Militärs in der Verantwortung für die Freiheit des Staatsbürgers zu suchen.

Das wird daran kenntlich, daß jetzt, in der Mitte des Zweiten Weltkrieges, die Frage aufgeworden wird, »ob möglicherweise ein Krieg zum Schutz der *Freiheit des Evangeliums* berechtigt ist«.[125] Der Fragesteller beantwortet sie positiv. Natürlich ist das Ganze nur eine hypothetische Problemstellung. Denn die Freiheit des Evangeliums läßt sich nicht mit Gewalt verteidigen, ohne das Evangelium selbst unglaubwürdig werden zu lassen. Wichtig indessen ist allein, daß die Freiheit selbst noch als einziges gesehen wird, das als verteidigungswert gelten kann. Jeder Versuch aber, eine Antwort der Ethik auf die Fragen zu geben, die der Krieg aufwirft, gerät prinzipiell immer in eine Schieflage. Denn er stellt möglicherweise die Rechtfertigung von etwas dar, was sich überhaupt nicht rechtfertigen und was ethische Theorien mit ihren nuancenreichen Unterscheidungen für sich auch gar keine Bedeutung gewinnen läßt.

Am Ende tritt hier das Erfordernis hervor, den Rahmen überhaupt zu verlassen, in dem Fragen der soldatischen Existenz diskutiert worden sind. Eine Überlegung *Dietrich Bonhoeffers* kann dazu anregen, diese Fragen künftighin im Kontext dessen zu erörtern, was er die »Struktur des verantwortlichen Lebens« nannte, in dem er gerade dem Begriff der Freiheit eine zentrale Rolle zuwies.[126] Bevor diese Anregung aufgegriffen wird, ist jedoch noch einem anderen Problemkreis Aufmerksamkeit zuzuwenden.

4. Vom Sinn soldatischer Existenz

Legitimationsprobleme der soldatischen Existenz

Bislang stand die historische Perspektive im Vordergrund der Erörterungen. Ihre Ausleuchtung ließ die geschichtliche Bewegtheit und die Spannungen sichtbar werden, denen die soldatische Existenz in der Moderne ausgesetzt gewesen ist. Ihr Vollzug unterlag den Bedingungen einer wechselvollen Geschichte und den in ihr jeweils dominierenden politischen Kräften. Aber sie wurde — von Ausnahme abgesehen — niemals ernsthaft in Zweifel gezogen.

Mit dem Ende des Zweiten Weltkrieges vollzieht sich in dieser Beziehung ein tiefgreifender Wandel: Die Berechtigung der soldatischen Existenz wird fraglich. Die Frage nach dem Sinn des Soldat-seins bricht auf und mit ihr verbindet sich zugleich die notwendigerweise kontroverse Frage nach der Begründung der soldatischen Existenz.

Die Selbstverständlichkeit, mit der das Soldatentum eine im wesentlichen positive Würdigung durch die Ethik erfahren hat, findet nun ebenfalls keine uneingeschränkte Fortsetzung mehr. Wo Probleme des Soldatseins noch ausdrücklich berücksichtigt werden, da geschieht das aus dem erkennbaren Grund, daran die ganze Last menschlicher Verantwortung, die Ambivalenz der Entscheidungen und letzten Endes auch dic volle Vergebungsbedürfigkeit eines Handelns darzustellen, das aus gewissenhafter Prüfung seiner Notwendigkeit hervorgeht. An Thielickes Ethik tritt dieser Zug besonders eindrücklich hervor.[1] Er vermeidet zudem auch alles, was in die Richtung einer Heroisierung weisen könnte. Die Betonung einer Sonderrolle des Militärs, welche den Ethiken des 19. Jahrhunderts noch zu eigen war, fehlt hier gänzlich. Der Soldat ist eben trotz »einer frohen und getrosten Erfüllung seiner Pflicht« ständig auch der »tieferen Infragestellung« seines Tuns ausgesetzt. »Er wird darum nicht einfach ein 'gutes Gewissen', aber er wird ein 'getröstetes' Gewissen haben.«[2]

An dieser Betrachtungsweise wird nur erst umrißhaft der tiefe Umbruch überhaupt sichtbar, der den gesamten Komplex der Legitimierung der soldatischen Existenz erfaßt hat. Diese Problematik meldete sich bereits nach dem

Ersten Weltkrieg in aller Eindrücklichkeit an. Doch die politischen Umstände der 30er Jahre verhinderten es, daß die mit diesem Umbruch eng verbundenen Probleme wirklich tiefgreifend erörtert und neue Lösungswege beschritten werden konnten. Die Erörterung der Legitimationsprobleme des Militärs fand nach 1945 um so nachdrücklicher, zugleich aber auch mit entschiedenem staatsbürgerlichen Engagement statt. Das hat beispielsweise in der Bundesrepublik Deutschland in den Auseinandersetzungen über die Wiederbewaffnung und die atomare Rüstung seinen Niederschlag gefunden.[3]
Die mit der Rechtfertigungsproblematik unauflöslich verbundene Frage nach dem Sinn soldatischer Existenz stieß 1959 in Theodor Heuss auf eine politische Persönlichkeit, die es verstand, die Richtung anzugeben, in der eine Antwort gesucht werden konnte. Er lenkte den Blick auf die »völlig neuen weltpolitischen, innenpolitischen und soziologischen Tatbestände«, die das Selbstverständnis des Soldaten nicht unbeeinflußt lassen konnten.[4] Sie verlangten ebenfalls, in jene Fragenkreise miteinbezogen zu werden, in denen die Sinnproblematik ebenso eine Rolle spielt wie die Probleme des soldatischen Ethos. Gerade in diesem Zusammenhang sah Heuss sich jedoch veranlaßt, darauf hinzuweisen, welche Gefahren entstehen würden, wenn man jetzt versucht sein sollte, den durch den Umbruch verursachten Problemen mittels Anleihen an die Tradition beikommen zu wollen. Der **20. Juli**[5] wird ihm vielmehr zum Anlaß, deutlich zu machen, daß man nur dann dieser Tradition und den großen Gestalten in der Geschichte gerecht wird, wenn man sie nicht zu kopieren versucht, sondern sich durch sie herausgefordert sieht, »Tradition selber zu schaffen«.[6] Er versäumt es allerdings auch nicht, auf die Schwere und die Größe dieser Aufgabe hinzuweisen. Denn neue Traditionen zu schaffen, das sei »viel schwieriger, aber auch großartiger, als sie in den Resten und Formen verjährter Gesinnungen zu suchen und zu pflegen«.[7]
Darin liegt freilich auch noch eine Herausforderung anderer Art. Es wird dem Soldaten zugemutet, sich kritisch prüfend überhaupt zu dem zu stellen, was traditionellerweise zu den Identitätsmerkmalen des Soldaten gerechnet wird.[8]
Von ihm wird die Ausbildung einer Sensibilität gleichermaßen gegenüber der Geschichte und der Gegenwart mit ihren Tendenzen und Kräften erwartet. Es ist überhaupt eine neue Art des Sich-Bildens, die Heuss vom Soldaten fordert, wenn er dazu aufruft, »durch die *innere Bindung an geschichtliches Wissen* und doch auch an die tiefe geistige Problematik dieser unserer Zeit« gerade der »Erbschaft einer Elite Ihres Berufes . . . gerecht zu werden«.[9]
Es zeigt sich heute, daß die Aufgabe, den Sinn der soldatischen Existenz einsichtig werden zu lassen, am Ausgang des 20. Jahrhunderts noch keineswegs

als erledigt gelten kann. Dies wird vorzüglich an der in einer Fülle von Zusammenhängen verhandelten Motivationsproblematik erkennbar. Offenbar ist es aber auch sehr viel schwieriger, als es gerade **wehr- oder ausbildungspädagogische** Vorschläge zu erkennen geben[10], brüchig gewordenen Sinn durch die Vermittlung von »Einsicht in die Sinngebung des Berufes«[11] wieder fest werden zu lassen. Der Sinnfrage, die zu den schwierigsten Bereichen existentiellen Denkens gehört, ist mit zweckbezogenen Wehrdidaktiken ebensowenig beizukommen wie mit Beschreibungen empirischer Phänomene oder schließlich mit systemtheoretisch begründetem Funktionalismus, dessen Anziehungskraft auf ökonomische, administrative und nicht zuletzt auch militärische Vorstellungen eine nicht unerhebliche Stärke aufweist. Wie kaum eine andere verlangt gerade die Sinnfrage eine Anstrengung des Denkens, die in die Tiefe des Seins führt und dort zu entdecken trachtet, was denn der Grund dafür ist, daß überhaupt etwas sinnhaft genannt werden kann. Als Gegenstand von Humantechniken hingegen droht diese Tiefe verfehlt zu werden.

In den folgenden Überlegungen wird von der Grundannahme ausgegangen, daß eben dieser Sinn nicht schon eins ist mit den jeweiligen Funktionen, die sich im System **Militär** herausentwickelt haben oder herausentwickeln. Sinn ist, wie noch dargelegt werden soll, immer auf ein Übergreifendes bezogen. Damit mutet die Sinnfrage jedoch dem Menschen zu, aus der Unmittelbarkeit des Gewohnten herauszutreten. Erst so kann er sich ihr allererst stellen. Im Hinblick auf die soldatische Existenz heißt dies, daß der Zugang zu der Frage nach ihrem Sinn sich dort öffnet, wo der Schritt über die Grenze des Systems **Militär** hinaus auf ein Übergreifendes hin gewagt wird.

Erst in dieser Distanz vermag dann auch das Ethos des Soldaten, das ja nicht außerhalb des Sinnbezuges steht, hinreichend in den Blick genommen zu werden, so daß sich Verkürzungen dieses Ethos zu einer bloßen individualistischen Tugendlehre vermeiden lassen. Das soldatische Ethos greift weiter. Es kann nicht von dem allgemeinen politischen und sozialen Ethos und damit auch von den ihnen gemäßen Tugenden getrennt werden. Andernfalls spielte es nur noch eine Sonderrolle am Rande der Gesellschaft. Erst in dieser Weite wird es möglich, das spezifische Handeln des Soldaten in dem Bezug zum Sinn seiner Existenz näher zu bestimmen. Es wird sich dann zeigen, daß das Ethos nicht etwas Starres, auf zeitlose Regeln des Verhaltens oder kastenhafte Verhaltensweisen zu Beschränkendes ist, sondern es ist weit mehr: ein immer wagnishaftes Teilnehmen an der Geschichte und ihren Bewegungen. Dadurch gewinnt es an Breite in den Verantwortungsbezügen, statt in die dimensionslose Enge eines systembedingten Funktionalismus eingesperrt zu werden.[12]

Die Entstehung der Sinnfrage in der Spannung zwischen Militär und Gesellschaft

Die Frage nach dem Sinn soldatischer Existenz stellt sich gegenwärtig mit besonderer Eindringlichkeit dort, wo im Beziehungsfeld Militär-Gesellschaft Veränderungen vor sich gegangen sind. Ihr wesentliches Kennzeichen ist das einer Spannung zwischen Militär und Gesellschaft, die sich an einer Reihe von Einzelerscheinungen ablesen läßt.

Für die Bundesrepublik Deutschland bildet dies beispielsweise den Hintergrund für die Forderung nach einer deutlichen Verbesserung der Beziehungen zwischen Militär und Gesellschaft. Das findet seine Begründung unter anderem darin, daß Armeen, »zu den wichtigsten Bestimmungsfaktoren für die politische Kultur eines Landes« gerechnet werden. Die entstandene Lage hingegen wird der Bedeutung des Militärs nicht gerecht. »Solange die Bundeswehr von der Bevölkerung nur geduldet, als Helfer bei Flutkatastrophen akzeptiert und im übrigen nicht beachtet wird, besteht die Gefahr, daß sie sich auf das alte Geleise deutscher politikgeschichtlicher Tradition begibt.«[13]

Mit dem Hinweis auf die **politische Kultur** wird ein Zusammenhang eröffnet, der rein funktionale Bestimmungsgrößen übersteigt. Eine nur funktionale Betrachtungsweise läßt die Spannung zwischen Militär und Gesellschaft zu einer Größe werden, durch die geradezu verhindert wird, daß sie zu einem konstruktiven Faktor dieser Kultur wird. Damit erhielte aber nur eine Tendenz den Vorrang, durch die die Besorgnis entstehen müßte, das Militär könne zu einem politisch unkontrollierbaren Faktor werden, indem es an den Entwicklungen einer freiheitlichen politischen Kultur keinen Anteil mehr hat. Dies kann aber ebensowenig ein erstrebenswertes Ziel sein, wie es auch nicht im Interesse einer politischen Mitverantwortung liegen kann, das Militär zu einer Pflegstätte für Haltungen, Einstellungen und Mentalitäten werden zu lassen, die am übrigen gesellschaftlichen Lebenszusammenhang keinen Rückhalt mehr finden.

Damit ist zugleich ein weiterer Ausgangspunkt erreicht, von dem her eine andere Erscheinungsweise dieser Spannung in Betracht genommen werden kann. Für sie ist in Amerika die Bezeichnung **Amilitarismus** gewählt worden.[14] Darunter wird eine Gleichgültigkeit gegenüber dem Militär und allem, was mit ihm verbunden ist, verstanden.[15] Für diese gleichgültig ablehnende Einstellung zum Militär gibt es sicher eine Reihe von Erklärungsgründen. So gelangte man in einer Auswertung westdeutscher Erhebungen zu folgender Einschätzung: »Bei vorsichtiger Beurteilung der Ergebnisse deutet einiges darauf hin, daß zwar die Einschätzung der Bundeswehr im ganzen seit 1973 gestiegen ist, daß hingegen bei der Mehrzahl der Befragten hinsichtlich der persönlichen Wehrbereitschaft keine merkliche Veränderung eingetreten ist; das hieße mit anderen Worten, daß die steigende Achtung, die man den Streitkräften entgegenbringt, nicht mit einer Verbesserung des Wehrwillens Hand in Hand geht. Das verteidigungs- und sicherheitspolitische Engagement hat somit in der Masse der Bevölkerung keine Veränderung erfahren, sondern wird von der überwiegenden Mehrheit weiterhin als Domäne des ›überpersönlichen‹ Staates betrachtet.«[16]

Gleichgültigkeit gegenüber dem Militär im Hinblick auf Verständnis und Ziele eigener Lebensführung oder aufgrund einer indifferenten Einstellung zur Institution des Staates sind mögliche Faktoren in der Erklärung des in Frage stehenden Sachverhalts. Ein anderer wird an einer Beobachtung sichtbar, die in der Schweiz, einem traditionell wehrbewußten Land, gemacht wurde. Sie findet in folgender Aussage ihren Niederschlag: »Es genügen nicht mehr Proklamationen von Vaterland, Freiheit, Rütlischwur, Tell und Morgarten, mit denen uns die Politiker die Augustreden mitunter zur Pein machen. Unsere *historischen Leitbilder*, man mag es beklagen, sind abgenutzt. Die Jugend spürt das, mißtraut ihnen und sieht in ihnen nur hohles Pathos.«[17]

Auf diesem Boden, so folgert der Beobachter weiter, kann nicht jenes Maß an Loyalität gedeihen, dessen das Militär von seiten der Bevölkerung bedarf, um seine Aufgabe erfüllen zu können. Er bezeichnet es als *»das Elend unserer Armee*, weil solche Loyalität immer mehr zergeht im Überdruß, sich mit der Armee überhaupt noch zu beschäftigen«.[18]

Indifferenz gegenüber dem Militär in der Form einer Loyalitätsverweigerung also, die doch auch eine Solidaritätsverweigerung mit dem Soldaten einschließt, begünstigt durch einen Wertwandel der traditionellen Werte, welche vor allem mit dem Soldatentum in Zusammenhang gebracht werden und heute obsolet erscheinen, bildet ein weiteres Erklärungsmoment.

Daran wird zugleich erkennbar, daß es schwierig geworden ist, das Soldatsein bewußt und bejaht in die individuelle Existenz zu integrieren und es Bestandteil ihres Vollzuges werden zu lassen. Das kann sowohl in spezifisch religiösen als auch in politisch-ideologischen Lebensentwürfen seinen Grund haben. Doch die Gleichgültigkeit gegenüber dem Militär läßt sich auch als Folge der Forderung nach einer rationalen Lebensgestaltung überhaupt begreifen, die einen Kernbestandteil des neuzeitlichen Denkens bildet. Dabei geht es vor allem um die Selbstsicherung des menschlichen Seins in der Welt. Kant und auch der frühe Fichte haben in einem **ewigen Frieden** dasjenige anzustrebende Ziel gesehen, das der Aufgabe der Selbstsicherung vollkommen zu entsprechen vermag. Es ist ersichtlich, daß das Militär vor diesem Hintergrund sehr schnell in die Rolle gedrängt werden kann, als ein jener Aufgabe entgegenstehender Faktor verstanden zu werden. Das neuzeitliche Denken in den letzten 200 Jahren vermag jedenfalls, und das wird an immer neuen, variationsreichen Formulierungen jener Aufgabe und daraus folgender praktischer Konsequenzen erkennbar, im Militär und den seine spezifischen Aufgaben präzisierenden strategischen Entwürfen nicht mehr nur Faktoren der Sicherheit zu erkennen. Dieses Denken hat vielmehr an ihnen auch immer wahrgenommen, daß sie dem Gegenteil von Selbstsicherung, der Selbstzerstörung, dienen können. Durch das von modernen Waffensystemen gebildete Vernichtungspotential und vor allem auch durch das Unvermögen, zu einer nachhaltigen Rüstungsbegrenzung weltweit zu kommen, hat sich die Abneigung gegen das Militär zusätzlich noch verstärkt. Daraus legt sich in der Tat der Schluß nahe, daß die Ablehnung des Militärs um so stärker ist, je größer die technologische Entwicklung mit ihren wehrtechnischen Ablegern ist.[19]

Eine interessante Variante in der Diskussion der erörterten Sachverhalte stellen jene Überlegungen dar, die in ihnen ein Strukturmerkmal spätneuzeitlicher Gesellschaft selbst sehen und demzufolge für eine Aufrechterhaltung der als unaufhebbar bezeichneten Spannung eintreten.

Diesen Überlegungen zufolge kann sich das Selbstverständnis des Soldaten nur aus einem strukturellen Gegenüber zur Gesellschaft entwickeln. Einwirkungen der Gesellschaft auf das Militär müssen demzufolge als höchst unerwünscht erscheinen. Damit ist allerdings nicht ausgeschlossen, daß es auf dem Wege von Sekundäreffekten zu Einwirkungen des Militärs auf die Gesellschaft kommt. Bemühungen jedoch, die Differenz von Militär und Gesellschaft überhaupt abzubauen, werden aber nicht nur als irrig angesehen, sondern ihnen wird im Blick auf die Eigenständigkeit und Identität des Militärs auch eine kontraproduktive Wirkung zugeschrieben. Denn daraus könnten sich Tendenzen in Richtung auf einen unerwünschten Militarismus entwickeln, in deren Gefolge das Risiko sozialer Spannungen sich vermehrte. Auf der anderen Seite wird es für unabdingbar angesehen, daß es zu keiner Überfremdung des Militärs durch das Zivile kommt.[20] Ob die Probleme, die die soldatische Existenz heute aufwirft, damit jedoch zu beheben wären, daß das Militär jetzt gewissermaßen außerhalb der übrigen Gesellschaft seinen Platz angewiesen erhält, muß allerdings füglich bezweifelt werden. Denn

die wechselseitigen Beziehungen sind zu intensiv, aber auch zu komplex, wenn man nur einmal an sozialisationsbedingte Faktoren wie Haltungen und Einstellungen denkt, um diese Konzeption zu einem wirklich praktikablen Modell werden zu lassen.
Es ist bemerkenswert, daß dem Begriff des **Militarismus** jetzt der des **Zivilismus** entgegengestellt wird. Darunter versteht man: eine Betonung individueller Interessen, einen demokratischen Egalitarismus und einen wohlabgewogenen oder klugen Entscheidungsprozeß.[21] Im Gegensatz dazu bezeichnet der Begriff **Militär**: das Interesse der Organisation, eine hierarchische Struktur und einen autoritären oder befohlenen Entscheidungsprozeß.[22]
Mit der hier vorgenommenen Verfestigung der Differenz von Militär und Gesellschaft bei gleichzeitigem Beharren auf einem strikten Gegensatz von Militär und Zivil wird die Indifferenz gegenüber dem Militär allerdings von ihrer entgegengesetzten Seite her noch einmal mehr gerechtfertigt. Die soldatische Existenz ihrerseits wird dann nur noch aus der Perspektive eines Daseins verständlich, welches das Militär in einer sozialen Nische führt. Zum wichtigsten Unterscheidungsmerkmal wird eine spezifische Könnerschaft, mit der sich der Soldat von jedwedem zivilen Beruf abhebt. Seine Existenz vollzieht sich in der Form einer Professionalität, die alleine von der Organisation **Militär** ihren Inhalt bekommt. Professionalismus wird darum zur Kennzeichnung soldatischer Existenz in einer Lage, in der ihre Legitimierung auch auf kritische Anfragen und Vorbehalte stößt. Dieser Eindruck findet seine Bestätigung an einer bereits vor zwei Jahrzehnten erhobenen Forderung: »We must give primary attention to the unique and basic military skills. The essence of the military profession must not become so intermingled with associated peripheral matter as to become indistinguishable as a valid area of professional study. This must be done not as retrenchment, but as a timely revitalization of professional standards.«[23]

Zur Differenzproblematik im Ostblock

Es ist keineswegs erstaunlich, daß die Erörterungen über die im Gefolge sozialer und technischer Wandlungen aufgetretenen Schwierigkeiten in bezug auf Militär und soldatische Existenz besondere Aufmerksamkeit im Ostblock auf sich gezogen haben. Denn sie konnten dort nur als Bestätigung der Theorie vom unaufhaltsamen Niedergang der kapitalistischen westlichen Welt interpretiert werden.[24]

Obwohl es reizvollere Gebiete für eine wissenschaftliche Auseinandersetzung gibt als die mit stets den gleichen stereotypen Argumenten vorgetragenen Polemiken gegen den **kapitalistischen** und **imperialistischen** Westen[25], ist dennoch das Studium des östlichen militärischen Schrifttums unerläßlich, weil sich hieran zeigt, daß es offensichtlich auch dort Formen jenes zuvor beschriebenen **Amilitarismus** gibt. Nur ist die Weise der Auseinandersetzung mit ihm von völlig anderer Art. Sie vollzieht sich im wesentlichen in dem steten Bemühen, davon zu überzeugen, daß der »Marxismus-Leninismus . . . die richtige Lösung für das Problem von wissenschaftlich-technischen Fortschritten und Moral« im Hinblick auf das Militär besitzt.[26] Weiterhin besteht sie in einer behaupteten »moralische(n) und politische(n) Einheit der Sowjetgesellschaft«.[27] Über einen empirischen Nachweis freilich, der darüber Auskunft zu geben in der Lage wäre, inwieweit diese Behauptung an den gesellschaftlichen Realitäten ihre Bestätigung findet, wird nichts berichtet. Statt dessen wird die Einheit jedoch mit »den großen historischen Aufgaben« in Verbindung gebracht, die der Sozialismus zu erfüllen hat, so daß die behauptete Einheit weniger real erscheint, sondern weit eher einen zukünftigen Charakter zu tragen scheint.
In der Verwirklichung der **historischen Aufgabe** wird jedenfalls dem Militär eine zentrale Rolle zugewiesen.[28] Dies findet darin seinen Ausdruck, daß die Armee »den wichtigsten Teil des Staatsapparates« bildet, weil sie dazu berufen ist, »die Politik der herrschenden Klasse (des Proletariats, d.Verf.) mit Waffengewalt zu verwirklichen«.[29]
Es gibt aber auch außerhalb prinzipieller theoretischer Erwägungen im Bereich praktischer Forderungen eine Reihe von Hinweisen, die darauf schließen lassen, daß in den Staaten mit kommunistischer Gesellschaftsordnung die Differenz von Militär und Gesellschaft, von individueller Lebensführung und soldatischer Existenz, Schwierigkeiten bereitet und darum nach Formen der Überwindung Ausschau halten läßt.
In diesem Zusammenhang ist vor allem von enormer Bedeutung, was mit dem Begriff **Disziplin** umschrieben wird. Sie wird als »eine Form bewußter gesellschaftlicher Beziehungen« verstanden, »durch die die Einhaltung festgelegter Normen, Traditionen, Gewohnheiten und Verhaltsregeln erreicht wird«.[30] Einfacher formuliert läßt sich Disziplin als eine Weise begreifen, Konformität zwischen der individuellen Existenz des Soldaten, den Erfordernissen des Systems **Militär** und der im Blick auf die gesamte staatliche und gesellschaftliche Entwicklung dogmatische Geltung besitzenden Ideologie herzustellen. Daß nun, in der Tat, die Disziplin die Funktion hat, die Diffe-

renz von Militär und Gesellschaft zu überwinden und eine mögliche Vorrangigkeit des Zivilen vor dem Soldatischen gar nicht erst zuzulassen, machen Ausführungen des obersten Militärstaatsanwaltes der sowjetischen Streitkräfte deutlich: »Die Rechtsordnung in den Streitkräften stützt sich auf die straffe militärische Disziplin, welche ihrem Wesen nach eine spezifische Ausprägung einheitlicher staatlicher Disziplin ist. Dieses Spezifikum erklärt sich aus den höheren Anforderungen, aus dem Charakter eines Subordinationsverhältnisses, das auf der Notwendigkeit basiert, stets das Prinzip der Einheit der Führung zu verwirklichen; schließlich auf der Notwendigkeit, gegen Rechtsverletzer deshalb mit größerer Strenge vorzugehen.«[31]
Seine Begründung erfährt dieses rigorose Verständnis von Disziplin in der Rechtsvorstellung, nach der der sozialistische Staat die allgemeine Zweckmässigkeit bereits in höchster Weise repräsentiert. Dem einzelnen Staatsbürger obliegt darum nur die Pflicht, sich den vom Staat zur Erfüllung des Zweckmässigen angeordneten Einzelmaßnahmen unterzuordnen. Dazu zählt ganz besonders »die Verteidigung des sozialistischen Vaterlandes«, welche einen Hauptzweck des Staates darstellt. Sie fordert »eine ständige Kampfbereitschaft der Streitkräfte«. »Und dies ist nur unter der Bedingung hoher militärischer Disziplin und strikter Beachtung der sozialistischen Rechtlichkeit möglich.«[32]
Das Ziel, das hier mit einer harten Disziplinierung verfolgt wird, besteht letztlich darin, »Abweichungen von Forderungen sozialistischer Gesetzlichkeit und Rechtsordnung«[33], also gerade auch Formen der Indifferenz gegenüber dem Militär, nicht zuzulassen, aber tatsächlich bestehende Indifferenz drakonisch zu beseitigen. So läßt sich die Bemerkung verstehen, **Disziplin** und **Rechtsordnung** erweisen sich als »ein mächtiger Hebel, mit dem bei der Erziehung der Soldaten angesetzt werden kann, um hohe moralisch-politischen Kampfqualitäten sowie einen Zusammenhalt der militärischen Kollektive zu erzielen«.[34]
Daneben zeigen Thematisierungen der Motivationsproblematik und des »moralischen Geistes der Truppen« ebenfalls an, daß Differenzerscheinungen und Äußerungen von Indifferenz überwunden werden sollen.[35]

Zur Struktur der Sinnfrage

Den Ausgangspunkt für die bisher angestellten Überlegungen bildete die nach dem Zweiten Weltkrieg verstärkt zum Vorschein gekommene Spannung von Militär und Gesellschaft. Mit ihr hängt eine verbreitete gleichgültige Ein-

stellung gegenüber dem Militär zusammen, soweit es die Forderung betrifft, individuelle Lebensentwürfe und Weisen persönlicher Lebensführung wenigstens zeitweise zu suspendieren, um Forderungen, die sich aus der soldatischen Existenz ergeben, erfüllen zu können. Es spricht manches dafür, daß das Vermögen geringer geworden ist, die soldatische Existenz noch als in einem sinnhaften Verweisungszusammenhang stehend erkennen zu können. Von dieser Schwierigkeit sind offenbar Staaten besonders betroffen, die über einen hohen Grad der Industrialisierung verfügen und in denen zudem die lebendige Erinnerung an Krieg und Kriegsfolgen zum festen Bestandteil des sozialen und politischen Zeitbewußtseins geworden ist. Vor diesem Hintergrund erscheint es um so dringlicher, die Frage nach dem Sinn soldatischer Existenz in ihrer prinzipiellen Bedeutung erneut zu erörtern. Als Einstiegspunkt soll dazu die Frage dienen: Warum kämpft der Soldat? Sie besitzt im System **Militär** einen zentralen Rang, so daß sich bisweilen der Eindruck aufdrängt, als sei die Sinnfrage durch den Hinweis auf das Kämpfertum bereits beantwortet. Doch dies wäre eine Täuschung. Denn dieser Hinweis kann sich elementar nur auf die sich aus der Korrelation von Soldat und Krieg ergebende Form soldatischen Selbstverständnisses beziehen, die zwar auf die Einübung in soldatische Handlungsweisen einen bestimmten Einfluß nimmt, die aber in Friedenszeiten nur in der Form des Angenommenen, des zu Simulierenden hergestellt werden kann. Sie wird damit ihren fiktiven Charakter nicht los.
Aus der Reihe von Antwortmöglichkeiten nun sollen hier nur einige wenige Beispiele herausgegriffen werden, um daran eine ganz bestimmte Problemstellung zu verdeutlichen.

So könnte man beispielsweise antworten: Der Soldat kämpft, weil es ihm befohlen ist. Oder: Der Soldat kämpft, weil er zu kämpfen gelernt hat. Oder: Der Soldat kämpft, weil er Patriot ist. Oder: Der Soldat kämpft, weil er davon überzeugt ist, daß seine Staatsführung das Richtige will. Oder: Der Soldat kämpft, weil die anderen es auch tun.
An allen diesen Beispielen läßt sich unschwer erkennen, daß das **Kämpfen** immer schon auf anderes verweist. Erst durch den Bezug auf dieses Andere erscheint es sinnhaft. Dieses Andere kann nun ein Befehl sein, oder eine erworbene, spezielle Fertigkeit, oder eine besonders tiefgehende Bindung an die eigene Nation, oder eine politische Überzeugung, oder schließlich ein autostereotypischer Zwang.
Geht man nun noch einen Schritt weiter, dann zeigt es sich, daß auch das, von dem her das Kämpfen seinen Sinn zu empfangen scheint, selbst wieder

erst in bezug auf ein Anderes sinnhaft wird. So gilt für den Befehl, daß er sinnhaft wird, wenn ihm eine umfassende und in der Analyse tiefgreifende Lagebeurteilung zugrunde liegt. Ein Befehl, der auf unzureichenden Voraussetzungen gründet, ist sinnlos und in der Perspektive der Ethik unverantwortlich.

Die Bindung an die eigene Nation erweist sich unter analytischem Aspekt als ein überaus komplexes Geflecht von Beziehungen, in denen Heimat, Brauchtum und erfahrene menschliche Nähe durch Sprache ebenso eine Rolle spielen wie Kultur, Bildung, sozialer Status und politische Wertsysteme.

Bereits die kleine Zahl von Beispielen erlaubt es, eine Einsicht zu formulieren: Es gibt bei der Frage nach dem Sinn keine Antworten, die den Charakter von Letztbegründungen besitzen. Vielmehr setzt die Sinnfrage selbst eine Bewegung in Gang, die immer nur zu einer Annäherung an eine Beantwortung führt. Daß dem so ist, liegt an der Struktur des Sinnbegriffs. Sie hat der Philosoph *Wilhelm Weischedel* in einer besonders eingängigen Weise kenntlich gemacht.[36] Seine Überlegungen werden im folgenden aufgenommen. Dabei wird zunächst die formale Struktur der Sinnfrage behandelt.

Es sind von ihm fünf Wesensmerkmale herausgearbeitet worden, die den formalen Begriff des Sinnes näher bestimmen. Das erste Merkmal kennzeichnet den Sinn als das, was verstehbar ist. »Überall also bedeutet Sinn im ersten und weitesten Aspekt soviel wie Verstehbarkeit. Als sinnlos dagegen erscheint das, was man nicht versteht oder nicht verstehen kann.«[37]

Wenn nach dem Sinn der soldatischen Existenz gefragt wird, dann geht es in diesem konkreten Fall zuerst darum, verstehend zu durchdringen, was Soldatsein überhaupt ist. Dies heißt wiederum, es in dem zu erschließen, was es **im Grunde** ist. In diesen Vorgang des Erschließens gehört aber auch die kritische Auseinandersetzung mit den Vor-Urteilen, die das Verständnis des Soldatseins immer schon vorgängig beeinflussen.

Das von Weischedel herausgearbeitete zweite Wesensmerkmal bezieht sich auf die Objektivität des Sinnes. Damit soll zum Ausdruck gebracht werden, daß Sinn nicht eine beliebige, von subjektiver Sinngebung abhängige Größe ist. ». . . Sinn wird verstanden als objektiver Sinn; er liegt im Verstehbaren; er wird von diesem her entgegengenommen. . . . Überall ist das Verstehen darauf aus, den in der Sache liegenden Sinn herauszuheben.«[38]

Dieses Merkmal verliert auch dann seine Gültigkeit nicht, wenn der Mensch sich selber als sinnverleihendes, sinnschaffendes oder sinnstiftendes Subjekt begreift. Denn auch als dieses Subjekt ist er davon abhängig, was sich ihm als in der Sache liegender Sinn zu erkennen gibt. »Man kann also einer Sache nur dann Sinn verleihen, wenn man dabei auf ein als subjektiv sinnhaft Vermeintes blickt.«[39]

Im Blick auf die soldatische Existenz läßt sich daraus die Folgerung ziehen, daß auch sie den Charakter eines objektiv Sinnhaften besitzt. Dessen wird man allerdings erst dort ansichtig, wo der Blick dafür nicht verstellt wird, was an Sinnhaftem sich von dieser Existenz entbergen lassen will. Oder anders formuliert: Das Objektiv-Sinnhafte des Soldatseins erschließt sich nicht, wenn nicht zugleich die Bereitschaft vorhanden ist, vor-urteil-bedingte Sicht- und Verstehensweisen dieses Seins kritisch zu reflektieren und damit ihre Berechtigung oder Nichtberechtigung zu prüfen.

Der Frage nach dem, worauf das vermeinte Sinnhafte als das ihm Sinn Gebende verweist, dient das dritte Wesensmerkmal. Es bezieht sich darauf, daß der Begriff **Sinn** etwas meint, »von dem her Bedeutung und Sinn kommen«.[40] In dieser Bestimmung liegt die prinzipielle Unterscheidung zwischen dem, das Sinn verliehen erhält, und dem, was Sinn verleiht: »Das Sinnhafte *hat* den Sinn; das andere, worauf es deutet, *ist* der Sinn.«[41]

Hier handelt es sich in der Tat um eine außerordentlich weitreichende Unterscheidung. Denn sie besagt im Grunde, daß der Sinn etwas ist, worauf man nur zugehen kann in der Hoffnung, daß er verstehbar wird. Er ist aber gerade nicht etwas, was von vornherein planbar, organisierbar und kontrollierbar ist. Im Letzten bleibt der Sinn immer ein unverfügbar Übergreifendes.

Im Blick auf die Frage nach dem Sinn soldatischer Existenz drängt sich an dieser Stelle eine weitere Folgerung auf. Danach stellt das Hauptproblem, auf das diese Frage aufmerksam machen will, nicht die Fertigkeiten und die Haltungen sowie Tugenden dar, mit denen das Soldatsein üblicherweise identifiziert wird. Es geht vielmehr darum, die Frage wachzuhalten und zu erörtern, von welchem anderen Übergreifenden her die soldatische Existenz sinnhaft wird. Das gegenwärtige Problem besteht ja gerade darin, daß die spätneuzeitliche, technisch-wissenschaftliche Zivilisation die Antwort darauf so schwierig werden läßt. Das hängt damit zusammen, daß diese Zivilisation einmal in hohem Maße vom Zweckdenken her geprägt ist. Zwecke sind aber prinzipiell stets auswechsel- und veränderbare Größen. Sie vermögen deswegen keinen Sinn zu vermitteln. Denn der Grund von Sinn muß etwas Stetiges sein. Sodann wäre es jedoch geradezu widersinnig, den Sinn soldatischer Existenz heute etwa vom Stand technischer Zweckerfüllung abhängig zu machen, wenn dieser Zweck morgen bereits durch innovative Entwicklungen obsolet geworden ist. Dies alles bedingt es, daß man sich dem Übergreifenden nur zuwenden kann, indem die Zweck- und Verwendungszusammenhänge überschritten werden, die mit dem System **Militär** unablösbar verbunden sind.

Als viertes Wesensmerkmal des Sinnbegriffs führt Weischedel an, daß »Sinn als rechtfertigender und fraglos machender Grund« zu verstehen ist.[42] Diesem Verständnis liegt die Beobachtung zugrunde, daß die Sinnfrage selbst wesentlich aus der Legitimationsproblematik hervorgeht und demzufolge nicht nur auf Verstehensprozesse und Verweisungszusammenhänge gerichtet ist. Wo daher nach dem Sinn einer Sache gefragt wird, da liegt auch immer das Moment der Fraglichkeit eben dieser Sache vor. Fraglichkeit aber meint zunächst nur, daß nicht schon von vornherein feststeht, ob eine Sache sinnhaft ist oder nicht. Eben dieser Umstand läßt danach fragen, woher es kommt, daß eine Sache so ist, wie sie ist, und ob sie auch so sein soll. Während es weniger schwierig ist, den ersten Teil der Frage zu beantworten, bildet der zweite Teil den Kern einer sich durch alle Lebensbereiche hindurchziehenden Problematik.[43] Es ist evident, daß sie durch Zweckmäßigkeitserwägungen allein keineswegs zu lösen ist. Eine Beschränkung auf das Zweckdenken in allen seinen Spielarten zeigt nur eine Verarmung des Denkens an. Es müssen vielmehr noch andere Überlegungen hinzutreten, die nicht erfolgs- und zweckorientiert sind. Der Sinnbegriff ist in dieser Hinsicht die umgreifende Bezeichnung dafür. Etwas als sinnhaft zu bezeichnen, heißt dann, es nicht nur in seinem tatsächlichen Bestand anzuerkennen, sondern ihm auch die Dignität zuzuerkennen, daß es so sein *soll,* wie es *ist.* Sinn meint demzufolge »Enthebung aus der Fraglichkeit«, in die die Frage danach, ob etwas sein soll, stets hineinführt. »Der Sinn als das Rechtfertigende und Fraglosmachende kann auch als der Grund des Sinnhaften bezeichnet werden . . . Grund bedeutet also hier: das, von woher es kommt, daß etwas sinnhaft ist.«[44]

Für die soldatische Existenz ist dieses vierte Wesensmerkmal von besonderer Bedeutung, weil gerade sie heute im Licht einer radikalen Fraglichkeit steht. Sie ist es vor allem wegen der Frage, ob das bestehende System **Militär** so sein soll, wie es sich entwickelt hat, oder ob es nicht geradezu anders sein muß. Welche Virulenz diese Fragestellung besitzt, läßt sich an kontroversen Erörterungen strategischer Konzeptionen im Rahmen der Sicherheitsdiskussion ablesen. Allein dies unterstreicht noch einmal mehr die Dringlichkeit, den Grund freilegen zu helfen, der der soldatischen Existenz ihre Sinnhaftigkeit verleiht.

Der allgemeinen Aufgabe nun, den Sinn-Grund freizulegen, ist in grundsätzlicher Hinsicht das fünfte Wesensmerkmal zuzuordnen. Weischedel bezeich-

net es als das »Phänomen einer Sinnkette mit ihrer unumkehrbaren und expansiven Richtung«.[45]
Mit dem Begriff **Sinnkette** wird angezeigt, daß es sich bei der Freilegung des Sinn-Grundes nicht um die Erledigung einer einmaligen Aufgabe, sondern um einen andauernden Prozeß handelt, in dem die einzelnen Phasen ineinandergreifen wie ein Glied der Kette in das andere. Der Grund dafür liegt darin, daß auch »der sinnverleihende Sinn . . . unter der Notwendigkeit« steht, »seine Sinnhaftigkeit zu rechtfertigen und fraglos zu machen«.[46]
Es ist folglich nicht schon damit getan, einen freigelegten Grund als den einzigen sinnstiftenden Sinn herzustellen. Denn auch dieser Grund erweist sich selbst wieder nur als ein Sinnhaftes, daß auf einen anderen Sinn-Grund verweist. So endet also jede Antwort auf die Sinnfrage in einer erneuten Frage nach dem Sinn, oder positiv: Jede Antwort verweist auf ein anderes Sinngebendes. Diese immer neuen Verweisungen bilden die Kette. Der bildhafte Begriff **Kette** macht indessen auch deutlich, daß alles Mühen um den Sinn immer nur ein stets neues Versuchen sein kann.
Indem er aber von einer »unumkehrbaren . . . Richtung« spricht, die diese Kette besitzt, will dieser Philosoph darauf hinweisen, daß sich das Fragen nach dem Sinn immer in Richtung auf einen höheren Sinn bewegt, der zugleich auch der umfassendere ist. Das stets neue Versuchen, Sinn zu ergründen, ist so von dem negativen Beigeschmack befreit, ein Sich-Drehen-im-Kreise zu sein, bei dem nichts herauskommt. Vielmehr »kommt es, ausgehend von dem einzelnen Sinnhaften zu einer Kette der Verweisungen auf ein jeweils höheres sinngebendes Sinnhaftes . . . Wenn es also überhaupt Sinnhaftes gibt, dann steht dieses innerhalb eines umfassenden Sinnzusammenhanges, in dem jedes einzelne Sinnhafte seine Sinnhaftigkeit von einem je höheren Sinnhaften her erhält. Das Verstehen von Sinn aber vollzieht sich so, daß es sich gleichsam an der Kette der Sinnverweisungen und Bedeutungen entlangtastet, um einen immer umfassenderen Sinn zu finden«.[47] Das Aussein auf einen »umfassenderen Sinn« macht dann das **Expansive** der Richtung aus.
Im Zusammenhang dieses fünften Wesensmerkmals stellt sich unabweisbar die Frage, ob die unumkehrbare und expansive Richtung der Sinnkette nicht in letzter Konsequenz in einem unbedingten Sinn ihr Ende findet, der zugleich auch das letzte, auf keinen anderen Sinn mehr verweisende, umfassendste Sinnhafte ist. Traditionellerweise hat die Theologie diesen unbedingten Sinn, den Sinn selbst, im Rahmen ihres Gottesbegriffes begründet und entfaltet. Die Erfahrung dieses umfassendsten Sinnhaften blieb aber immer

dem Glauben vorbehalten. Ihn vermag die Philosophie nicht, wie Weischedel erneut versichert, »in den Voraussetzungen eines ernstlichen Philosophierens« eingehen zu lassen.[48] Hier scheint sich eine unüberbrückbare Kluft aufzutun. Es zeigt sich jedoch, daß auch die Philosophie davon ausgeht, »daß, wenn es überhaupt etwas gegründet Sinnhaftes geben soll, damit implicite ein unbedingter Sinn gesetzt ist«.[49] Dies heißt indessen nur, daß der Glaube als Akt des Vertrauens in Gott als unbedingten Sinn immer schon jeder Argumentation vorausgeht.[50] Vertrauen meint in diesem Kontext die Anerkennung dessen, »wovon wir handlungssinntranszendent schlechthin abhängig sind«, wie *Hermann Lübbe* es einprägsam formuliert hat.[51] Dieser als Vertrauen qualifizierte Glaube ist allerdings kein Bestandteil einer logischen Beweisführung, sondern er bleibt der Akt eines moralischen Engagements, das sich der Erfahrung mit dem Heiligen verdankt. Daraus folgt, daß der sich dem Glauben zu erfahren gebende Gott als absoluter Sinn-Grund nicht zum Gegenstand der Sinnkette werden kann. Die **Frage nach** und das **Mühen um** den Sinn bleiben so in letzter Konsequenz in einer nicht aufzuhebenden Unabgeschlossenheit und Offenheit. Sie weisen in einen Horizont, in dem die Fraglichkeit des Sinns stets gegenwärtig ist. Dieser eigentümliche Sachverhalt mutet dem Menschen den Verzicht zu, die im Glauben erfahrene Gewißheit, daß es einen unbedingten Sinn gibt, selbst zum Ende aller Fraglichkeit zu machen. Aber die Glaubensgewißtheit stellt ihrerseits eine Ermutigung dar, sich der Fraglichkeit zu stellen und in ihrem Horizont zu bleiben.
Für die soldatische Existenz ergibt sich aus alledem die Folgerung, daß ihre Sinnhaftigkeit stets neu die Frage nach ihrer Rechtfertigung und damit nach ihrem fraglos machenden Grund aufwirft. Sie läßt sich nicht ein für allemal beantworten. Doch was ist der ihr Sinn verleihende Grund?

Soldatsein zwischen Management und Kämpfertum

Die Frage nach dem Sinn steht auch hinter den vielfältigen militärtheoretischen Arbeiten der letzten Jahrzehnte besonders in den USA. Aber sie wird nur gelegentlich ausdrücklich behandelt.[52] Im Vordergrund stehen vielmehr sozialwissenschaftliche Studien, die der Frage nachgehen, welche Beziehungen zwischen Militär einerseits und Gesellschaft, Kultur, Wirtschaft und Politik andererseits vorherrschen.
Im Kontext solcher Fragestellungen spielt die inzwischen schon fast klassisch zu nennende Arbeit von *Morris Janowitz*[53] eine hervorragende Rolle. Sie

spiegelt die Krise des soldatischen Selbstverständnisses wider, die nach dem Zweiten Weltkrieg entstanden war.[54] Vor diesem Hintergrund fragt der Autor: »How can it (sc. the military) organize itself to meet its multiple functions of strategic deterence, limited warfare, and enlarged politics-military responsibility?« Und er fährt fort, die aus dieser Fragestellung sich ergebenden Einzelaufgaben folgendermaßen zu formulieren: »First, there is the complex task of adapting the military establishment to continous technological change. Second, there ist the nessesity of reexamining strategy, doctrine, and professional selfconceptions.«[55]

Was Janowitz so plastisch nachzeichnet und beschreibt, das ist ein eigentümliches **Zwischen**, in dem der Soldat existiert: Zwischen technologischem Wandel und traditionellem Kämpfertum, zwischen Vergangenheit und den geschichtlichen Veränderungen in der Gegenwart. Zwar reicht die Vergangenheit noch durch die Tradition in die Gegenwart hinein, sie stellt aber nicht mehr dasjenige Potential dar, aus dem die soldatische Existenz ihre Rechtfertigung exklusiv erfährt. Doch auch die Gegenwart, umgriffen von dem Begriff der wissenschaftlich-technischen Zivilisation, vermag diese Rechtfertigung offenbar nur unzureichend zu leisten.

Diese eigentümliche Existenz zwischen Vergangenheit und Gegenwart bedingt eine Unschärfe im Selbstverständnis des Soldaten. Was ist er eigentlich noch? Der Kämpfer im klassischen Sinn? Oder der Spezialist, der, dem Trend beruflicher Spezialisierung folgend, sich in erster Linie z.B. als Meteorologe, Betriebswirt, Elektoingenieur, Historiker oder Politikwissenschaftler versteht und erst in zweiter Linie als Soldat? Janowitz formuliert diese Verlegenheit auf folgende Weise: »Modern technology has produced such a high level of specialization that man are likely to think of themselfes as member of a specific skill-group, rather than as members of a social class. The growth of skill-specialization produces professionalization, which in turn, influences social and political perspectives. This granted, the profession officer requires analysis in terms of variables which would be applicable to any professional or elite group . . .«[56]

Doch werden nun über die bloße Beschreibung hinaus auch Wege aufgewiesen, auf denen der Identitätskrise beizukommen ist? Janowitz versucht dies mindestens, indem er ein **Sowohl-als-auch** von Kämpfertum und fachlichem Spezialistentum zur Kennzeichnung des Soldaten neuen Typs benutzt. Dieses **zugleich** aber von Manager, Techniker oder Sozialwissenschaftler und Kämpfer findet seinen Ausdruck in einer neuen Identität des Soldaten: Sie besteht in einem Spezialistentum der Kriegführung und im Management des organisierten Gebrauchs physischer Gewalt.[57]

Darüber hinaus läßt dieser Versuch auch Raum, Tradition und Gegenwart aneinander zu vermitteln. Denn trotz einer, wie Janowitz meint, »consequence of ›civilianizing‹ the military profession«[58], mit der eben die Verwischung der Unterschiede zwischen Zivil und Militär in beruflicher Perspektive verbunden ist, und trotz einer dadurch bedingten Relativierung gerade auch der militärischen Autorität[59], bleibt das Kämpfertum dominierend[60], das schon der Vergangenheit das Hauptkennzeichen des Soldaten war.
Es bleibt jedoch fraglich, ob die in der Gegenwart aufgedeckte Identitätskrise damit bereits wirklich behoben ist. Die andauernde Diskussion der Motivationsprobleme ist eben auch nach der Seite hin ein Indikator, daß die Differenz zwischen einer von der technisch-wissenschaftlichen Zivilisation bestimmten Art der Lebensführung und den Erfordernissen, die aus dem System **Militär** hervorgehen, trotz nicht zu übersehender funktionaler Angleichungen auch immer noch fortbestehen. Es spricht manches dafür, daß im Unterschied zu Weisen ziviler Existenz es für viele schwer ist, an der soldatischen Existenz noch zu entdecken, daß sie in einem sinnhaften Verweisungszusammenhang steht.
Die von Janowitz beschriebene »Suche nach einer Ideologie«[61] scheint diese Annahme zu bestätigen. Zwar begründet er diese Suche primär damit, daß die Aufgabe, eine zunehmend destruktivere Kriegsmaschinerie zu handhaben, das Interesse an einem »set of ideological principles« geweckt habe. Damit soll vor allem die Frage beantwortet werden, warum gekämpft werden soll. Daß aber diese Frage überhaupt gestellt werden kann, weil »selfevident objectives no longer suffice«[62], macht doch nur einmal mehr den enormen Sinnverlust kenntlich, den das Militär in der späten Neuzeit erlitten hat.
Vor diesem Hintergrund müssen dann schließlich auch die Vorschläge beurteilt werden, die Janowitz erarbeitet hat, um die Differenz von Militär und Gesellschaft zu überbrücken und damit zugleich der soldatischen Existenz ihre Bedeutung für den gesellschaftlichen Lebenszusammenhang wiederzugeben. Es sind vornehmlich zwei Wege, auf denen er das zu erreichen trachtet. Einmal durch die Ausbildung eines neuen soldatischen Selbstverständnisses, durch das eine Anpassung an die veränderte soziale Umwelt erfolgen soll. Die Voraussetzung meint er darin erblicken zu können, daß bereits jetzt zwischen Militär und wissenschaftlich-technischer Zivilisation eine Brücke in Form von gemeinsam verbindenden Werten besteht, wie: technische Errungenschaften, Rationalität und pragmatische Ethik.[63]
Der zweite Weg, den er vorschlägt, hat es vor allem mit Veränderungen in der Ausbildung selbst zu tun. Es geht darum, daß der Soldat, im besonderen

der Offizier, auf der einen Seite Fertigkeiten entwickeln soll, die ihn solche Anforderungen erfüllen lassen, wie sie an zivile Führungskräfte in Großorganisationen vor allem der Wirtschaft gestellt werden. Diese Forderung legt es dann fast zwangsläufig nahe, dem Offizier Möglichkeiten zum Studium solcher Fächer zu eröffnen, in denen entsprechende Qualifikationen erworben werden können.[64] Auf der anderen Seite jedoch hält Janowitz es für zwingend geboten, daß in der Ausbildung in zureichendem Maße berücksichtigt wird, was das **Kämpfertum** fordert.[65]
Gerade im Hinblick auf Veränderungen in der Ausbildung kann Janowitz auf die eindrucksvolle Zunahme aufmerksam machen, die die fortgeschrittene, politisch-militärische Bildung in den USA seit 1945 bereits gehabt hat. Dies war nicht zuletzt deswegen möglich geworden, weil man sich dafür zivile Quellen nutzbar machen konnte. Daraus ging eine starke Tendenz hervor: »to produce conformity to a service point of view«.[66] Ob aber der theoretisch gewonnene Dienststandpunkt auch praktisch in den Stand setzt, die entstandene Differenz zu überwinden, läßt sich sicher nicht von vornherein uneingeschränkt positiv beantworten.
Die Fragestellung, welche Beziehungen zwischen Militär und Gesellschaft vorherrschen und welche Trends darin ablesbar sind, hat in der Folge neue Bearbeiter gefunden. Im Vordergrund stehen dabei drei Beobachtungen:
Erstens läßt das erwachte Interesse an strategischen Studien vor allem im Bereich amerikanischer Universitäten darauf schließen, daß mindestens auf seiten einschlägiger Wissenschaften die Bereitschaft besteht, militärischen Problemen nicht indifferent zu begegnen. Man hat diese Entwicklung mit jener in den Wirtschaftswissenschaften verglichen, die dazu geführt hat, daß diese ihr Elfenbeinturm-Dasein aufgegeben und praktische wirtschaftliche Verantwortung übernommen haben. Analog dazu sieht man auch die Hinwendung zu strategischen Studien in speziellen »operation research groups« als Ausdruck praktischer Verantwortung.[67] Aus diesem Sachverhalt wird die Aufforderung an das Militär gerichtet, sich verstärkt zur Zusammenarbeit mit Zivilisten in solchen Studiengruppen bereit zu finden. Für militärische Ausbildungsstätten meint man schließlich auch die Aufgabe folgern zu können, daß es jetzt darauf ankommt: »to produce students with the talents for strategic thinking now required«.[68]
Zweitens zeigen Untersuchungen der Kampfmotivation amerikanischer Soldaten während ihres Einsatzes in Vietnam, daß auf sie Sozialisationsprozesse, die vor der Dienstzeit liegen, einen starken Einfluß ausüben. Dagegen »sind für den Soldaten, der täglich mit dem Problem des eigenen Überlebens

konfrontiert ist, die Entscheidungen des Staates, die ihn in den Kampf geschickt haben, einfach irrelevant. Unter diesen Aspekten wird das Für und Wider grundlegender Fragen der nationalen Politik für den Kampfsoldaten bedeutungslos«.[69] Damit ist nicht nur ein weiteres Indiz dafür erbracht, daß das Verhältnis von Militär und Gesellschaft kein starres Gegenüber ist, sondern als ein Geschehen betrachtet werden muß, in dem Wertorientierungen vermittelt werden, die von außerhalb des militärischen Systems den Vollzug soldatischer Existenz in einer spezifischen Weise beeinflussen.[70]

Drittens sind Verflechtungen von Militär mit staatlicher Administration, Wirtschaft sowie Wissenschaft und Forschung ein weiterer äußerst bedeutungsvoller Hinweis für die Beziehungen von Armee und Gesellschaft.[71] Den Ausgangspunkt für Untersuchungen auf diesem Gebiet bildet die sich zunehmend verwischende Unterscheidung zwischen dem Zivilen und dem Militär.[72] Zugleich wird damit aber auch implizit eine prinzipielle Korrektur an dem Berufsverständnis des Soldaten eingeleitet, das aus der zur Struktur verfestigten Differenz von Militär und Gesellschaft abgeleitet worden war und dem Militär eine vom **Zivilen** unberührte Sonderrolle gestattete. Anstatt dieser Sonderrolle wird jetzt der Einfluß des Militärs in der Gesellschaft hervorgehoben. »It is so much larger than all the other institutions of government that its operations, and its impacts — on the economy, on class and racial minorities, on science and research, on higher education, on the legal system of justice, on the national scheme of values — or literally of another order of magnitude.«[73]

Diese drei Beobachtungen beleuchten den Hintergrund, vor dem jetzt die Nachfrage erfolgt, welche Einflüsse aus dynamischen Wechselwirkungen von Militär und Gesellschaft auf Einstellungen zum Dienst in der Armee festzustellen sind. Dabei kommt es zu einer ebenso interessanten wie allerdings auch nicht unumstrittenen Kennzeichnung eines Wandels in diesen Einstellungen. Sie erfolgt auf dem Boden der »Ausgangshypothese . . ., daß sich auch die amerikanischen Streitkräfte vom Konzept einer »Institution« wegbewegt haben und sich mehr und mehr als »Occupation« (als Beruf, d. Verf.) verstehen. Der damit verbundene Wandel beinhaltet auch Veränderungen in der militärischen Sozialisation«.[74]

Mit diesen zunächst ungewöhnlichen Kategorien soll ein offenkundiger Wandel im Verständnis der vom Soldaten ausgeübten Tätigkeit zum Ausdruck gebracht werden. Der Wechsel der »Institution« zu einer »Occupation« signalisiert darüber hinaus einen Wandel im »System der Erwartungsmuster«, denen das Handeln des Soldaten folgt. Denn »solche Systeme von Erwar-

tungsmustern« werden, wenn sie »so fest in das Handeln eingegangen sind, daß sie ganz selbstverständlich als legitim betrachtet werden, . . . als **Institutionen**« bezeichnet.[75] »Occupation« — zu deutsch: Beschäftigung — meint dann, daß das Handeln des Soldaten flexibleren Ertwartungsmustern folgt. Er ist nicht mehr auf eine feste Rolle festgelegt. Darüber hinaus wird sogar in dem Begriff »Occupation« die Mitwirkung bei der Festlegung der Lohnhöhe und bei der Gestaltung der Arbeitsverhältnisse eingeschlossen.[76]
Die folgende Tabelle[77] versucht, den ganzen Unterschied zwischen den mit den Begriffen »Institution« und »Occupation« umgriffenen Verständnissen der Tätigkeit des Soldaten kenntlich zu machen:

»Institution« — »Occupation«

Variable	Institution	Occupation
Legitimation	in Begriffen wie Dienst, Pflicht, Ehre, Vaterland	nach den Kriterien einer marktwirtschaftlichen Ökonomie
Rollenverpflichtung	primär der Organisation verpflichtet	nur teilweise der Organisation verpflichtet
Entlohnung	viele unbare Leistungen	Entlohnungssystem
Bezahlung	nach Rang und nur teilweise nach den Lebensbedürfnissen	qualifikationsgemäß
Unterbringung	Arbeitsplatz und Unterkunft sind identisch (Kasernierung)	Trennung von Arbeitsplatz und Unterkunft
Lebensgefährte/ Ehepartner	integriert in den Militärbereich	losgelöst vom Militärbereich
Wertschätzung seitens der Gesellschaft	an der soldatischen Opferbereitschaft ausgerichtet	Prestige abhängig von der Einkommenshöhe
Sozialisation	vertikal, innerhalb der Organisation	horizontal, außerhalb der Organisation

Die Bedeutung des hier angesprochenen Versuchs, zu einer besseren Erklärung der zwischen Militär und Gesellschaft bestehenden Beziehungen und darin sich vollziehenden Veränderungen zu gelangen, tritt indessen erst dort voll hervor, wo man sich die theoretischen Voraussetzungen verdeutlicht, auf denen er aufruht. Sie finden sich in dem ausgedrückt, was heute mit dem Begriff: **Systemtheorie** umschreiben wird.

Diese Theorie ist zunächst nur als ein wissenschaftliches Erklärungsmodell entwickelt worden. Mit seiner Hilfe wollte man »den Anwendungsbereich der dynamischen Analyse komplexer Systeme in ihrer Gesamtheit so weit wie möglich« ausdehnen.[78] Im wesentlichen handelt es sich hierbei darum, Bestand und Veränderung eines System sowohl im Verhältnis zu seinen Subsystemen als auch zur Umwelt möglichst vollständig zu erfassen und zu beschreiben.[79] Zwei Grundkategorien spielen darin eine zentrale Rolle: die der **Struktur** und die der **Funktion**. Unter **Struktur** hat man »eine relative Stabilität« verstanden, »Gleichförmigkeiten in Ergebnissen bestimmter zugrundeliegender Prozesse, die hinreichend stabil sind, um sie für pragmatische Zwecke innerhalb gewisser Grenzen als konstant anzunehmen«.[80] Dagegen bezeichnet der Begriff: **Funktion** die Verknüpfung der Struktur »mit den dynamisch variablen Elementen des Systems«.[81] Im Vordergrund der Betrachtung steht dabei das Bestreben des Systems, sich selbst immer im Zustand des Gleichgewichts zu halten. Funktional ist unter diesem Aspekt ein Prozeß oder eine Reihe von Bedingungen, wenn sie »zur Erhaltung (oder Entwicklung) des Systems **beitragen**, oder aber sie sind **disfunktional**, d.h. sie beeinträchtigen die Integration, die Wirksamkeit usw. des Systems.«[82]
Der in diesem Zusammenhang auch erfolgende Hinweis auf »pragmatische Zwecke« ist dann jedoch auch ein Anzeichen dafür, daß der Systemtheorie eine praktische Seite eignet. Sie besteht in einem Doppelten: einmal erlaubt es diese Theorie, Systeme so zu isolieren, daß sie handhabbar und kontrollierbar bleiben sowohl im Bestand als auch in der Entwicklung; sodann aber wirkt diese Theorie als ein Modell für die funktionale Grundorientierung des Handelns in dem zuvor erwähnten Rahmen, nämlich als auf die Erhaltung des Systems und seiner Entwicklung sowie auf die Erfüllung seiner Zwecke gerichtet. Im konkreten Anwendungsfall besitzt also die Systemtheorie einen Optimierungseffekt für das untersuchte System im Sinne der Verbesserung seiner Selbstbehauptung gegen andere Systeme und der erfolgreicheren Verfolgung seiner Zwecke. Zweifellos liegt in diesem Effekt ein verführerischer Reiz, weil der Glaube an die autokybernetische Kraft eines Systems bestätigt und ein gewisser Systemegoismus legitimiert wird. Der Nachteil liegt indessen darin, daß der Mensch, der sich als verantwortlich handelndes Wesen ausweisen soll, zu einem bloßen funktionalen Bestandteil des Systems wird, mit dem einzigen Ziel, das Gleichgewicht nicht zu stören.[83]

In bezug auf das Militär als System zeichnen sich einige, förmlich abstruse Möglichkeiten aus solcher Betrachtungsweise ab. Einmal läßt es sich nicht von sozialen und politischen Faktoren so isolieren, wie das mindestens theoretisch bei einem Wirtschaftsunternehmen der Fall sein könnte, um daran dann sein Bestreben zur bloßen Eigenerhaltung zu demonstrieren.[84] Es wäre sodann auch widersinnig, das Militär lediglich als ein entweder technologische Innovationen förderndes oder Technologie überhaupt resorbierendes Dienstleistungsunternehmen mit spezifischer Sicherheitszielsetzung zu begreifen. Denn schließlich kann nicht davon abgesehen werden, daß gerade der Mensch als Einzel- und als Gruppenwesen in diesem System der entscheidende Faktor ist. Der ihm auferlegten Verantwortung, nicht zuletzt im Hinblick auf den Umgang mit Waffen aller Art, wird die Reduktion seiner Existenz auf ein, an bloße systembedingte Zwecke angepaßtes Dasein ebensowenig gerecht, wie es dem spezifischen soldatischen Verantwortungsbegriff entschieden widerstreitet, das Handeln des Soldaten als bloße Funktion in dem zuvor erläuterten Sinne darstellen zu wollen.

Es zeigt sich nun allerdings auch in der Empirie, daß die auf dem Grunde der Systemtheorie gewonnene Einsicht in eine neue, stabilisierte Militär-Gesellschaft-Beziehung erhebliche Erklärungslücken aufweist. Denn, wenn es zuträfe, daß die mit dem Begriff »Occupation« verbundene Mitgestaltung der Arbeitsverhältnisse wirklich funktionierte, dann müßte es einen hohen Grad der Arbeitszufriedenheit geben. Doch das ist nicht nachzuweisen. Zudem ist die Einstellung zum Militär niemals nur von systeminternen Faktoren und Bedingungen abhängig, sondern immer auch von externen Wertsystemen.[85] Aufs Ganze gesehen läßt sich darum sagen, daß das mit den beiden Begriffen »Institution« und »Occupation« als Brennpunkten entwickelte Modell idealtypisch bleibt. Das Militär ist wohl zutreffender als eine Mischform von beidem zu begreifen.

Ungleich wichtiger indessen ist, daß Untersuchungen der Beziehungen zwischen Militär und Gesellschaft offenkundig wenig zur Klärung der Frage nach dem Sinn der soldatischen Existenz beizutragen haben.[86] Vielmehr gewinnt man den Eindruck, daß die mit sozialwissenschaftlichen Methoden gewonnenen Einsichten diese Frage eher noch verstärken. Offenbar weist sie über Systembetrachtungen hinaus in einen anderen Bereich des Denkens.

Zum sozialistischen Verständnis des Wehrethos

Die Frage nach dem Sinn und darin eingeschlossen auch die Frage nach dem soldatischen Ethos haben im Rahmen der sozialistischen Militärwissenschaft[87] zu Erörterungen geführt, auf die im folgenden eingegangen werden

soll. Das bereitet naturgemäß einige Schwierigkeiten. Sie liegen nicht in der Beschaffung der Literatur. Diese ist durchaus zugänglich. Die Schwierigkeiten liegen darin, daß die **Militärwissenschaft** eine bekenntnishafte Bindung an den Marxismus-Leninismus voraussetzt. Die Vertreter dieser Wissenschaft können darum jeden Versuch — und sei er auch noch so sehr dem Postulat der Objektivität und Wahrhaftigkeit verpflichtet — als inadäquat abtun, weil ihm diese bekenntnishafte Zustimmung nicht zugrunde liegt. Dennoch scheint es geboten, ungeachtet der zu erwartenden Einwände, die in der Militärwissenschaft und vor allem in der Wehrethik ausgedrückte Legitimierung und Fraglosmachung der soldatischen Existenz ebenfalls in eine Betrachtung einzubeziehen.
Dafür sprechen mindestens zwei Gründe: einmal sind hierin Teile solcher, in der Neuzeit entstandener Denktraditionen eingegangen, die nach wie vor auch in nichtsozialistischen Denksystemen noch virulent sind. Dazu ist zweifellos die Aufklärung zu rechnen, aber auch die Hegelsche Geschichtsphilosophie und ihre Weiterentwicklungen, der Fortschrittsglaube und nicht zuletzt der Szientismus. Sodann kann nicht übersehen werden, daß diese Militärwissenschaft einen Einfluß auf einen erheblichen Teil der Erdbevölkerung besitzt, für den sie zu einer bedenkenswerten Alternative geworden ist. In der so entstanden Lage ist die notwendige Auseinandersetzung nicht mittels bloßer Ablehnung und von Klischees geleiteter Polemik zu leisten. Vielmehr geht es durchaus darum, sich der Mühe zu unterziehen, die Grundstruktur der Legitimierung der soldatischen Existenz in der Wehrethik kenntlich zu machen.
Ein dafür wichtiges Merkmal stellt die enge Verbindung von soldatischer Existenz und revolutionärer Praxis dar. Sie nimmt schon im Denken von *Marx und Engels* einen bemerkenswerten Platz ein. Sie erkannten im Militär bereits einen gesellschaftspolitischen Faktor von außerordentlicher Bedeutung. Besondere Impulse für das Studium des Militärwesens empfingen sie aber von der eingehenden Auseinandersetzung mit der Theorie und der Praxis der Revolution.[88] Ein bewußter revolutionärer Wille, wie ihn Marx zum Ausdruck brachte, der sich die gewaltsame Ablösung staatlicher Herrschaft und dessen stärkste Manifestation in Gestalt des stehenden Heeres durch das Proletariat zum Ziel setzte, konnte nicht umhin, die Grundrisse einer revolutionären Kriegslehre zu zeichnen, wenn nicht von vornherein Verzicht auf den Erfolg einer geplanten Revolution geleistet werden sollte.[89]
Die Armee als eine revolutionäre Kraft[90], die an ihrem Teil die Sache des Sozialismus vorantreiben und ihm endlich zum Sieg verhelfen soll, bildet den

Kern dieser Militärtheorie. Sie ist dabei selbst wieder Bestandteil eines Geschichts- und Gesellschaftsverständnisses, das das Bezugssystem bildet, von dem schließlich alle auf das Endziel hin getroffenen Maßnahmen — politische, ökonomische, wissenschaftliche und militärische — ihre Ausrichtung und Legitimation erhalten.[91] Denn in ihm erscheint der Sieg des Sozialismus als eine aus dem Gesetz der geschichtlichen Entwicklung hervorgehende, absolute Notwendigkeit.

Es geht nun zweifellos auf das Bemühen *Lenins* zurück, daß die Militärtheorie über Marx und Engels hinaus weiterentwickelt und zu ihrer gegenwärtigen Bedeutung gebracht worden ist.[92] Aus seinen Aussagen zu militärtheoretischen Fragen seien hier aber nur diejenigen besonders berücksichtigt, mit denen er sich gegen *Karl Kautsky* wendet, weil an ihnen sein Verständnis des Zusammenhangs von Krieg und Revolution und damit auch die Bruchstelle zu anderen Entwicklungen im sozialistischen Denken prägnant hervortritt. Gegen Kautsky gewandt führt Lenin aus: ». . . Der Charakter eines Krieges . . . hängt nicht davon ab, wer der Angreifer ist und in wessen Land der ›Feind‹ steht, *sondern daran welche Klasse* den Krieg führt, welche Politik durch diesen Krieg fortgesetzt wird. . . . Meine Aufgabe, die Aufgabe eines Vertreters des revolutionären Proletariats, ist es dann die *proletarische Weltrevolution* vorzubereiten . . . Nicht vom Standpunkt ›meines‹ Landes darf ich urteilen . . ., sondern vom Standpunkt *meiner Teilnahme* an der Vorbereitung, der Propaganda, der Beschleunigung der proletarischen Weltrevolution.«[93]

Im Prinzip enthält diese Aussage bereits alles, was das sozialistische Verständnis der Aufgaben einer Wehrethik dann später ausmacht. Danach ist der Krieg als Medium der Beförderung der Weltrevolution zu betrachten. Denn vom Standpunkt des »revolutionären Proletariats« stellt er selbst und seine mittelbaren sowie unmittelbaren Folgen eine revolutionäre Situation dar, die im Sinne des Endziels der Weltrevolution auszunutzen ist. Das macht Lenin schließlich Kautsky zum Vorwurf, daß dieser die revolutionäre Situation, die der Erste Weltkrieg geschaffen hat, nicht erkennen wollte, obwohl »sich alle Marxisten, alle Sozialisten darin einig« waren, »daß ein europäischer Krieg eine revolutionäre Situation schaffen würde.«[94]

Der Soldat erhält von Lenin also die Rolle eines Vorkämpfers der Weltrevolution zugewiesen. Zwar bedeutet jeder Krieg »Gewaltanwendung gegen Nationen, das hindert aber die Sozialisten nicht, *für* einen revolutionären Krieg zu sein.[95] Ein revolutionärer Krieg ist dann zugleich aber auch ein **gerechter** Krieg. Daher muß das revolutionäre Kämpfertum den eigentlichen Inhalt des soldatischen Ethos ausmachen. Alle einzelnen Attribute des Soldatsein wie: Tapferkeit, Kameradschaft, Gehorsam etc. folgen daraus. Da der »Bolschewismus« zudem »als *Vorbild der Taktik, für alle«* begriffen wird[96], Rußland aber als das Land eines verwirklichten Bolschewismus gilt, liegt es in der Logik des Leninschen Arguments, daß alles soldatische Kämpfertum ein nationaler Dienst an Rußland und am verwirklichten Bolschewismus ist. In dieser Sicht wurzelt beispielsweise der vom Soldaten geforderte sozialistische Patriotismus, mit dem ihm zugleich große Verzichtleistungen abverlangt werden.[97]

Von besonderer Wichtigkeit ist in diesem Zusammenhang Lenins Demokratieverständnis, in dem ein weiterer Grund für seine massiven Angriffe gegen die in der Sozialdemokratie ausgebildete Militärtheorie und das sich darin ausdrückende politische Freiheitsverständnis liegt.

Lenin verdeutlicht sein Verständnis von Demokratie in jenen Angriffen gegen Kautsky, mit welchen er diesen als das Musterbeispiel eines liberalistisch pervertierten Marxisten hinstellt.[98] Es ist hier nicht eigens zu untersuchen, ob es Differenzen in der Auffassung waren, was als **reine** sozialistische Lehre zu gelten habe, die Lenin zu so wütender Polemik herausforderten, oder ob es eher Kautskys nüchtern prüfende Art war, mit der er politische Erscheinungen analysierte, welche die Kritik des von missionarischem Enthusiasmus erfüllten Lenin hervorrief. Wesentlich ist vielmehr, daß in Lenins Denken kein Platz für diejenige Form der Demokratie war, die in den politischen Theorien des 18. Jahrhunderts ihre Begründung erfahren und in den Verfassungen seitdem ihre politische Gestalt erhalten hat. Er erklärt statt dessen, »die Demokratie, von der Kautsky spricht«, sei »purer Unsinn«.[99] Die Begründung dafür findet Lenin in der Unmöglichkeit, dem Gleichheitsprinzip zur allgemeinen politischen Geltung zu verhelfen, »solange nicht jede Möglichkeit der Ausbeutung einer Klasse durch eine andere völlig beseitigt ist.«[100] Mit diesem Argument gibt er allerdings auch zu erkennen, daß die Demokratie eine politische Zielvorstellung ist, die erst im Laufe der proletarischen Weltrevolution verwirklicht werden kann. Um der Zukunft seiner Demokratievorstellung willen vermag er sich offenbar nicht auf den Boden erreichter demokratischer Verfassungen zu stellen.

In dieser eigentümlichen politischen Zukunftserwartung liegt es dann auch, daß Lenin für die geschichtliche Gegenwart eine uneingeschränkte Geltung des Prinzips der Freiheit nicht anzuerkennen vermag. Denn solange es Ausbeutung gibt, müssen die Ausbeuter gewaltsam niedergehalten werden. Daraus zieht er den Schluß, »daß es dort, wo gewaltsam niedergehalten wird, wo

es keine **Freiheit** gibt, *selbstverständlich keine Demokratie* gibt.«[101] Im Sinne Leninscher Zukunftsvorstellungen kann erst die vollendete proletarische Revolution auch die total realisierte politische Freiheit bringen. Demzufolge gibt es wohl den Einsatz des Soldaten für dieses Ziel, nicht aber vermag er, und darin völlig konsequent, eine Pflicht zur Verteidigung der bestehenden Demokratie anzuerkennen. Die Forderung nach einer solchen Pflicht vermochte Lenin nur als »reinste(n) Hohn auf den Sozialismus«[102] und in der Perspektive des proletarischen Internationalismus nur als »kleinbürgerliche-nationalistische Beschränktheit«[103] anzuprangern.
Kautsky hat dagegen gerade in der Verteidigung der bestehenden Demokratie den entscheidenden Grund dafür gesehen, daß Sozialdemokraten für eine allgemeine Wehrpflicht eintreten.[104] Gegenüber der von Lenin vertretenen Position, in die zweifellos anarchistische Traditionen hineinspielen, wird hieran ein ganz anderer Traditionsstrang in der sozialistischen Bewegung erkennbar. Bereits zu Beginn der zweiten Hälfte des 19. Jahrhunderts war von *Ferdinand Lasalle* der Gedanke vertreten worden, daß allein die Demokratie, wie sie sich nach der Französischen Revolution entwickelt hat, diejenige Staatsform darstellt, von der der Arbeiter eine Lösung der sozialen Probleme auf Dauer erwarten kann, und die er darum auch zu verteidigen bereit ist.[105] Auch *Eduard Bernstein* ist diesem Gedanken gefolgt. Er hebt, übrigens unter Berufung auf *Friedrich Engels,* ebenfalls die Notwendigkeit der Demokratie und ihre Verteidigung als im Interesse der Arbeiterklasse liegend hervor.[106] Die vor allem von *Karl Liebknecht* vorgetragene Kritik am **Militarismus** erhält auf diesem Hintergrund ihre eigentliche Tiefe.[107] Sie erweist sich indessen nicht als ein prinzipieller Widerspruch gegen die These von der Verteidigungswürdigkeit der Demokratie, derentwegen nicht nur Kautsky, sondern eigentlich die ganze Sozialdemokratie von Lenin gemaßregelt wurde.[108] Daß im übrigen auf die Entstehung dieses Traditionsstranges die Auseinandersetzung mit dem sich seit der Französischen Revolution in Europa entwickelten Demokratiegedanken Einfluß genommen hat, gibt Lasalle zu erkennen. Er erklärt in diesem Kontext »das gute Einverständnis zwischen den beiden großen Kulturvölkern, Deutschen und Franzosen . . .« zur entscheidenden Voraussetzung für »alle demokratische Entwicklung und somit alle Kulturentwicklung Europas überhaupt«.[109]
Darüber hinaus war das von Kautsky formulierte Prinzip — »Wo die Demokratie errungen ist, lehnt daher die Sozialdemokratie jeden Appell an die Waffen im Klassenkampf ab . . . Wo aber bewaffnete Streitkräfte einem Volke die Demokratie rauben wollen, ist ihre Abwehr mit allen zweckdienlichen

Mitteln nicht nur das Recht, sondern die Pflicht des arbeitenden Volkes.«[110] — in keiner Hinsicht bereits als Preisgabe des »sozialistische(n) Endziel(s)« gedacht, das als »der vollkommenste Pazifismus« vorgestellt wurde.[111]

Die heutige sozialistische Wehrethik, so wie sie im Rahmen des Warschauer Pakts vertreten wird, versteht sich ganz als integrierter Teil des Marxismus-Leninismus. Das freiheitlich-demokratische Wehrverständnis der sozialdemokratischen Tradition kann darin, auch nicht ansatzweise, eine Rolle spielen. Die Zielvorstellung, die die wehrethischen Erörterungen bestimmt, läßt sich vielmehr an folgender Aussage ablesen:

»Die außergewöhnlich komplizierten Aufgaben, die zu lösen sind, um die ständige Gefechtsbereitschaft zu sichern und jeden Aggressor schlagen zu können, stellen höchste Anforderungen an die geistigen Kräfte der Soldaten. Dieses rapide Anwachsen der Anforderungen an die Armeeangehörigen, die Suche nach Wegen und Methoden, um die Effektivität der politisch-moralischen und psychischen Vorbereitung der Truppen zu erhöhen, und auch die entscheidenden Veränderungen in der sozialen und sittlichen Sphäre des Menschen in Uniform sind die Ursache für die neuerdings wachsenden Interessen an den Problemen der Wehrethik und für das Bestreben, Platz und Rolle der ethischen Mittel bei der militärischen Erziehung zu bestimmen. Die Wehrethik stützt sich auf die methodologischen Schlußfolgerungen der marxistisch-leninistischen Lehre vom Krieg und von der Armee.«[112]

Es sind im wesentlichen drei Funktionen, die, nach der obigen Aussage, von der sozialistischen Wehrethik auszuüben sind:

- die Einhaltung des durch den Marxismus-Leninismus festgesetzten weltanschaulichen Rahmenbezuges;
- die Reduzierung der durch die spätneuzeitlichen Probleme entstandenen Komplexität in der Frage nach den Aufgaben des Soldaten überhaupt;
- die Motivierung des Soldaten im Sinne der Verwirklichung der von Lenin und der Partei vorgezeichneten militärpolitischen Ziele.

Dieser funktionale Bezug im Hinblick auf die »Effektivität der Vorbereitung der Truppe« kommt dort unverstellt zum Vorschein, wo die Wehrethik als Entfaltung der »allgemeinen Prinzipien und Normen der kommunistischen Moral, angewandt auf die differenzierten Tätigkeiten der Armeeangehörigen zum Schutz des Sozialismus« begriffen wird.[113]

Als allgemeines wissenschaftlich-methodisches Forschungsgebiet wird für diesen Sonderbereich der Ethik das »Moralbewußtsein der Soldaten, ihre sittlichen Beziehungen und die Gesetzmäßigkeit ihrer Herausbildung«[114] angegeben. Das spezielle Augenmerk richtet sich allerdings auf »das moralische Verhalten im Gefecht«.[115]

Für die Wehrethik wird schließlich auch Eigenständigkeit insoweit in Anspruch genommen, als sie den Anwendungsfall der marxistisch-kommunistischen Ethik »im Bereich des bewaffneten Schutzes der UdSSR und der ganzen sozialistischen Gemeinschaft«[116] darstellt.

Das »Ethos des sozialistischen Soldaten«[117] bildet den umfassenden Gegenstand der Wehrethik. Sie begründet, entfaltet und gibt Anregungen zur praktisch-erzieherischen Vermittlung dieses Ethos.[118] Dies wird als ein konkreter Beitrag zur Entwicklung von Kampfeigenschaften der Soldaten, zur Stabilisierung ihrer ideologischen Festigkeit, zur Förderung ihrer Disziplin und überhaupt ihrer »militärische(n) Meisterschaft« betrachtet.[119]

Die Grundfrage freilich, die spätestens seit den Napoleonischen Kriegen auch das Militär in zunehmendem Maße beschäftigte, nämlich die nach dem Verhältnis von politischer Freiheit und dem Dienst des Soldaten, tritt in der marxistisch-leninistischen Wehrethik fast völlig zurück. Die schon bei Lenin deutlich gewordene Tendenz, die politische Freiheit an die Zukunft der sozialistischen Gesellschaft zu koppeln, wirkt in der Wehrethik verstärkt nach. Von Freiheit wird demzufolge nur in der eingeschränkten Form gesprochen, daß sich der Mensch nur dort als frei zu begreifen vermag, wo »er die ihm übertragene gesellschaftliche Notwendigkeit (gewissenhaft zu arbeiten, seine Pflicht zu erfüllen, Verantwortung zu zeigen) nicht als äußeren Zwang, sondern als inneres Bedürfnis versteht«.[120]

Was mit dieser Bedingung aber eigentlich zum Ausdruck gebracht wird, daß ist die Einheit von Freiheit und Gehorsam im **richtigen** gesellschaftlichen Bewußtsein. In ihm liegt die Ermöglichung dafür, daß die Freiheit im sozialistischen Gehorsam ihre Erfüllung findet. Die »Fähigkeit, sich den gesellschaftlichen Anforderungen und Pflichten unterzuordnen«, kann darum letztlich als »Kennzeichen für die sittliche Freiheit des Menschen« gewertet werden.[121] Die Ausbildung dieser Fähigkeit und die Entwicklung der Persönlichkeit fallen dann auch schließlich in eins, so daß von der Persönlichkeit gesagt werden kann, sie habe dann »höhere Stufen der sittlichen Freiheit erreicht, wenn sie aktiv, zielstrebig und bewußt handelt, wenn es zu ihrem inneren Bedürfnis geworden ist, ihr Handeln der objektiven Notwendigkeit unterzuordnen«.[122]

Sinnstiftung durch den Dienst an der Freiheit

Die in den letzten 200 Jahren unüberhörbar gewordene Frage: was es mit dem Soldatsein überhaupt auf sich habe, kann in der sozialistischen Wehrethik sicherlich nicht als zureichend beantwortet angesehen werden. Zu stark treffen hier der eigentlich längst als überwunden geltende Machtgesichtspunkt und mit ihm verbunden eine rigide Auffassung von Partei- und Staatsräson in den Vordergrund, die den Soldaten doch wieder nur zu einem Faktor im Machtinstrument selbst machen. Die wissenschaftlichen Entdeckungen des 20. Jahrhunderts und deren Wirkungen auf die Wehrtechnik haben zudem neue Probleme und Fragen in bezug auf den Vollzug der soldatischen Existenz geweckt. Sich daher mit ihrem Sinn auseinanderzusetzen, bleibt die unabweisbare Aufgabe. Die formale Struktur des Sinnes war bereits Gegenstand einer Erörterung. Jetzt kommt es darauf an, sich dieser Aufgabe unter der Fragestellung erneut zuzuwenden, in welcher Richtung eine Antwort gesucht werden kann, die eine, auf den Soldaten bezogene, inhaltliche Ausfüllung des formalen Rahmens erlaubt.

Es ist deutlich, daß eine solche Antwort nur aus dem Bemühen hervorgehen kann, die Tiefe nicht zu verfehlen, welche die Überlegungen zur Sinnproblematik aufgedeckt haben. Es ist aber auch mehr als fraglich, ob man ihrer bereits ansichtig wird, wenn die soldatische Existenz in der Sprache der Funktionalität ausgelegt wird, wie es im Westen weitgehend der Fall ist. Denn die Funktionalität stellt allenfalls etwas Sinnhaftes dar, das seinerseits wieder auf ein Sinngebendes verweist, aber sie ist nicht der Sinngrund. Wir müssen darum noch einmal ausdrücklich die Frage wiederholen: Was gibt der soldatischen Existenz ihren Sinn?

Das in der sozialistischen Wehrethik hervortretende, problematische Freiheitsverständnis bildet nun eine vorzügliche Gelegenheit, den Zugang zur Beantwortung dieser Frage erneut bei dem Freiheitsthema zu suchen.

Gerade die Behandlung dieses Themas durch die sozialistische Wehrethik läßt ein Problem in den Vordergrund treten, das in den beiden letzten Jahrhunderten immer wieder eine besondere Rolle gespielt hat.[123] Es rührt daher, daß stets aufs Neue der Versuch gemacht worden ist, Freiheit und Gehorsam, Autonomie und Heteronomie auf dem Boden der praktischen Vernunft zu vereinen. Insofern atmet die sozialistische Wehrethik noch den Geist dieser europäischen Vermittlungsbemühung. Doch den Unterschied zwischen dem **Gesetz der Vernunft**, unter welchem Fichte die Freiheit zum Selbstsein und zur Selbsttätigkeit verstand, und den auf dem Boden des Marxismus-Leninis-

mus formulierten Gesetzen wird man trotzdem im Auge zu behalten haben. Denn das **Gesetz der Vernunft** meinte den freien Menschen, der frei seine Welt schafft. Die Gesetze des Marxismus-Leninismus meinen hingegen eine Form der Gesellschaft, die den ihr entsprechenden Menschen schafft.
Es läßt sich allerdings ebensowenig übersehen, daß die Geschichte der Vermittlung von Freiheit und Gehorsam immer auch die Geschichte ihres Mißlingens ist. Die angestrebte Einheit von Freiheit und Gehorsam zerbrach noch stets. Damit trat auch die Gefahr hervor, das Zugleich von Freiheit und Gehorsam hinter ein Entweder-Oder zurücktreten zu lassen und die Milderung des schroffen Gegensatzes einer Dialektik zu überlassen, wie z.B. derjenigen, die sich in der bekannten **Einsicht in die Notwendigkeit** ihren Ausdruck gibt.
Die Beziehung zwischen Freiheit und Gehorsam ist offensichtlich differenzierter und spannungsvoller, als es die historischen Modelle ihrer Vermittlung erscheinen lassen. Indem die Freiheit in den Gehorsam aufgehoben wird, verliert der Gehorsam selber in der ihn ausübenden Person Richtung und Sinn. Die Person selbst gerät dadurch in die Gefahr, zum bloßen Instrument für etwas gemacht zu werden, über das mitzuentscheiden und es darum auch verantworten zu können, ihr schon nicht mehr obliegt. Es sind die **wissenschaftlichen** Gesetzmäßigkeiten, in der Politik u.a., die ihr das im Grunde abgenommen haben. Freiheit gibt es dann allenfalls noch als Unterordnung unter diese Gesetzmäßigkeiten, und Rationalität bleibt auf den Vollzug der von ihnen vorgezeichneten Handlungen beschränkt. Freiheit indessen, die selbst noch die Wahl zwischen Vollzug und Nichtvollzug besitzt, gibt es nicht mehr. Sie ist nur noch die »Fähigkeit sich so zu verhalten, wie es der gesellschaftlichen Notwendigkeit entspricht, die zu verwirklichen das Individuum in der Lage ist.«[124] Der Ausdruck **gesellschaftliche Notwendigkeit** aber ist austauschbar. Er kann beispielsweise auch durch **technischer Fortschritt** oder **innovative Notwendigkeit** ersetzt werden.
Betrachtet man indessen die Freiheit nicht ausschließlich als Folge sozialer Verhältnisse, sondern vor allem auch als grundlegende Voraussetzung für die Gestaltung des mitmenschlichen Lebenszusammenhangs, und versteht man den Gehorsam als Konzentration von Handlungsenergien, durch die Freiheit in der Gesellschaft als deren Gestaltungsvoraussetzung wirksam wird, dann kann der Gehorsam nur als Dienst der Freiheit begriffen werden. Konkret bedeutet dies allerdings auch, daß dieser Dienst den Kampf gegen Unfreiheit in ihren vielen Spielarten miteinschließt.
In einem umgreifenden Sinn ist darum Gehorsam eine Verpflichtung gegenüber der Ordnung der Freiheit in Staat und Gesellschaft. Umfang und Ziel

richtung des von staatlichen oder gesellschaftlichen Institutionen eingeforderten Gehorsams bestimmen sich nach dem Maß, in dem solche Institutionen selber Einrichtungen der Freiheit sind.[125]
Die Frage nach dem Sinn der soldatischen Existenz findet in dem Zusammenhang von Freiheit und Gehorsam eine Beantwortung. Das, was dieser Existenz ihren objektiven Sinn verleiht, was sie verstehbar werden läßt und was sie rechtfertigt und fraglos macht — kurz: was sie sinnhaft werden läßt —, läßt sich als Dienst der Freiheit begreifen.
Von dieser Sinnhaftigkeit fällt dann auch ein Licht auf das Ethos des Soldaten. Es erhält als »Dienst am *Gesamtwohl* und am *Nächsten* unter persönlicher *Verantwortung* des *Einzelnen* gegenüber dem Mitmenschen bei Freund und Feind« seine nähere Kennzeichnung.[126] Darin liegt zweifellos, daß dieses Ethos in einem größeren Zusammenhang zu sehen ist, als es in seiner Beschränkung auf eine individualistische Tugendlehre schon zum Ausdruck kommt. Es ist gar nicht zu bestreiten, daß das soldatische Ethos auch Tugenden umgreift. Dazu gehören Gehorsam, Tapferkeit, Sachlichkeit und mitmenschlich orientierte Ritterlichkeit.[127] Aber es geht darin ebensowenig auf, wie eine bloße Einschränkung auf Kämpfertum und Kampfmoral ihm bereits angemessen wäre.[128] Daß das Soldatsein auch das Kämpfen miteinschließt, ist eine notwendige Folge. Die Frage ist indessen nur, ob sich darin das Ethos erschöpft. Täte es das, dann entstünde die Gefahr, daß es lediglich zu einem Motivationsinstrument würde, mittels dessen Kampfgeist erzeugt oder das Grauen eines bewaffneten Konflikts überspielt werden sollen. Logisch kann zudem etwas, was sinnhaft ist, nicht schon selbst das Sinngebende sein, sondern, wie zuvor gezeigt wurde, immer nur darauf verweisen.
Es sind die historischen Wandlungen im Verhältnis von Militär und Gesellschaft, die das Ethos des Soldaten in jene neuen, übergreifenden Zusammenhänge gestellt haben, so daß es seine Rolle als Manifestation eines im Grunde rein elitären Berufsverständnisses verloren hat. Die Formel vom »Bürger in Uniform« hat diesen Wandel auszudrücken versucht, ohne daß darin liegende Forderungen bereits in jedem Fall und immer zureichend erfüllt worden wären. Gerechterweise muß allerdings hinzugefügt werden, daß es auch äußerst schwierig ist, ihnen genüge zu tun. Denn die Voraussetzung dafür ist ein Umdenkungsprozeß, durch den ein Jahrhunderte alter Dualismus zugunsten einer flexibleren, auf Zusammenwirken gerichteten Sichtweise abgelöst werden kann. Dieser Dualismus findet seinen Niederschlag darin, daß die Garantie der äußeren Sicherheit und damit einer, von außen nicht durch gewaltsame Aktionen beeinflußten politischen, wirtschaftlichen, sozialen

und kulturellen Selbstbestimmung für eine selbstverständliche Aufgabe des Staates angesehen wird, während dabei gleichzeitig derselbe Staat etwas Fremdes, nicht zu meiner eigenen Sache Gehöriges bleibt. Solange sich das aber nicht grundlegend ändert, solange demzufolge der Staat nicht auch zur je eigenen Sache wird, muß auch die Bewahrung seiner nationalen Integrität und der politischen Selbstbestimmung immer wieder als etwas erscheinen, das außerhalb der je eigenen Verantwortung liegt.

Dieses zur je eigenen Sache-Werden des Staates ist der Inhalt eines Grundkonsens, ohne den eine freie demokratische Gesellschaft nicht zu verwirklichen ist. »Sie ist unmöglich, wenn die verschiedenen Formen des Consensus nicht stark genug sind, um die Einheit und Festigkeit des Gemeinwesens trotz des freien Spiels von konkurrierenden Ideen und Kräften zu gewährleisten.«[129] Eine »für traditionale und demokratische Gemeinwesen in gleichem Maße« notwendige Form des »Consensus« ist das »Gefühl der Verbundenheit mit dem Gemeinwesen« und das »Vertrauen, daß die Regierung oder der Staat der legitime Sprecher des Gemeinwesens ist.«[130] Diese Verbundenheit mit dem freiheitlich-demokratischen Staat ist ein weiteres Moment, das der soldatischen Existenz Sinnhaftigkeit verleiht. Fehlt sie, dann kann die soldatische Existenz unter diesem Aspekt günstigenfalls damit rechnen, entweder innerhalb individueller Lebensentwürfe im Sinne einer spezifischen Professionalität oder als bloße Zugehörigkeit zu einer außerhalb politischer Verantwortungsbezüge stehenden Institution als sinnhaft anerkannt zu werden.

Der Schlüssel für die Lösung der aus den historischen Wandlungen sich ergebenden Probleme zwischen Militär und Gesellschaft, zwischen soldatischer und staatsbürgerlicher Existenz liegt aber gerade im politischen Ethos der Staatsbürger. Ohne dieses kann es in letzter Konsequenz auch kein soldatisches Ethos geben, das insbesondere der nach dem Zweiten Weltkrieg entstandenen Lage — auch in den internationalen Beziehungen — gerecht würde. Insofern signalisiert diese Lage und vor allem das aus ihr hervorgegangene demokratische Gemeinwesen einen totalen Wechsel. Es ist nicht mehr, wie teilweise in den traditionalen Gesellschaften vergangener Jahrhunderte, das soldatische Ethos, das über militärische Vorstellungen und ihre Vermittlungsmechanismen das politische Ethos formt und bestimmt, sondern es ist jetzt das demokratisch-politische Ethos, das seinen bestimmenden Einfluß auf das soldatische geltend macht.

Dieser Sachverhalt wurde schon in den frühen 20er Jahren unseres Jahrhunderts erkennbar, wenn vom Ende des Militarismus gesprochen wurde[131],

obwohl sich damals die Konsequenzen noch nicht in der Radikalität zu erkennen gaben, die sie im letzten Viertel des 20. Jahrhunderts bekommen haben. Es verdient in diesem Zusammenhang aber auch ein Gedankengang wieder in die Erinnerung gerufen zu werden, der in einem zunächst völlig gegensätzlichen Kontext entwickelt wurde und der doch in besonders eindringlicher, wenn auch indirekter Weise bestätigt, daß das politische Ethos das soldatische einschließt und sich demzufolge nicht prinzipiell gegensätzlich zu ihm verhält. Gemeint sind die Erwägungen, die *William James* bereits 1910 in seinem Aufsatz: »The Moral Equivalent of War« angestellt hat, der zu einer inspirierenden Quelle für einen reflektierten Pazifismus wurde.[132]
James geht durchaus von der Grundannahme aus, daß sich soldatisches Ethos und politisches Ethos auch in einem Staatswesen miteinander verbinden müssen, das sich nach aufgeklärten und reflektierten pazifistischen Grundsätzen organisiert und — besonders auch in den internationalen Beziehungen — richtet. Auf dem Hintergrund einer subtilen Kritik des naiven und unreflektierten Pazifismus seiner Zeit gesteht er allerdings ein, daß auch seine Hoffnung auf die Herrschaft des Friedens und auf die schrittweise Verwirklichung einer Art sozialistischen Gesellschaft genauso utopisch sind wie die Erwartung, daß Krieg durch seine eigene Monstrosität absurd und unmöglich wird.[133]
Aber so direkt sich James als Mitglied der **antimilitaristischen Partei** verstand, so wenig war er bereit, seinen Realismus preiszugeben. Er nötigte ihn anzuerkennen: Frieden wird auf dieser Erde nicht sein, bevor nicht auch friedlich organisierte Staaten einige Elemente der soldatischen Disziplin bewahren. Eine dauerhaft erfolgreiche Friedenswirtschaft kann nicht einfach eine nur Freude auslösende Wirtschaft sein. Auch in einer mehr oder weniger sozialistischen Zukunft, der die Menschheit entgegenzutreiben scheint, müssen wir uns selbst gemeinschaftlich solchen Härten unterwerfen, die unserer wirklichen Position auf diesem nur teilweise gastfreundlichen Globus entsprechen. Wir müssen vielmehr durch neue Anstrengungen und Kühnheit jene Mannhaftigkeit bewahren, die in wahrer soldatischer Gesinnung ihren Grund hat.[134]
Da auch nicht von Ferne angenommen werden darf, daß William James, gleichsam durch die Hintertür, erneut einen Militarismus einführen wollte, kann man seine Aussage nur so verstehen, daß er darauf hinweisen wollte, welche Bedeutung dem Anteil des soldatischen Ethos im politischen Ethos trotz aller pazifistischen Kritik unter den kontingenten Bedingungen zukommt, unter denen sich alles staatliche Wirken vollzieht. Für ein auf die

Eigenständigkeit des Militärs bedachtes Denken allerdings, das zudem der Differenz von Militär und Gesellschaft den Vorzug gibt, um jedweder zivilen Überfremdung von vornherein zu wehren[135], muß es sich dabei um einen nur schwer zu akzeptierenden Wandel handeln.

Für die nähere Kennzeichnung des politischen Ethos indessen ist es wesentlich zu erkennen, daß es auf eben den gleichen sinngebenden Grund weist, der auch für die soldatische Existenz als sie sinnhaftig machend angegeben werden konnte. Es ist die Freiheit, die als entscheidende Voraussetzung in der Gestaltung des demokratischen Gemeinwesens zur Geltung kommen will. Das politische Ethos findet dann seinen besonderen Ausdruck in einem, von den Prinzipien der Wahrheit, der Gerechtigkeit, der Solidarität und den des friedlichen Ausgleichs von Interessengegensätzen geleiteten, verantwortlichen Handelns. Aber darin schließt es eben immer auch das Vermögen ein, das soldatische Ethos aus sich zu entwickeln. Denn die Gestaltung des politischen Gemeinwesens in freier Selbstbestimmung zu wollen, muß notwendigerweise auch die Behinderung oder gar das Nichtzulassen ihrer Verwirklichung durch Gewaltanwendung von außen nicht wollen. Darin liegt die Notwendigkeit ebenso wie der Ermöglichungsgrund für die soldatische Existenz.

Trotz alledem läßt sich aber nicht übersehen, daß der historische Wandel, der die Beziehungen zwischen Gesellschaft und Militär so nachhaltig in den letzten 200 Jahren verändert hat, eine Relativierung der Stellung des Militärs im Gefolge gehabt hat: Es ist keineswegs mehr der einzige, Sicherheit verbürgende Faktor — wenngleich auch ein unerläßlicher. Daneben haben sich zunehmend noch andere Faktoren herausgebildet. Unter ihnen spielen internationale zwischenstaatliche Beziehungen ebenso eine hervorragende Rolle, wie wirtschaftliche. Alle diese Faktoren, in gegenseitigem, unterstützendem Zusammenwirken, dienen dem einen Ziel, Frieden zu bewahren und zu fördern, um die dramatischste Form der Gewaltanwendung von außen, den Krieg, ebenso abzuwehren, wie die subtileren Formen der Gewalt: die politische Erpressung durch Vernichtungsandrohung, mittels derer der Vollzug der Selbstbestimmung eingegrenzt und in eine, dem Drohenden genehme Richtung gelenkt werden soll.[136]

In alledem liegen die Gründe, warum das soldatische Ethos heute in Dimensionen weist, die in seinem traditionellen Verständnis wenig oder überhaupt nicht mitbedacht worden sind. Es läßt sich aber nicht auf einen bloßen, lediglich im System **Militär** angesiedelten **funktionalen** Aspekt einschränken. Weil dieses Ethos vielmehr im Gefolge der historischen Entwicklung der

Neuzeit nicht mehr nur *neben* dem politischen Ethos in einem freiheitlich-demokratischen Gemeinwesen sein Dasein führt, sondern rechtverstanden *in* diesem wurzelt. Auch wenn historische Ereignisse, wie vor allem in der Restaurationsepoche des 19. Jahrhunderts und in den Diktaturen des 20., diesen Sachverhalt bisweilen zu verdunkeln drohten, müssen sich das politische Ethos und seine Probleme in ihm widerspiegeln. Das funktionale Element im Dasein des Soldaten erhält erst in diesem Kontext seine Sinnhaftigkeit. Es muß demzufolge geradezu das Bestreben des soldatischen Ethos sein, dieses Element nicht aus demjenigen Sinnzusammenhang herausfallen zu lassen, in dem die soldatische Existenz jetzt ihre Rechtfertigung und Fraglosmachung erfährt. Dies würde aber dort der Fall sein, wo das System **Militär** zu jener egoistischen Selbstzwecklichkeit degenierte, die sich als ein Gefahrenmoment praktischer Anwendung der Systemtheorie herausstellte.

Der Versuch, soldatische Existenz in der Theorie der Freiheit zu begründen und die Freiheit selbst als deren sinnstiftenden Grund sichtbar zu machen, verlangt noch eine kritische Schlußbetrachtung. Denn, um es überhaupt zu formulieren, was verhindert, daß man nicht von einer Chimäre spricht?

Wendet man sich empirischen Sachverhalten zu, dann scheint doch alles für eine äußerst skeptische Betrachtungsweise realer Freiheitsmöglichkeiten zu sprechen. Hier scheinen in der Tat nicht nur Wahl, Selbstbestimmung und Spielraum als Attribute der Freiheit unzureichend gegeben zu sein, sondern hier scheinen vor allem Festlegungen der Einstellungen und Haltungen nicht zuletzt durch Anwendung wissenschaftlich begründeter Beeinflussungstechniken zu dominieren. Dieser eigentümliche Widerspruch zwischen behaupteter Freiheit und realer Determiniertheit zwischen erstrebter Freiheit und produzierter Unfreiheit hat immer wieder zur Kritik der spätneuzeitlichen Lebenswelt herausgefordert.

Die Entfremdungssituation des Menschen und die eindimensionale Enge seines Daseins in der wissenschaftlich-technischen Zivilisation wurden so zu bevorzugten Themen zeit- und gesellschaftskritischer Analysen. Es ließ sich nicht mehr übersehen, daß die Freiheit januskopfig geworden war. In eigentümlicher Verschränkung erscheint die Freiheit als Unfreiheit und die Unfreiheit als Freiheit, je nachdem, von welchem Bezugspunkt her man sie betrachtet.

Darüber hinaus jedoch bricht sich die Erkenntnis Bahn, daß Freiheit alles andere als ein gesicherter Besitz ist. Mit wissenschaftlichen Methoden kann man ihrer ebensowenig habhaft werden wie mit ideologischen Denkweisen und daraus abgeleiteter revolutionärer oder utopisch orientierter Praxis. Sie bleibt, worauf Kant schon nachdrücklich hingewiesen hat, ein Postulat der praktischen Vernunft, das sich im Handeln seinen Ausdruck gibt. Es steht im Zusammenhang eines Freiheitsbewußtseins, das sich aber unter dem Anspruch, die Welt lückenlos kausal erklären zu wollen, nicht mehr in seiner Eigenart erkennen läßt und darum außer acht gelassen wird.[137]

Die entscheidende Frage muß darum jetzt lauten: Auf welche Weise kann der Mensch inmitten verwirrender und verunsichernder Erfahrungen der Freiheit gewiß werden? Die Antwort darauf weist in eine Richtung, die sich nach einer dramatischen Geschichte des Geistes in den letzten 100 Jahren als offenkundig nicht oder nur wenig beachtete Möglichkeit jetzt wieder herauskristallisiert: die religiöse Dimension der Freiheit.

Die christliche Tradition, der die Entstehung der Moderne entscheidende Antriebe verdankt, hat die Erfahrung bewahrt, daß Sein und Freiheit des Menschen ihren transzendenten Grund in Gott haben. Beides verdankt sich folglich nicht menschlicher Leistung. Vielmehr hat besonders die reformatorische Rechtfertigungslehre Freiheit als Geschenk verstehen gelehrt und ihre Erfahrung als Befreiung von dem Zwang begriffen, etwas herstellen zu müssen, was menschliches Vermögen offenbar übersteigt. Paradoxerweise ist in dieser Sicht der im Glauben seiner Abhängigkeit von Gott innewerdende Mensch, den das moderne Selbstverständnis nur als Unfreien begreifen kann, der wirklich Freie. Darum vermag er sich gerade auch in seinem Scheitern an einem, dem Geschenk der Freiheit entsprechenden Leben zu bejahen, weil er trotz allen Unvermögens der ihn bejahenden Gnade Gottes gewiß sein kann.[138]

Im Gegensatz zu den neuzeitlichen Versuchen, Freiheit verfügbar zu machen und sie damit in ihrer wesenhaften Unverfügbarkeit zu verletzen, in dem sie letztlich zum Freibrief für einen oft von vordergründigen Zwecken geleiteten Umgang mit Mensch und Natur, mit Wissenschaft und Technik, Politik und Wirtschaft degradiert wurde, ist mit der Anerkennung ihrer religiösen Dimension auch immer das Wissen um ihre Verletzlichkeit und Verlierbarkeit verbunden gewesen. Aus diesem Grunde hat der christliche Glaube stets die Pflicht empfunden, der Versuchung zu widerstehen, Freiheit in Besitz zu nehmen, obwohl die Kirchengeschichte voll von Beispielen eklatanter Pflichtverletzungen ist. Die Einsicht des Glaubens wurde dadurch jedoch nicht widerlegt, sondern es wurde nur um so stärker daran festgehalten, daß durch das Evangelium, das freisprechende Wort Gottes allein die verlorene oder beschädigte Freiheit wiedergefunden und geheilt wird.

Entscheidend ist darüber hinaus allerdings, welche Brücken von der Freiheit des Glaubens zum Leben in der Welt und den daraus erwachsenden Problemen geschlagen werden können. Vermag die religiöse Erfahrung Hilfen zum Erkennen und Verstehen der Lage des Menschen in der Welt unter jeweiligen geschichtlichen Bedingungen zu leisten? Sind daraus Einsichten abzuleiten, die erkennbaren Schwächen und Gefährdungen in der heutigen Lebeswelt gegenüber zum Entwurf von Modellen gelungeneren Lebens führen können? In der gegenwärtigen Situation steht der aus der Freiheit des Glaubens hervorgehende Dienst am Recht des Mitmenschen im Mittelpunkt der Diskussion. Es ist von zentraler Bedeutung, wenn in diesem Zusammenhang von der Leistung des Glaubens gesagt wird, daß er »die Freiheit« gäbe, »das Notwendige und Richtige zu wählen, sich sachlich zu verhalten«, und daß er »als den obersten Leitgesichtspunkt dieser Sachlichkeit die Liebe« geltend mache.[139]

Der der Freiheit im Glauben gewisse Mensch hört also nicht auf, **Weltperson** zu sein. Auch wenn er, was Kritiker diesem Freiheitsverständnis immer wieder vorgeworfen haben, Freiheit nicht als Resultat seiner Arbeit zu begreifen vermag, in der er sich selbst verwirklicht, steht er nicht außerhalb der Welt und der Geschichte. Welt als begrenzte, unabgeschlossene, stets geschichtlichen Veränderungen unterworfene Bedingung für den konkreten Vollzug menschlicher Existenz bleibt das Feld seines Handelns. Aber dessen Sinn empfängt er von dem freimachenden Evangelium. Es läßt begreifen, daß menschliches Handeln das hervorbringen soll, was lebensdienlich und nicht lebensfeindlich ist. Der Sinn eines so aus der Freiheit hervorgehenden Dienstes würde jedoch verfehlt, wenn er wieder vom Recht des Lebens abstrahiert und anonymen Größen wie Herrschaftsausübung und Machtentfaltung sowie deren politischen oder ökonomischen Zwecken unterworfen würde. Die Freiheit des Glaubens weist so die gestaltende und ordnende Vernunft auf Wege, die durchaus in Gegensatz zu etablierten Handlungsmaximen treten können. Aber sie gestattet trotz allem keine moralische Überheblichkeit, sondern ihrer Erfahrung entspringt zugleich das Wissen, daß ein Handeln aus der Freiheit des Glaubens notwendigerweise immer ein vergebungsbedürftiges Handeln bleibt.

5. Bildung und Ethos

Die Freiheitsproblematik auf dem Hintergrund der wissenschaftlich-technischen Zivilisation

Das folgende Kapitel soll diese Studie abschließen. Ihr Gegenstand ist ja die Frage nach dem Ort soldatischer Existenz in sozialethischer Perspektive. Bisher hatte sich ergeben, daß dieser Ort nicht außerhalb jener Bewegung gesucht werden kann, durch die sich das Prinzip der Freiheit zur unantastbaren und unwiderrufbaren Geltung in der Neuzeit gebracht hat. Die Umsetzung dieses Prinzips in die Wirklichkeit aber ist die Aufgabe verantwortlichen Lebens, wie es z.B. *Dietrich Bonhoeffer* vor Augen gehabt hat.[1] Die Weise ihrer Wahrnehmung bestimmt die Qualität des politischen Ethos. Die bisherigen Überlegungen ließen es nur als konsequent erscheinen, auch die soldatische Existenz in die Erfüllung dieser Aufgabe für das geschichtliche Handeln der Menschen einzubeziehen, dessen Ziel eben darin besteht, das Prinzip der Freiheit durchsetzen zu helfen. Das politische Ethos kann aber in der soldatischen Existenz nur seinen Ausdruck nach der Seite hin erhalten, daß sie sich selbst als ein jenes Durchsetzen schützendes Dasein begreift. Das Wesen der soldatischen Existenz müßte hingegen verfehlt werden, wo sie zum Instrument der gewaltsamen, offensiven Durchsetzung einer bestimmten Freiheitsvorstellung gemacht werden sollte. Denn eine solche Weise der Durchsetzung gerät zwangsläufig in den Dunstkreis jener Dialektik, die aus daraus erwachsender Unfreiheit Befreiung zu machen trachtet, aber das Prinzip der Freiheit bereits verletzt oder gar außer Kraft gesetzt hat.

Mit der bloßen Feststellung jedoch, daß die soldatische Existenz Teil der politischen ist, daß folglich auch durch sie Verantwortung gegenüber der geschichtlichen Aufgabe, in einer allerdings spezifischen Weise, wahrgenommen wird, ist es noch nicht getan. Es muß jetzt auch danach gefragt werden, welche Voraussetzungen dafür erfüllt sein müssen. Damit eröffnet sich aber nur erneut, wenn auch in einer bestimmten Perspektive, das Problemfeld von Bildung und Ethos, das über den unmittelbaren Bezug zur Existenz des Soldaten hinaus eine zunehmende Bedeutung für die Gesellschaft der Gegenwart überhaupt besitzt. Ihm gelten die folgenden Erörterungen.

Wir lassen sie mit der Analyse einer Erfahrung beginnen, die gleichfalls unser Verhältnis zu der neuzeitlichen Lebenswelt bestimmt. Hierbei handelt es sich jedoch nicht um eine Einsicht, zu der man erst heute gelangt ist. Vielmehr ist das Denken der letzten 200 Jahre in besonders nachhaltiger Weise von einem Gegensatz begleitet gewesen. Es läßt sich darum auch annehmen, daß eine Betrachtung historischer Versuche seiner Bewältigung Anregungen und Hinweise für die Gegenwart zu erschließen vermag, in welcher Richtung Problemlösungen gesucht werden können. Wir beschränken uns hierbei allerdings auf Stimmen, die sich in der ersten Hälfte unseres Jahrhunderts auf diesem Felde zu Gehör brachten.

Die hier zur Geltung gelangende Erfahrung kann präzise als ein Gewahrwerden jenes eigentümlichen und immer wieder irritierenden Sachverhalts begriffen werden, daß der politischen Durchsetzung des Prinzips der Freiheit im staatlichen und gesellschaftlichen Bereich nicht in gleicher Weise auch schon die Verwirklichung des Selbstseins des Menschen entspricht. Vielmehr wird die Lage, in der sich der Mensch in der gegenwärtigen Welt vorfindet, geradezu als von einem Gegensatz beherrscht gesehen. Er läßt sich so kennzeichnen, daß auf der einen Seite die ständige Ausweitung von Möglichkeiten steht, in die Wirklichkeit, bis hinein in den Mikrobereich, Eingriffe vorzunehmen oder sogar ganz neue Wirklichkeiten zu schaffen, während auf der anderen Seite sich die Möglichkeiten für den Menschen zunehmend verringern, überhaupt zu seinem Selbstsein zu gelangen. Offenbar kommt der Mensch auch erst durch einen primären Freiheitsverzicht in den Genuß von Annehmlichkeiten, die von der Technik und der Politik bereitgehalten werden. Aber unter den Bedingungen der von Wissenschaft und Technik bestimmten Gegenwart nimmt dieser Verzicht jetzt eine völlig andere Wendung. Es geht gar nicht mehr darum, unter Verzicht auf ein unmittelbares Selbstsein den von Wissenschaft und Technik gebotenen Rahmen für den Daseinsgenuß nach allen Möglichkeiten zu nutzen, sondern es geht darum, Freiheit geradezu auch als die Grundbedingung für ein Abstandnehmenkönnen von der Nutzung solcher Möglichkeiten um jeden Preis zu begreifen. Insofern ist das, was im folgenden aufgewiesen werden soll, prinzipiell von einer Sicht unterschieden, wie sie mit der Theorie vom »cultural lag« ausgedrückt werden sollte. Dieser Theorie liegt ein Anpassungsmotiv an den vermeintlichen Fortschritt zugrunde. Doch es geht längst nicht mehr um die Frage, wie der Mensch den technischen Möglichkeiten angepaßt werden kann, sondern wie er das Vermögen entwickelt, unter technischen Möglichkeiten die Wahl so zu treffen, daß absehbare negative Folgewirkungen weit-

gehend vermieden werden können. Gerade in dieser Hinsicht ist es darum unerläßlich, endlich den Gedanken zu revidieren, daß in einer letzten Beziehung alles — auch das Negative — dem Menschen und seiner Entwicklung dienstbar sein muß. Angesichts der bestehenden Vernichtungspotentiale wird er geradezu absurd.
Bereits diese knappen Hinweise machen deutlich, daß hier in ungleich weiterem Horizont von Bildung zu sprechen ist als dem, der durch die bloßen Verwendungszusammenhänge bestimmt ist, die gewisse Vor-bildungen (Aus-bildungen) erfordern. Der Bildungsbegriff in diesem weiteren Sinn schließt die Wandlung des menschlichen Selbstverständnisses auf dem Hintergrund eines verstehenden Durchdringens der Lage des Menschen in der von ihm verwalteten Welt ein.

Kritik der Zivilisationsentwicklung

Im Jahre 1911 ist *Georg Simmel* im Rahmen kulturphilosophischer Überlegungen auf den erwähnten Gegensatz eingegangen.[2] Er läßt ihn aus der Subjekt-Objekt-Problematik hervorgehen. Der menschliche Geist wird in der geschichtlichen Welt gegenständlich. Er gibt sich als frei Entwerfender darin seinen Ausdruck. Aber diese Vergegenständlichung setzt sich von dem sie schaffenden Subjekt ab und kehrt dabei das Verhältnis um. Das Subjekt wird jetzt zum Objekt, »der Mensch wird . . . der bloße Träger des Zwanges . . .«[3] Diese Verkehrung, die ja zugleich auch anzeigt, daß eine Selbstverwirklichung nicht gelingt, sieht Simmel bereits in der Verfassung des Menschen gegründet. An ihm vollzieht sich »ein Schicksal . . ., das in ihm selbst angelegt und sozusagen die logische Entwicklung eben der Struktur ist, mit der das Wesen seine eigene Positivität aufgebaut hat«.[4] Unter Positivität aber ist etwas durchaus Negatives zu verstehen, nämlich daß etwas gesetzt ist, das jetzt als bloße Autorität erscheint und nur noch gehorsame Unterwerfung statt innere Bejahung verlangt. Die Entwicklung der neuzeitlichen Lebenswelt gestattet danach nur folgendes Urteil: »Das große Unternehmen des Geistes, das Objekt als solches dadurch zu überwinden, daß er sich selbst als Objekt schafft, und mit der Bereicherung durch diese Schöpfung zu sich selbst zurückzukehren, gelingt unzählige Male, aber er muß diese Selbstvollendung mit der tragischen Chance bezahlen, in der sie bedingenden Eigengesetzlichkeit der von ihm selbst geschaffenen Welt eine Logik und Dynamik sich erzeugen zu sehen, die die Inhalte der Kultur mit immer gesteigerter Beschleunigung und immer weiterem Abstand von dem Zwecke der Kultur abführt.«[5]

Zu einem negativen Urteil über die Lage des Menschen in der Moderne gelangt ebenfalls *Albert Schweitzer.*[6] Er charakterisiert sie folgendermaßen: »Ein Unfreier, ein Ungesammelter, ein Unvollständiger, ein sich in Humanitätslosigkeit Verlierender, ein seine geistige Selbständigkeit und sein moralisches Urteil an die organisierte Gesellschaft Preisgebender, ein in jeder Hinsicht Hemmungen der Kulturgesinnung Erfahrender: so zog der moderne Mensch seinen dunklen Weg in dunkler Zeit.«[7]

Es wäre falsch, diese Aussage lediglich als Ausdruck eines tiefen Kulturpessimismus anzusehen und nicht auch hinter der Kritik das humanitäre Pathos eines aufgeklärten Denkens wahrzunehmen, dem es wesentlich darum geht, daß »das Sein höher als das Nichts« gestellt »und so die Welt und das Leben als etwas an sich Wertvolles« bejaht wird. »Aus diesem Verhältnis zur Welt und zum Leben ergibt sich der Trieb, das Sein, soweit es von uns beeinflußbar ist, auf seinen höchsten Wert zu bringen. Daraus entsteht dann die auf die Verbesserung der Lebensverhältnisse des Einzelnen, der Gesellschaft, der Völker und der Menschheit gerichtete Tätigkeit, aus der sich die äußeren Kulturerrungenschaften, die Herrschaft des Geistes über die Naturkräfte und die höhere soziale Organisation, ergeben.«[8]

Darüber hinaus tritt an der Kritik Schweitzers aber noch ein weiterer Zug hervor, der in besonderem Maße Aufmerksamkeit verdient. Schweitzer zeigt nämlich auf, daß es eines bestimmten Ethos bedarf, um sich als freier und denkender Mensch zu bewähren. In einem, allerdings mehr skizzenhaften Überblick über die philosophiegeschichtliche Entwicklung untermauert er diese Forderung.[9] Dabei vollzieht er zugleich seine Auseinandersetzung mit dem positivistischen Wirklichkeitsverständnis auf der einen und mit einem auf das bloße Registrieren von historischen Ereignissen beschränkten Geschichtssinn auf der anderen Seite.[10] Beides hält er im Blick auf die Gegenwartsaufgaben, an denen sich der Mensch zu bewähren hat, indem er »um die Ideale, auf denen unsere Kultur beruht«[11], kämpft, für schlechterdings nicht ausreichend. Denn die positivistische Sicht der Wirklichkeit enthält noch keine Angaben, für welche Ziele der Mensch seine Energien einsetzen soll, um die Entwicklung in einer dem Menschsein des Menschen förderlichen Weise zu steuern. »Da uns die zielbewußte Absicht auf ein zu verwirklichendes Ganzes fehlt, fällt unsere Aktivität unter den Begriff des Naturgeschehens. . . . In vernunftlosester Weise reagieren wir auf die Tatsachen. Ohne Plan und Fundament bauen wir unsere Zukunft in die Verhält-

nisse hinein und setzen sie der zerstörenden Wirkung der chaotischen Verschiebungen aus, die in diesen auftreten.«[12]
Die historische Sicht genügt deswegen nicht, weil sie alles Gegenwärtige bereits im Vergangenen sucht und darüber die aus der Eigenart der Gegenwart hervorgehenden Aufgaben übersieht. »Die Faszination durch die früheren Ereignisse wird zur Religion erhoben. Geblendet von dem, was als gewesen von uns angesehen oder ausgegeben wird, verlieren wir den Blick für das, was werden soll . . . wie wir durch unseren Wirklichkeitssinn in den gegenwärtigen Ereignissen versinken, so durch unseren geschichtlichen in den vergangenen.«[13]

Die Forderung nach einer neuen Kultur

Dem hält Schweitzer nun entgegen, daß der Mensch in je seiner geschichtlichen Gegenwart herausgefordert ist, die von ihm entdeckten und entbundenen Kräfte auf ein Ziel hin zu lenken, statt sie ungesteuert sich entwickeln zu lassen im Glauben, eine unsichtbare Hand werde sie schon so leiten, daß am Ende eine harmonische Welt steht. »Der wahre Wirklichkeitssinn besteht in der Einsicht, daß wir allein durch ethische Vernunftideale in ein normales Verhältnis zur Wirklichkeit kommen. Nur durch sie gewinnen der Mensch und die Gesellschaft so viel Macht über das Geschehen, als sie besitzen können. Ohne sie sind wir, wir mögen tun, was wir wollen, dem Geschehen ausgeliefert.«[14]
Der Begriff **ethisches Vernunftideal** verlangt jedoch eine Erläuterung. In unserem Sprachschatz kommt er kaum noch vor. Die Frage ist darum, ob damit etwas gemeint ist, was auch für die gegenwärtige Generation noch relevant ist.
Folgt man der Argumentation Schweitzers, dann werden durch diesen Begriff zwei Momente miteinander verbunden. Das Adjektiv **ethisch** meint einerseits die in ihrem Handeln von **Gesinnung** bestimmte Person. **Gesinnung** aber ist der Ort reflektierter Bindungen. Andererseits ist das Adjektiv **ethisch** auf den Entwurf dessen bezogen, woraufhin ein sittliches Handeln erfolgen soll. Für dieses Woraufhin, an das sich das Individuum gesinnungshaft bindet, wird Rationalität beansprucht, d.h. im wesentlichen Allgemeinheit, Begründbarkeit und Vermittelbarkeit. So kann er die Aussage formulieren: »Nur die Gesinnung, in der ethische Vernunftsideale wirksam sind, ist fähig, ein freies, das heißt ein planvoll-zweckmäßiges Handeln hervorzubrin-

gen.«[15] Aber diese Aussage zeigt auch, daß die Gesinnung selbst noch keine ausreichende ethische Qualifikation besitzt. Diese erhält sie erst dort, wo die »Herrschaft der Vernunft über die Gesinnungen« besteht. Darunter versteht Schweitzer, »daß die Einzelnen und die Kollektivitäten ihr Wollen durch das materielle und geistige Wohl des Ganzen und der Vielen bestimmt sein lassen, das heißt ethisch sind«.[16]

Das, was mit dem Begriff **ethisches Vernunftideal** umgriffen werden soll, weist, wie die Argumentationsweise zeigt, auf jene Erscheinung zurück, der die geschichtliche Entwicklung der Neuzeit ein so hohes Maß an immer wieder neuen Anregungen verdankt: die Aufklärung. Mit den in ihrem Rahmen ausgebildeten Vernunftidealen, also den rationalen Entwürfen und Begründungen von Zielen, auf die hin sich das individuelle Handeln auszurichten hat, wenn es den Anspruch auf Kultiviertheit und Sittlichkeit erheben will, setzt Schweitzer sich auseinander. Denn er sieht in ihnen verbindlich ausgedrückt, was »die Entwicklung des Einzelnen zum wahren Menschentum . . . seine Stellung in der Gesellschaft, . . . deren materielle und geistige Aufgaben, . . . das Verhalten der Völker zueinander und ihr Aufgehen in einer durch die höchsten, geistigen Ziele geeinten Menschheit« angehen.[17] Es ist schließlich die »Ehrfurcht vor der Wahrheit«, die Schweitzer, trotz aller im einzelnen auch von ihm als berechtigt angesehenen Kritik an der Aufklärung, am Rationalismus festhalten läßt.[18] Dessen ungeachtet aber erspart Schweitzer dem erreichten Zustand der Zivilisation den Vorwurf nicht, im Grunde das angestrebte Ziel der menschheitlichen Entwicklung verfehlt zu haben, wie seine Kulturkritik deutlich zeigt. Der Fortschritt hat nur auflösend gewirkt. Es fehlte eine richtungsweisende Zielangabe, die neben dem wissenschaftlichen und technischen Verstand gerade auch humanitäre Energien hätte entwickeln helfen. Diesem Defizit will Schweitzer mit einer Überlegung zur **Weltanschauung** begegnen.

Die Weise, in der eine Zeit ihren Bezug zu den Vernunftidealen ausdrückt und darin zugleich ihr Selbstverständnis, nennt Schweitzer **Weltanschauung**. Dieser, seit dem ausgehenden 18. Jahrhundert außerordentlich belastete, weil mit dem ständigen Vorwurf der Wirklichkeitsverschätzung versehene Begriff, wird hier in einer neuen positiven Bedeutung gesehen. Denn nach Schweitzer ist es geradezu die »große Aufgabe des Geistes . . ., Weltanschauung zu schaffen. In ihrer Weltanschauung sind die Ideen, Gesinnungen und Taten einer Zeit begründet«.[19] Damit rückt die **Weltanschauung** in die Nähe einer **Theorie der Zeit**. Sie wird als »Inbegriff der Gedanken« bezeichnet, »die die Gesellschaft und der Einzelne über Wesen und Zweck der Welt und über Stellung und Bestimmung der Menschheit und des Menschen in ihr in sich bewegen«.[20] Solche Zusammenschau wird Theorie genannt, auch wenn die ursprüngliche Bedeutung des griechischen Wortes darin nicht mehr zu erkennen ist. Dennoch hat **Weltanschauung** hier nicht den Charakter des Totalen. Sie stellt nicht eine theoretische Grundlage für Weltbemächtigung und Weltbeherrschung dar. Ebensowenig intendiert sie die Umwandlung der Erde in ein Paradies. Der Theologe Schweitzer wußte sich von solchen, in der Moderne durchaus immer wieder angestellten Überlegungen durch seinen Glauben an die Unverfügbarkeit des Gottesreiches für den Menschen geschieden.

Mit einer so begriffenen **Weltanschauung** meinte Schweitzer aber dem Kulturverfall wirkungsvoll begegnen zu können.[21] Sie für die Zeit des 20. Jahrhunderts neu zu entwickeln, stellt darum die eigentliche Bildungsaufgabe dar. Oder anders ausgedrückt: Im Überdenken der eigenen Lage gilt es Rechenschaft abzulegen über das, was geschehen ist und was darin die treibenden Kräfte gewesen sind. Darauf sind sodann diejenigen Ziele zu entwerfen und die Energien auf ihre Verwirklichung zu konzentrieren, von denen der Mensch erhoffen darf, daß er, im Streben nach ihnen, seiner menschlichen Aufgabe gerecht wird. »Die Zukunft der Kultur hängt also davon ab, ob es dem Denken möglich ist, zu einer Weltanschauung zu gelangen, die den Optimismus, das heißt die Welt- und Lebensbejahung und die Ethik sicherer und elementarer besitzt als die bisherigen.«[22]

Lebensentwurf und Technik bei Ortega y Gasset

Unter denjenigen Philosophen, deren Aussage über die Lage des Menschen in der neuzeitlichen Lebenswelt ein besonderes Gewicht haben, ragt *Ortega y Gasset* hervor. Der Schüler und Freund *Max Schelers*[23] stellt mit seinen Überlegungen ein notwendiges Korrektiv zu Erwartungen dar, die, wie bei Albert Schweitzer, aus einer optimistischen Grundhaltung hervorgehen. Denn was berechtigt zu der Annahme, daß der Entwurf eines Planes, mit dem der Mensch seine geistige Herrschaft über die Welt zurückerlangen will, und die Aktivierung der sittlichen Kräfte bereits ausreichen werden, um die negative Lage nachhaltig zu bessern?

Ortegas Antwort auf diese Frage könnte nur lauten: Nichts! Und es ist seine Einsicht in die Verfassung des Menschen, die ihn erwarten läßt, daß auch mit immer neuen Theorien des Lebens nur die Zahl der menschlichen Irrtümer vermehrt wird. »Aber diese Irrtümer, als solche erprobt und ausgestanden, sind das einzige, woran wir uns halten können, sind das einzig wirklich Erreichte und Feststehende. Zum mindesten weiß der Mensch heute, daß die von ihm in der Vergangenheit erfundenen Weltbilder *nicht* die Wirklichkeit sind. Mit Hilfe von Irrtümern wird der Bereich des möglichen Gelingens abgegrenzt. Darum ist es so wichtig, die Irrtümer im Gedächtnis zu bewahren, denn dieses ist die Geschichte.«[24]

Der Irrtum ist folglich nicht etwas nur Negatives, sondern Bestandteil der Verfassung des Menschen. Er gründet darin, daß diese Verfassung selbst wesentlich Ungewißheit ist, und daß darum der Mensch ständig erproben muß, auf welche Weisen er sein Selbstsein zu verwirklichen vermag. Hier liegt auch der Grund dafür, daß »der Mensch zum Unterschied von den übrigen Wesen des Universums niemals mit Sicherheit Mensch« ist; »*Mensch sein* bedeutet vielmehr gerade, immer im Begriff sein, es nicht zu sein, ein lebendes Problem, ein absolutes und gefahrvolles Abenteuer sein . . .«[25]

Doch auch dieser Sachverhalt verdient keine nur negative Beurteilung. Denn darin steckt eben der Impuls, der den Menschen ständig antreibt, nach besseren Wegen zu suchen, auf denen er sein Menschsein immer wieder neu aus den Gefahren des Nicht-seins zu befreien vermag. In diesem Zusammenhang gilt es eben zu beachten, daß die Kehrseite des ontologisch-verfassungsmäßigen Irrtums nicht die totale Resignation ist, sondern der ständige Anreiz, die Herausforderung, aus den Irrtümern zu lernen und dadurch das Gelingen der Versuche des Menschseins zu verbessern. Aber bei Ortega handelt es sich trotz allem nicht um die simple Anwendung des Reiz-Reaktions-Schemas, das u.a. im Behaviorismus als Anpassungsmittel diente.

Es ist ebenfalls nicht zu verkennen, daß Ortega die von Scheler entwickelte Vorstellung von der **Weltoffenheit** des Menschen modifiziert weiterführt. Sofern eben diese Vorstellung auch zum Ausdruck bringen wollte, daß der Mensch das seine Selbstvervollkommnung hervorbringende Wesen ist, zeigt Ortega, daß das nicht gelingt. »Der Mensch ist dazu verurteilt, Dichter seines Romans zu sein. Das mögliche Gelingen seiner Phantasmagorien mag noch so unmöglich sein, wie man will; aber sei's drum, es ist die einzige Wahrscheinlichkeit, mit der der Mensch rechnen kann, um sein Leben zu bestehen.«[26] Es gibt demzufolge keine uneingeschränkte Weltoffenheit, sondern immer nur eine durch die menschliche »Einbildungskraft« gebrochene Beziehung zur Wirklichkeit.[27] Allein in dieser Brechung vermag sich der Mensch zu sehen, wenn er nicht jedes Empfinden für Wahrhaftigkeit verloren hat. Darum ist für Ortega nur der Glaube der Ort, an dem der Mensch

Gewißheit empfangen kann. Er versetzt, wie er es formuliert, in eine »unzweideutige Wirklichkeit, und darum fühlen wir uns in ihm auf festem Boden«.[28] Diese positive Würdigung des Glaubens darf indessen nicht darüber hinwegtäuschen, daß das, was Ortega darunter versteht, eigentümlich unbestimmt bleibt. Darum läßt sich auch die Gefahr nicht von der Hand weisen, daß mit dem Begriff **Glauben** selber nur eine Verlegenheit verdeckt wird: Nämlich das Unvermögen der neuzeitlichen Rationalität, die an sie gerichteten Erwartungen uneingeschränkt befriedigen zu können. Der Glaube gerät hier in die Gefahr, nur zu einer Art **Trostpflaster** zu werden. Er verliert jedoch seinen hervorstechendsten Charakter: nämlich eine ständige Herausforderung der Vernunft im Hinblick auf ihre Grenzen zu sein. Ungeachtet dieses Einwandes aber bildet dies alles den Hintergrund, vor dem jetzt Ortega um so nachdrücklicher daran erinnern kann, daß der Mensch trotz existentieller Gebrochenheit, trotz beschränkter und einseitiger Wirklichkeitserfahrung und trotz konstitutioneller Irrtumsfähigkeit an seiner Welt gestaltend arbeiten und darin zugleich nach seinem Selbstsein streben muß. »*Nichts, was wesentlich ist, ist dem Menschen geschenkt worden.* Alles muß er sich selbst schaffen.«[29]

Aber im Durchdringen dessen, was das für Konsequenzen hat, wird auch erkennbar, daß der Mensch an dieser Aufgabe in der Neuzeit versagt hat. Den Gründen dafür ist Ortega ebenfalls nachgegangen.[30]

Im einzelnen wird dabei auf folgende Weise argumentiert: die Aufgabe des Menschen besteht darin, sein Selbstsein mit dem Material, das die Natur bereitstellt, zu realisieren. Das soll auf die Art geschehen, »daß zwei heterogene Seiende der Mensch und die Welt — gezwungen sind, sich zu vereinigen, dergestalt, daß es einem von beiden — dem Menschen — gelingt, sein außernatürliches Sein in das andere, das eben die Welt ist, einzufügen. Dieses fast technische Problem ist die Existenz des Menschen.«[31]

Mit dem Adjektiv **außernatürlich** wird nur die besondere Stellung des Menschen gegenüber der Natur und der Welt unterstrichen. Nicht dagegen soll bestritten werden, daß der Mensch auch immer Natur und Welt ist. Die besondere Stellung des Menschen äußert sich darin, daß er das Vermögen besitzt, »sich von ihnen (sc. Natur und Welt) zu trennen und frei zu bleiben«.[32]

Das Medium aber, mittels dessen sich der Mensch in die Welt einfügt und doch zugleich auch seine Freiheit ihr gegenüber behauptet, ist die Technik. Ihr Wesen wird geradezu darin gesehen, »dem Menschen die Freiheit zu geben, er selbst sein zu können«.[33] In dieser Sicht erscheint die Technik als

»das Gegenteil der Anpassung des Subjekts an das Mittel, weil sie die Anpassung des Mittels an das Subjekt ist«.[34] Im Menschen, in diesem besonderen Subjekt, hat die Technik ihre Notwendigkeit. Das aber heißt nichts anderes, als den Menschen per se als »Techniker« zu begreifen, »mögen seine Fähigkeiten dazu größere oder geringere sein«.[35]

Doch Ortega meint nun, für die Welt des 20. Jahrhunderts behaupten zu müssen, daß der Mensch an seiner Aufgabe, er selbst zu sein, versagt hat. Seine **Betrachtungen über die Technik** lassen sich in dieser Hinsicht als Versuch begreifen, den Prozeß zu rekonstruieren, in welchem der Mensch statt zu sich selbst zu finden, sich eben diesem Selbst entfremdet. Die Moderne ist geradezu dadurch gekennzeichnet, daß eine Ersatzreligion ausgebildet wird: ein Glauben an die Technik. Damit wird dem, was eigentlich nur Mittel sein sollte, daß Prädikat eines eigenen Subjekts zugebilligt. Von ihm allein wird dann alles erwartet, was dem menschlichen Leben Qualität verleiht. Am Ende steht jedoch ein gerade seiner Qualität beraubtes Leben. Denn »die Technik die einerseits eine prinzipiell unbegrenzte Fähigkeit zu sein scheint, bewirkt, daß sich dem Menschen, der vom Glauben an die Technik und nur vom Glauben an sie leben soll, das Leben entleert. Denn Techniker und nur Techniker zu sein ist, alles sein können und folglich gar nichts Bestimmtes sein. Voller Möglichkeiten ist die Technik nur leere Form . . . und unfähig, den Inhalt des Lebens zu bestimmen«.[36]

Um die Kritik Ortegas zu verstehen, muß man sich vor Augen halten, daß sie nicht an die anonyme Technik gerichtet ist, die doch nur Werkzeug — wenn auch ein sehr raffiniertes — in den Händen des Menschen ist, sondern daß der Adressat seiner Kritik der Mensch selber ist, der mit eben dieser Technik nicht in einer, weder seiner menschlichen Aufgabe noch dem Wesen der Technik als intelligentem Hilfsmittel entsprechenden Weise umgeht. Diese Aufgabe aber besteht darin, das, was der Mensch sein will, planend zu entwerfen und in die Verwirklichung dieses Plans die Technik einzubeziehen. »In diesem Sinn ist der Mensch nicht ein Ding, sondern ein Anspruch, der Anspruch, dies oder jenes zu sein. Jede Epoche, jedes Volk, jedes Individuum modifiziert auf verschiedene Weise den allgemeinen Anspruch des Menschen.«[37] Ortega behauptet nun, daß der Mensch eben diesem Anspruch nicht gerecht wird.

Woran liegt es jedoch, daß der Mensch an seiner Aufgabe versagt? Ortega sieht den Grund dafür in dem Verzicht, Technik im Entwurf des Lebens verantwortlich einzusetzen. Statt dessen wurde ihr eine eigengesetzliche Natur zuerkannt, die der Mensch zu respektieren hatte. Er unterstellte sich der

Herrschaft des technischen Verstandes im Vertrauen darauf, daß das ausreicht, um der Aufgabe seines Menschseins gerecht zu werden. »Aber wenn das Leben nicht Verwirklichung eines Planes ist, wird der Verstand zu einer bloßen mechanischen Funktion ohne Disziplin oder Orientierung. Man vergißt allzusehr, daß der Verstand, und sei er noch so stark, aus sich nicht seine eigene Richtung wählen, daher nicht zu wirklichen technischen Eigenschaften gelangen kann. Er weiß aus sich nicht, welche unter den unendlichen Dingen, die man erfinden kann, er vorziehen soll und verliert sich in seinen unendlichen Möglichkeiten. Nur in einer Ganzheit, in der der Verstand im Dienst einer nicht technischen, sondern schöpferischen, Lebensentwürfe erfindenden Phantasie steht, kann sich die technische Fähigkeit bilden.«[38]
Die Kritik, die hier laut wird, wendet sich also an den Menschen, der gegenüber der von ihm entwickelten Technik seine Aufgabe eines am Entwurf seines Lebens orientierten Einsatzes eben dieser Technik nicht verantwortungsvoll wahrnimmt. In diesem Kontext erhält dann die Aussage: »es ist so, daß der Mensch große Lust am Leben, am »In-der-Welt-sein« hat, obwohl er das einzige bekannte Seiende ist, das die Fähigkeit besitzt, die ontologisch und metaphysisch so seltsame, so paradoxe, so erschreckende Fähigkeit, sich vernichten zu können . . .«, ihre geradezu beklemmende Aktualität über das Jahr 1939 hinaus.[39] Ebenso wird aber auch erneut deutlich, »daß es um Techniker zu sein, nicht genügt, Techniker zu sein.«[40]
Wir brechen die Darstellung der Position *Ortega y Gassets* hier ab. Diese Darstellung sollte nur dazu beitragen, den Hintergrund auszuleuchten, auf dem jetzt die Forderung nach einem erweiterten Verständnis von Bildung um so deutlicher hervortritt. Es geht darum, einer Verengung des Bildungsbegriffs entgegenzuwirken, die darin besteht, Bildung im wesentlichen nur als Vermittlung und Aneignung von Kenntnissen und Fertigkeiten zu begreifen, die lediglich eine instrumentelle Funktion haben. Jetzt hingegen zeichnet sich ab, daß an die Stelle eines vordergründigen **Wissen-wollen-wie** ein vertieftes Verständnis der Lage des Menschen und seines Vermögens treten muß, wenn Angemessenheit an das Mensch-sein des Menschen als Aufgabe erreicht werden soll. Bildung hat es in diesem Zusammenhang damit zu tun, das Vermögen wiederzugewinnen, oder überhaupt auszubilden, die technischen Mittel so beherrschen zu können, daß sie dem Menschen helfen, diese Aufgabe wahrzunehmen und darin sich als Denkender und Freier zu erweisen.
Bildung besitzt, wenn wir *Ortega* folgen, eine ontologische Dimension. Sie ist im Sein des Menschen gegründet, dessen Wesen »Ungewißheit« ist und der in ständiger Gefahr lebt, »sich zu entmenschlichen«.[41]

Bildung zielt also darauf ab, das Risiko, »nicht Mensch zu sein«[42], zu mildern, soweit dies jeweils Menschen überhaupt möglich ist. Aber das ist kein rein **technisches** Problem mehr im herkömmlichen und oft bestürzend oberflächlichen Sinne. Es geht vielmehr darum, daß der Mensch sich zuerst als der wiederentdeckt, dem die technische Kultur, sein Geschöpf, zu dienen hat, und nicht umgekehrt er der Technik.[43] Damit ist zunächst jedoch nur die Aufgabe beschrieben. Nicht aber ist darin schon mitgesagt, welche Bedingungen erfüllt sein müssen, damit die Aufgabe erfüllt werden kann. Die starke Betonung des Sich-selbst-herstellens, die bei Ortega vorherrscht, könnte sich eben auch so auswirken, daß der Mensch, weil er an diesem Sich-selbst-herstellen ständig scheitert, im Grunde wegen einer vollkommenen Unerfüllbarkeit jener Aufgabe resigniert. Um so wichtiger ist es darum, nach Konzeptionen Ausschau zu halten, die näher auf die Bedingungen eingehen, die die Bildungsaufgabe stellt.

Mitmenschlichkeit und Sensibilität für die Gefährdungen des Menschseins

Unter denjenigen Denkern, die einen neuen Bildungsbegriff entwickeln helfen, ragt im 20. Jahrhundert *Martin Buber* hervor. Sein Vortrag über: »Bildung und Weltanschauung«[44], den er noch 1935 im Freien Jüdischen Lehrhaus in Frankfurt/Main gehalten hatte und über dem bereits der schwere Schatten der Judenverfolgung lag, legt davon ein beredtes Zeugnis ab. Er ist von einer programmatischen Klarheit, die auch heute noch nichts von ihrer aktuellen Bedeutung eingebüßt hat. Eine Zuwendung zu den Gedanken dieses großen Philosophen und Humanisten, verbunden mit dem Bemühen, sie der heutigen Situation zu erschließen, erfolgt in der Erwartung, auch daraus Anregungen für die Lösung von Gegenwartsproblemen zu bekommen.
Buber geht es hier um einen wirklichkeitsgerechten und zeitwahren Bildungsbegriff, den er auf der Einsicht begründet sein läßt, »daß um irgendwo hinzugelangen es nicht genötig, auf etwas zuzugehen, sondern daß man auch von etwas *ausgehen muß*«.[45] Damit erfolgt eine notwendige Ergänzung derjenigen Sichtweisen, die alleine auf Ziele in der Zukunft konzentriert sind. Aber dieses **Von-woher** ist keine verfügbare und beliebig manipulierbare Größe, wie es Ziele sind. Diese sind zweckbestimmt und können demzufolge auch mit der Veränderung der Zwecke selber verändert werden. Im Unterschied dazu ist das **Von-woher** kein Bestandteil der Zwecke, »sondern ein

rechter Stand und Urstand . . .: eine Urwirklicheit, die mich auf dem Wege zu meinem Ziel nicht verläßt, sondern, wiewohl ich selber es mir erwählt habe, mich leitet, damit ich es nicht im Gehen verwechsle und so verfehle, die mir beisteht«.[46]

Die Besinnung auf das **Von-woher**, zu der ein neues Verständnis von Bildung den Zugang wieder eröffnen will, soll indessen nicht den Entwurf des **Worauf-hin** verdrängen oder überflüssig machen. Statt Entwurf verwendet auch Buber den Begriff **Weltanschauung**. Weltanschauungen haben in seinem System den Charakter aspekthafter Ausdeutungen von Welt, in denen durchaus auch zweckhafte Vorstellungen, an denen sich das individuelle Handeln notwendigerweise immer konkret orientiert, ihren Platz finden können. Aber sie verlieren darin ihren weithin alles bestimmenden Charakter. Für den »Aufbau der Person und somit auch für den Aufbau der aus Personen und ihren Beziehungen wachsenden großen Gemeinschaft« sind solche **Weltanschauungen** unentbehrlich.[47] In dieser Hinsicht ist auch an Schweitzers Hervorhebung der Bedeutung von **Weltanschauung** als zielorientiertem Handlungsplan wieder zu erinnern. Schweitzers Forderung nach einer neuen **Weltanschauung** und deren Ausgestaltung in Form einer Lebensanschauung auf dem Hintergrund seines Prinzips der **Ehrfurcht vor dem Leben** stellt ein analoges Bemühen dar. Buber betont dabei stärker die praktische pädagogische Notwendigkeit, aspekthafte Ausdeutungen von Welt in Richtung »auf die reale Einheit hin, die sich hinter der Vieldeutigkeit der Aspekte verbirgt«[48], zu überschreiten und dabei die Einheit selbst in ihrer Bedeutung für den verantwortlichen Lebensvollzug zu erschließen.

Es ist eine Sensibilität für das Ganze, die durch die Bildung geweckt werden soll. Dieses Ganze ist aber keine objekthafte Größe, sondern das »gemeinsam tragende Leben«. Das aber »wird nicht gemacht, es wächst«.[49]

Was will Buber damit erreichen, wenn er so zwischen den notwendigen, aber immer auch über überholbaren aspekthaft-weltanschaulichen Ausdeutungen von Welt und jenem Ganzen, das die verborgene Einheit hinter den vielzähligen Aspekten bildet, unterscheidet? Zunächst ergibt sich für ihn aus seinem Ansatz, daß er weltanschauliche Entwürfe dort zurückzuweisen vermag, wo sie absolut gesetzt und zur alles dominierenden Erkenntnisquelle gemacht werden. »Der ideologische Anteil an dem, was jeder einzelne Wahrheit nennt, ist unausschmelzbar; aber was er vermag, das ist, im eigenen Geist Einhalt zu gebieten der Politisierung der Wahrheit, der Utilitarisierung der Wahrheit, der ungläubigen Gleichsetzung von Wahrheit und Verwendbarkeit.«[50]

Des weiteren aber gelingt es Buber, mit diesem Ansatz die Grundlagen für ein soziales Ethos freizulegen, das auf aktive Teilnahme an sozietärer Mitmenschlichkeit drängt. Diese äußert sich einmal im Dienst an der Gemeinschaft. Es ist in diesem Zusammenhang äußerst bemerkenswert, daß er mit dem Begriff **Gemeinschaft** nicht Gleichgesinntheit als notwendige Voraussetzung der Gemeinschaftsbildung verbindet, sondern ein eigenes Modell in die Diskussion einführt, daß ein »echtes Miteinanderleben der Gleichartigen oder Artverschmolzenen, aber Verschiedengesinnten« ermöglichen helfen soll.[51] Er hat dieses Gemeinschaftsmodell in Israel, nach seiner Emigration 1938, dort durchzusetzen versucht, erwartend, daß seine Verwirklichung das friedliche Zusammenleben von Juden und Arabern fördern würde. Das ist nicht gelungen, wie die Entwicklung nach 1948 gezeigt hat. Aber das spricht nicht gegen, sondern in hohem Maße für dieses Modell und seine immer noch aktuelle politische Relevanz, wenn man auf die internationalen Beziehungen überhaupt blickt.

Das soziale Ethos findet weiterhin in einer **Solidarität** seinen Ausdruck, die »lebendiges Füreinanderstehen, und Mutualität, lebendige Wechselwirkung« ist.[52] Das Bemerkenswerte an diesem Verständnis tritt erst hervor, wenn es zu dem Gemeinschaftsbegriff in Beziehung gesetzt wird. Solange Solidarität nur unter Gleichgesinnten zu bewähren ist, hat sie ihre Bewährungsprobe noch gar nicht bestanden. Das geschieht vielmehr erst dort, wo sie unter Verschiedengesinnten geübt wird. Es bedarf allerdings eines hohen Maßes an Toleranz, mit Menschen anderer Rasse, anderer politischer Überzeugung, anderer Religionen und anderer Bildungsschichten solidarisch zu sein. Aber sie ist wiederum die unerläßliche Voraussetzung für die Wahrnehmung einer gemeinsamen Verantwortung.[53]

Bildung hat es also in der Sicht Bubers damit zu tun, daß der Mensch »zum gelebten Zusammenhang mit seiner Welt« geführt wird und »ihn von da aufsteigen läßt zu Treue, zu Erprobung, zu Verantwortung, zu Entscheidung, zu Verwirklichung.«[54]

Die Absicht, die den Versuch, zu einem neuen Bildungsbegriff zu kommen, leitet, wird jetzt kenntlich. Es geht gar nicht darum, die Objektwelt auszublenden, wie bisweilen vermutet wird, sondern sein Bestreben ist es, durch rein funktionale Bezüge hindurchzustoßen, damit ein Zusammenleben und Zusammenwirken von Menschen mit Menschen ermöglicht wird, das auf einer sinnhaften Basis steht, wie sie der moderne Utilitarismus nicht zu bilden vermag. Die Gemeinschaft von Menschen, die Buber anstrebt, läßt sich aber nur so denken, daß dabei die herkömmlichen Kategorien des Individua-

lismus und Kollektivismus als obsolet erkannt werden. Denn beide Kategorien hält er für unzureichend, um mit ihnen noch erfassen zu können, was es heißt, im Mit-sein mit Anderen verantwortlich in der Welt zu leben.[55]
Martin Buber ist als einer der Begründer der Ich-Du-Philosophie zu Bedeutung gelangt.[56] Die Ich-Du-Beziehung selber wird von ihm als Schlüssel zum Verständnis dessen betrachten, was es mit dem »Prinzip des Menschseins« auf sich hat.[57] Darin geht es auch um das Selbstsein. Dies wächst eben nicht »aus dem Verhältnis des Menschen zu sich selber« hervor, »sondern aus dem zwischen dem Einen und dem Andern . . .«.[58] Aber das Ganze steht in einem größeren Problemzusammenhang. Ihn gilt es zu erkennen, wenn man Buber in seiner Intention verstehen will. Daran läßt sich zudem verdeutlichen, was in dem erwähnten Vortrag nur prinzipiell angerissen worden ist.
Hierfür ist nun ein Hinweis bedeutungsvoll, den er für das Verständnis der Lage des Menschen in der Gegenwart gibt. Er sieht sie generell durch »das Zurückbleiben des Menschen hinter seinen Werken« gekennzeichnet.[59] Worin dieses Zurückbleiben besteht, macht er an drei Bereichen deutlich, in denen sich die das 20. Jahrhundert prägenden Kräfte zu erkennen geben.
An erster Stelle wird die Technik genannt. Erneut tritt in bezug auf ihre Beurteilung ein Grundzug hervor, der auch das Urteil der zuvor angesprochenen Kulturkritik bestimmt hat. In der Technik vermag er nicht mehr »eine Verlängerung des menschlichen Arms« zu sehen, sondern er merkt an, daß »der Mensch . . . zu ihrer Verlängerung, zu einem herbeitragenden und hinwegtragenden Glied an ihrer Peripherie« geworden ist.[60] In der Umkehrung der Subjekt-Objekt-Beziehung stellt sich der eigentlich negative Gehalt der menschlichen Situation in der modernen Gesellschaft dar.
Als zweiten Bereich führt Buber die Wirtschaft an. Er vermißt vor allem eine rationale Koordination der wirklich menschlichen Bedürfnisse und des ökonomischen Vermögens des Menschen. Statt dessen weist eben die faktische Lage darauf hin, »als wüchse der Betrieb der Erzeugung und Verwertung von Gütern über den Menschen hinaus und entzöge sich seinem Gebot«.[61]
Der dritte Bereich, der für Buber exemplarischen Charakter besitzt, ist der des politischen Geschehens. Es ist in diesem Zusammenhang vor allem die Erinnerung an den Ersten Weltkrieg, mit dem die Grundproblematik der menschlichen Existenz in so dramatischer Weise manifest wurde, die zum Anlaß wird, danach zu fragen, was aus dieser Problematik herauszuführen vermag. Deutlich erkennbar tritt darin die eigentümliche Dialektik von Macht und Ohnmacht als ein eigener Problembereich hervor, der den Voll-

zug der menschlichen Existenz unter den Bedingungen der expandierenden wissenschaftlich-technischen Rationalität so risikoreich geraten läßt.[62] Der Erste Weltkrieg hat die Erfahrung vermittelt, wie schnell Macht in Ohnmacht und Zerstörung umzuschlagen vermag. »So fand sich der Mensch der furchtbaren Tatsache gegenüber, daß er ein Vater von Dämonen war, deren Herr er nicht werden konnte. Und die Frage, was für einen Sinn diese Macht und Machtlosigkeit in einem habe, mündete in die nach dem Wesen des Menschen, die nun eine neue, eine gewaltige praktische Bedeutung bekam.«[63] Auf dem Hintergrund der menschlichen Situation erweist sich für Buber »Kants anthropologische Frage in aller Deutlichkeit als ein Vermächtnis an unser Zeitalter.«[64] Es zielt eben nicht darauf, die Planungs- und Manipulationshypertrophie der Moderne samt dem damit zusammenhängenden Aktionsdruck noch zu vermehren, sondern dieses Vermächtnis richtet sich in erster Linie an das Selbstbesinnungsvermögen des Menschen. Das aber möchte Buber auch seinerseits stärken, indem er im besonderen auf eine, in der Religion begründete Voraussetzung wieder aufmerksam macht. Dazu wird er einerseits von Hegel, andererseits von Heidegger angeregt, also von zwei Philosophen, die, jeder auf seine Weise, der Geschichte der Philosophie neue Wendungen gegeben haben.

An Hegel wird ihm einsichtig, wie wenig es eine Aussicht auf Erfolg für alle Versuche gibt, die Sicherung des menschlichen Selbstseins zu befördern, indem ein Weltbild entworfen wird, das auf dem Prinzip der Vernunft in der Geschichte begründet ist.[65] Es sind im wesentlichen zwei Grunderkenntnisse, die Bubers Skepsis hervorrufen: Einmal vermag er überhaupt in dem »Umkreis der Menschenwelt, der durch das Problem des menschlichen Seins gegeben ist, . . . keine Sicherheit der Zukunft« zu erblicken.[66] Sodann aber drängt sich ihm die Notwendigkeit einer Unterscheidung zwischen dem, was man denken und dem, womit man leben kann, auf. Gerade angesichts des Hegelschen Versuchs, die Vollendung der Geschichte und mit ihr das vollendet gesicherte Selbstsein des Menschen in seinem System ausdrücklich zu machen, sieht Buber sich zu dem Einwand veranlaßt, daß die »Vollendung in die Wirklichkeit des Seienden einzubeziehen«, durchaus »im Vermögen des menschlichen Gedankens« liege. Doch davon müsse unterschieden werden, was »im Vermögen der lebendigen menschlichen Vorstellung« liegt. Hegels Vorstellung von der Vollendung »ist etwas, was man denken kann, aber mit dem man nicht leben kann. Ein denkerisches Weltbild, das »das Ziel der Weltgeschichte« in sich aufnimmt, hat in diesem Teil keine sichernde Kraft . . . Eine Ausnahme bildet nur ein Weltbild, daß auf den Glauben gegründet ist: die Kraft des Glaubens — und sie allein — kann auch die Vollendung als etwas Gesichertes erfahren, weil als etwas, das uns verbürgt ist von jemand, dem wir vertrauen, — dem wir als einen Bürgen auch für das noch nicht in unserer Welt Seidende vertrauen.«[67]

Diese Aussage könnte allerdings zu der Fehlmeinung Anlaß geben, infolge mangelnder Fähigkeit zur Lösung des aufgezeigten Problems werde nun der Ausweg in der Religion gesucht. Doch damit ist Buber nicht zu treffen, weil er mit seiner Aussage nur auf das Unvermögen des neuzeitlichen Denkansatzes aufmerksam machen will, überhaupt noch von einer Einheit des Menschseins auszugehen. Dieses drängt sich vielmehr als eine Vielzahl von Seinsweisen in die Erfahrung, auf die sich der Einzelne aufgeteilt findet. Gegenüber dieser Erfahrung eines Verlustes der Ganzheit will Buber das Augenmerk darauf wieder richten, daß es auch in der heutigen Lebenswelt mit ihrer wissenschaftlich-technischen Verfassung durchaus berechtigt ist, hinter aller Vereinzelung noch eine Einheit zu glauben. Sie entfaltet vielmehr erst im Handlungsbewußtsein ihre bestimmende Kraft: nämlich im Blick auf die Begründung und die Zielrichtung des Handelns. In diesem Zusammenhang bekommt die Frage nach dem Wesen des Menschen auch ihre praktische Bedeutung.

Von einer anderen Seite her greift Buber noch einmal die Glaubensfrage auf. Gegen Heidegger wendet er ein, daß dieser den Menschen sich immer nur zu sich selbst verhalten lasse. Doch eben dies stelle eine Reduktion des Lebens dar. »Das Leben vollzieht sich nicht darin, daß ich mit mir selbst das rätselhafte Brettspiel spiele, sondern darin, daß ich vor die Gegenwärtigkeit eines Seins gestellt bin, mit dem ich keine Spielregeln vereinbart habe und mit dem sich keine vereinbaren lassen.«[68]

Sich der Gegenwärtigkeit dieses Seins in seiner ganzen Andersgeartetheit zu stellen und sich für das, was es mir mitteilen will, zu öffnen, dazu wollen Bubers Überlegungen anleiten helfen. Die Voraussetzung für die Begegnung mit diesem anderen Sein aber besteht darin, daß das menschliche Sein kein »geschlossenes System« ist, daß es nicht in »Verschlossenheit gegen alle echte Verbindung mit dem Anderen und der Andersheit« verharrt.[69]

Das Andere selbst ist jedoch keineswegs nur der Mitmensch. Es umgreift vielmehr auch die Welt der Dinge[70] und vor allem die »göttliche Wahrheit«. An dieser Stelle nun erfolgt sein stärkster Einwand gegen Heidegger. Er wirft ihm vor, daß »das Werden des Einzelnen oder, wie er (sc. Heidegger) sagt, des Selbstseins für ihn das Ziel« verloren hat, »in die Beziehung zur göttlichen Wahrheit zu treten und dadurch eine menschliche Wahrheit zu werden«.[71]

Versucht man nun die eigentliche Stoßrichtung dieser Gedanken zu erfassen, dann trifft man auf den eigentümlichen Sachverhalt, daß er nicht in gleicher Weise wie die Soziologie oder die Tiefenpsychologie am Aufbau des menschlichen Selbst interessiert ist. Die Konstitution des Selbstseins gewinnt für ihn erst dort an Interesse, wo es um die Ganzheit der Lebenswelt und darin um das Gemeinschafthaben des Menschen mit dem Mitmenschen, mit der Natur und den Dingen geht. Das ist aber etwas gänzlich anderes als das An-und-Für-sich-Sein des transzendentalen Idealismus. Es ist auch etwas völlig anderes als das Selbstsein der Existenzphilosophie. Das Selbstsein, so wie Buber es sieht, ist immer nur der Vollzug eines verantwortlichen Mitseins. Die Konstitution des Selbst durch das Du des Mitmenschen ist so gerade nicht als gedankliche Konstruktion zu begreifen, sondern als Befreiung zu einem neuen Mitsein, das ein ebenfalls neues Ethos des Umgangs mit der Welt aus sich hervortreibt. Darauf liegt der Akzent in Bubers Ich-Du-Philosophie; und darin liegt auch die Alternative zu der von ihm dort kritisierten Ich-Es-Beziehung, unter welcher er ein ständiges **Verfügenwollen über** versteht.[72]

Es sind vor allem zwei Momente, die in diesem Zusammenhang hervorgehoben zu werden verdienen. Das eine hat es mit einer Vertiefung dessen zu tun, was Buber mit der »Beziehung zur göttlichen Wahrheit« gemeint hat, die dadurch »eine menschliche Wahrheit« wird. Das andere Moment dient der Präzisierung dessen, was es heißt, gegenwärtig sein im Sein des Anderen. Was das erste Moment betrifft, so findet sich in einer Interpretation alttestamentlicher und persischer Mythen[73], die sich mit Problemen von Gut und Böse befassen, ein Hinweis darauf, was es heißt, daß die göttliche Wahrheit zu einer menschlichen wird. Hier geht nicht einfach etwas in menschlichen Besitz über, sondern der Übergang in den Bereich des Menschlichen ist zugleich mit einer Richtungsänderung im Vollzug der Existenz selbst verbunden. Die göttliche Wahrheit weist dem Leben dessen, der zu ihr in Beziehung tritt, dann die für seine Erfüllung einzuschlagende Richtung.

Hinter dieser Sichtweise steht der Gedanke von der Bestimmung des Menschen. Damit ist etwas völlig anderes als Funktionen und Verwendungen angesprochen. Hier geht es um die »Erfüllung einer Seinsintention«.[74] Darunter wird die »Verwirklichung des Rechten« verstanden, die sich als »Dienst an der Schöpfung« ihren Ausdruck verschafft.[75] In diesem Dienst findet die Bestimmung des Menschen schließlich ihre Erfülltheit. Die zur menschlichen Wahrheit gewordene göttliche findet darin ihren Ausdruck, daß sie den Menschen in eben jenem Dienst zu seinem wahren Selbst kommen läßt. Er ist auch der Inhalt des sozialen Ethos. Durch dieses Ethos »des menschlichen Dienstes am Ziel der Schöpfung« teilt sich göttliche Wahrheit überhaupt mit.[76]

Das zweite Moment bezieht sich auf die Entfaltung der formalen Struktur dieses Dienstes. Er vollzieht sich in einer doppelten Bewegung, bei der jede durch die andere bedingt ist. Buber kennzeichnet die eine Bewegung mit dem Begriff: »Urdistanzierung«, die andere durch den Begriff: »In-Beziehung-treten«.[77]

Der Begriff **Urdistanz** will anzeigen, daß alles Umgehen mit Welt immer darauf aufbaut, daß sich Selbständiges gegenübertritt. Er bezeichnet im weiteren dann das Vermögen, ein begegnendes Seiendes in seiner eigenständigen Wesenheit bestehen zu lassen und zu respektieren. »Erst der abgerückte, der nackten Präsenz enthobene, dem Getriebe der Bedürfnisse und Nöte halbwegs entzogene, der distanzierte und damit sich selber übergebene Bereich ist mehr und anders als Bereich. Erst wenn einem Seienden ein Seinszusammenhang selbständig gegenüber, selbständiges Gegenüber ist, ist Welt.«[78] **Urdistanz** ist also nicht zu verwechseln mit Vereinzelung von etwas zum Zwecke seiner besseren Erforschung und damit auch Beherrschbarkeit. Der Begriff meint vielmehr ein Anderes, das mit mir ist und ich mit ihm, in seinem Sosein anzuerkennen. Dennoch läßt sich eine bestimmte Unklarheit nicht übersehen: Distanzierung ist durchaus auch eine Bedingung für Vergegenständlichung, um etwas durch Einblicknahme und Verwendungsplanung in Gebrauch zu nehmen. Der Begriff schließt darum die Ich-Es-Beziehung, in der das Verwenden-wollen begründet ist, keinesweg aus.

Auch der andere Teil der Doppelbewegung, das **In-Beziehung-treten** vermeidet diese Unklarheit nicht. Buber möchte mit dieser Bewegung sicherstellen, daß sie zu der »Anschauung eines Seienden als Ganzheit und Einheit« führt.[79] Dahinter steht zweifellos »das Bedürfnis der Vernunft nach Einheit und Einheit des Wissens«, wie es *Hans-Georg Gadamer* in einem anderen Zusammenhang formuliert hat.[80]

Sich zu einem selbständigen Anderen in Beziehung setzen, das eine Ganzheit ist, birgt jedoch die bereits bekannte Forderung in sich, das Andere in seiner Selbständigkeit und Ganzheit unbeschadet zu lassen. Dies gilt vorzüglich für die Beziehung zum mitmenschlichen Du. Aber ob die Wahrung von Ganzheit und Einheit gelingt, bleibt doch mehr als fraglich, nicht zuletzt deswegen, weil sie Bestandteil einer synthetischen Anschauung ist. Denn bereits die Aufnahme der Beziehung zu den Dingen kann nicht daran vorbeisehen lassen, daß die Selbständigkeit des begegnenden Anderen, die die Distanzie-

rung will, nachträglich durch das **In-Beziehung-Treten** mindestens relativiert wird, insoweit die Dinge jetzt »funktionsbereit« fortbestehen und darauf warten, daß der Mensch sich ihrer wieder bemächtige.[81] Die Ich-Es-Beziehung läßt sich auch hier nicht vermeiden.[82] Problematisch bleibt dies freilich in bezug auf den Mitmenschen, für den ja das unveräußerliche Recht gilt: als Selbstzweck respektiert zu werden.
Diese Unklarheit hellt sich aber auf, wenn man von der Annahme ausgeht, daß es Buber keineswegs um eine völlige Eleminierung der Ich-Es-Beziehung gegangen ist, sondern nur um deren Integration in eine sinnhafte Wirklichkeitsbegegnung. Die Wirklichkeit ist aber nicht nur ein Geschöpf des wissenschaftlich-technischen Verstandes, sondern sie bleibt trotz aller Konstruktionen des Menschen (der nature artificielle) immer auch ein Empfangenes, in dem sich »jeder nur mit der Einigkeit seines Wesens und in der Einigkeit seines Lebens« zu bewähren vermag.[83] Dieses Sich-bewähren ist aber nur eine andere Bezeichnung für den **Dienst an der Schöpfung**. Denn Dienst ist zweifellos ebenso ein Bewahren und Fürsorgen für die anvertraute Wirklichkeit Üben, wie der diesen Dienst Versehende ihn auch als ein gestaltendes In-Verfügung-nehmen begreifen muß. »Gestalt ist Mischung auch von Du und Es«, bemerkt Buber einmal.[84] Mit seinen Unterscheidungen will er aber provozieren, daß wir »aus unseren Denkgewohnheiten«[85] heraustreten, um mit einem veränderten Sinn für das Von-woher und die Richtung unseres Handelns das zu überwinden, was er so plastisch »die Verwendungssucht« genannt hat, die den von ihr Besessenen vor allem »in seinem Verhältnis zu den Menschen als in einem Verhältnis zu Dingen« beharren läßt, und zwar zu Dingen, zu denen er nie in Beziehung treten wird, ja die er ihres Distanzseins und ihrer Selbständigkeit zu berauben beflissen ist.[86]
Die **Verwendungssucht** als Folge einer mit Hilfe von Wissenschaft und Technik angestrebten und exekutierten Herrschaft über die Schöpfung ist vielleicht der sublimste Ausdruck für die Gefährdung der Freiheit durch den Menschen. Deren brutale Aktualität in Gestalt biologistischen Rassenwahnes mußte Buber selber leidvoll erfahren. Der Gefährdung der Freiheit setzt er das Selbstsein als Dienst an der Schöpfung entgegen. Im Mit-sein mit Anderen sich in der Wirklichkeit der Welt zu bewähren, indem an dem »lichte(n) Bau der Gemeinschaft« gebaut wird, um so der »Massierung beziehungsloser Mensch-Einheiten« entgegenzuwirken, wird hier zum Ausdruck wirklich ergriffener Freiheit.[87]
Es sind in den vorangegangenen Teilen vier Stimmen zu Gehör gekommen. Trotz unterschiedlicher Ausgangspositionen und Akzentsetzungen haben sie

doch ein Gemeinsames erkennbar werden lassen: In seiner Selbstauslegung zeigt sich der Mensch als derjenige, dessen Position in der wissenschaftlich-technisch verfaßten Welt Macht und Ohmacht, Glanz und Elend in scharfer Konturierung widerspiegelt. Dieser Sachverhalt führt zu der Frage, worin jetzt die Herausforderungen an das Menschsein des Menschen ihren Ausdruck finden und auf welche Weise sie zu bestehen sind.

Im Durchgang durch die verschiedenen Versuche, jene Frage einer Antwort nahezubringen, konnten die Stellen markiert werden, an denen neue Anforderungen an Bildung und Ethos hervortraten. Die Umsetzung des Prinzips der Freiheit in die Wirklichkeit fordert angesichts der durch bereits erfolgte Umsetzungsversuche in der Geschichte für den Menschen eingetretenen Lage verstärkte Anstrengungen, diesen Anforderungen zu genügen.

Bildung muß jetzt vor allem zwei Aspekten Rechnung tragen: Sie kann nicht mehr nur individualistisch als umfassende Durchbildung der Einzelpersönlichkeit begriffen werden. Sie muß darüber hinaus der historischen Situation, darin insbesondere dem gesellschaftlichen Umfeld und der Umwelt überhaupt in ihrer Bedeutung für den Existenzvollzug uneingeschränkt Rechnung tragen. Sensibilität für die Gefährdungen des Lebens zu wecken und das Bemühen um das Lebensdienliche zu fördern, stellt sich so als Aufgabe mit Priorität dar. Zum anderen kann Bildung sich nicht mehr nur auf die bloße Vermittlung von Wissen und Fertigkeiten zum Zwecke der Verwendung im Beruf beschränken. Ihre Aufgabe muß sie jetzt auch darin sehen, darüber hinaus humane Kräfte zu wecken und zu fördern, die den Menschen als Person in den vielfältigen Auseinandersetzungen und Konflikten bestehen lassen.[88]

In diesem Zusammenhang spielt vor allem die Frage eine Rolle, ob und gegebenenfalls auf welche Weise die entstandene Lage überwunden werden kann, in der der Mensch nur noch als Träger von Zwängen in Erscheinung zu treten scheint.[89] Es sind zwei Richtungen entwickelt worden, diese Frage zu beantworten: In der einen wird die Lösung in einem bewußten Gegensatz zur technischen Rationalität im weitesten Sinne gesucht. Freiheit wird hier als Negation von Zwang begriffen. In der anderen sucht man die Antwort gerade in der Bestimmung der Freiheit als technisches Entscheidenkönnen.[90] Es ist aber durchaus die Frage, ob notwendigerweise in solchen Alternativen eine Entscheidung gesucht werden muß oder ob sich als Lösungsmöglichkeit nicht auch der Versuch anbietet, eine Versöhnung zwischen der Frage nach dem Menschsein des Menschen und der wissenschaftlich-technischen Verfassung der neuzeitlichen Lebenswelt anzustreben. Unter Versöhnung soll dabei in einem Hegelschen Sinne die Aufhebung von Trennung verstanden werden, in diesem Falle die Aufhebung einer starren Entgegensetzung von Freiheit und Technik, wie sie die Diskussion der letzten zwei Jahrzehnte beherrscht hat.

Ein möglicher Lösungsweg zeichnet sich dort ab, wo die *»dialektische Vermittlung von Wissenschaft und Leben . . .«* gegenwärtig als einzige Chance dargestellt wird, »durch die dem Menschen heute eine mögliche Selbstverwirklichung« eröffnet werden kann.[91] Darin sind allerdings zwei Voraussetzungen enthalten: Die erste erstreckt sich darauf, die Entgegensetzung von Wissenschaft und Leben als nichts Endgültiges zu betrachten. Vielmehr geht es dann darum, daß beide sich gegenseitig wieder durchdringen und damit die alte Auffassung von der Autonomie und Eigengesetzlichkeit der Lebensbereiche obsolet werden lassen. Die zweite Voraussetzung als Konsequenz der ersten hat es damit zu tun, daß das Menschsein des Menschen sich nicht gegen, sondern mit der Wissenschaft in einem menschenmöglichen Maße verwirklichen lassen muß.

Beide Voraussetzungen aber gehen aus dem Bemühen hervor, den Ort und die Stellung des Menschen in der heutigen Welt abzuklären. Dies bedeutet, daß nicht irgendeine Gesellschaft, weder eine vergangene noch eine zukünftige, zum Ort menschlichen Selbsteinsatzes erklärt werden kann, sondern daß die durch die wissenschaftlich-technische Verfassung bestimmte Situation als der Ort möglicher Einsatzchancen anzunehmen ist.[92] Zum anderen aber muß mit der Einsicht Ernst gemacht werden, daß die Stellung immer schon durch eine »Einbezogenheit des Menschen in die **umgreifenden** Superstrukturen des verwissenschaftlichten Zeitalters« bestimmt ist. Nur in Utopien gelingt es, über dieses Zeitalter hinauszukommen, während das Handeln den in ihm bereitgestellten Möglichkeiten allein folgen kann.[93] *Ein Handeln an dieser Einsicht vorbei, mit dem also ein* **Weltentwurf** umgesetzt werden soll, der aus den Zukunftsvorstellungen des entwerfenden Menschen hervorgeht, stößt dann auf Schwierigkeiten. Die Geltung einer zeitgemäßen Ethik wird darum eher dort gesucht werden müssen, wo der Mensch von sich selbst in seiner individuellen Einzelheit absieht und sich so selbst-los an das sachlich Mögliche macht.[94]

Es ist nun allerdings damit zu rechnen, daß solche Überlegungen im Aspekt von Emanzipation und Selbstverwirklichung als geradezu rückschrittlich verdächtigt werden. Denn Begriffe wie Selbstlosigkeit und Versachlichung legen von vornherein den Verdacht auf Zementierung von Selbstentfremdung, Verdinglichung, Angepaßtheit und Manipulation nahe. Solchem Verdacht gegen-

über ist es jedoch hilfreich, sich vor Augen zu halten, daß damit nur etwas wieder ins Bewußtsein gerufen wird, was illusionäre Vorstellungen über das wirkliche Vermögen des Menschen immer wieder zu Unrecht verdrängt haben: ein Handeln, für das beansprucht wird, daß es im Zusammenhang mit »der gemeinsamen Aufgabe einer Gestaltung der Lebenswelt« steht, geht ins Leere, wenn es nicht die wissenschaftlich-technischen Grundbedingungen der gegenwärtigen Lebenswelt zu integrieren vermag.
Zum Begriff der Selbstlosigkeit im Sinne des bewußten Zurückstellens des Selbst muß noch bemerkt werden, daß er eine wesentliche inhaltliche Bestimmung dadurch erhält, daß mit ihm ein **Sich-freigeben** für andere gemeint ist. In dieser Hinsicht ist Selbstlosigkeit gleichbedeutend mit **Dasein für andere**. Ein solches Verständnis steht in der Tradition des hier untersuchten neuzeitlichen Freiheitsverständnisses. Freiheit ist demnach kein Gegenstand des Selbstgenusses, sondern eine Verpflichtung im Blick auf das Recht des Lebens schlechthin, wie es nicht nur dem Menschen, sondern allem Geschaffenen zusteht. Darüber hinaus aber erinnert der Begriff der Selbstlosigkeit auch an die Dienst-tradition, deren Ausbildung und Vermittlung sich nicht zuletzt dem Christentum verdankt und die in Soldaten zu allen Zeiten überzeugende Vertreter gefunden hat.
Der Begriff der Sachlichkeit verweist seinerseits darauf, daß Fragen zu beantworten sind und Probleme zur Lösung anstehen, die ihren Entstehungsort in Bereichen haben, die den Einzelnen übergreifen. Ein Beitrag zur Lösung erfordert darum neben Erfahrung und Sachverstand die Bereitschaft, die Eigenleistung in kooperative Unternehmungen einzubringen. Das Wir tritt gleichberechtigt neben das Ich. Unter den Bedingungen der neuzeitlichen Lebenswelt kann das eine entscheidende Voraussetzung dafür sein, dem Gemeinwohl eine neue, zeitgemäße und verpflichtende Gestalt zu geben. Darüber hinaus aber schließt der Begriff der Sachlichkeit noch einen wichtigen Aspekt ein: Sachlichkeit bedeutet danach auch »verantwortliche Steuerung«.[95]
Sachlichkeit ist also keineswegs schon identisch mit einer Haltung, die wesentlich Unterordnung unter die vermeintlichen Eigengesetzlichkeiten der Welt und ihre jeweiligen wissenschaftlichen Begründungen bedeutet. Sachlichkeit ist auch nicht nur darauf zu beschränken, lediglich das zu akzeptieren, was man will und was man allenfalls noch wollen kann. Sie drängt vielmehr, recht verstanden, gerade auch darauf, das Gewollte daraufhin zu prüfen, ob es auch das Gesollte ist.[96] Insofern ist sie auch nicht auf bloße Pragmatik einzugrenzen. Hier klingt vielmehr die Forderung nach der Aus-

bildung einer ethischen Steuerungsrationalität wieder an, wie wir sie bereits bei den Theoretikern der späten Neuzeit ausgedrückt fanden, und zwar gerade im Bewußtsein des gefährdeten Menschseins. Diese Rationalität kann sich nicht damit zufrieden geben, daß etwas nur möglich, allgemein üblich und nützlich ist.

Für die Entwicklung solcher Rationalität gilt folgende Voraussetzung: »Der Mensch ist heute gezwungen, sich selbst zu planen, und das heißt, mit sich selbst zu experimentieren, denn gerade der Mensch der gegenwärtigen Gesellschaft ist mehr denn je als das nicht fertige Wesen zu bestimmen.«[97] Der Selbsteinsatz in Forschung und der Entwicklung neuer, lebensdienlicher Technologien ist durchaus ein Gefordertes. Aber er kann erst dort sinnvoll erfolgen, wo zugleich mitbedacht wird, welche daraus hervorgehenden Möglichkeiten genutzt werden können, ohne die Gefährdungspotentiale noch zu vergrößern. Sich selbst in einen Plan einzubringen, kann darum auch nicht heißen, nach einem **Menschenbild** jetzt Menschen formen zu wollen. Es steht nicht eine spezifische Konditionierung zur Diskussion, wie sie von radikalen Behavioristen bisweilen gefordert wird. Im Wägen und Verfolgen oder Vermeiden eröffneter Möglichkeiten findet das seinen geschichtlichen Ausdruck, worin der Mensch sein Wesen meint erkennen zu können. Aber dieser Ausdruck ist, wie Ortega y Gasset gezeigt hat, nichts Dauerndes, sondern er bleibt, was die Wiedergabe des Wesens des Menschen betrifft, ungewiß und drängt zu neuen geschichtlichen Ausdrucksformen.

Soldatische Existenz in gesellschaftlicher Verantwortung

Bildung, so stellt es sich zuvor dar, sollte über die bloße Vermittlung von Wissen und Fertigkeiten hinaus im Menschen humane Kräfte wecken, um als Person bestehen zu können. Sie muß Einstellungen und Haltungen ausbilden helfen, die ihn befähigen, sich im Horizont seiner ständigen Selbstgefährdung rational zu verhalten, d.h. jene Alternativen auszubilden, die solche Gefährdungen mildern, statt sie zu vergrößern. Bildung hat so z.B. die Aufgabe, jene Solidarität[98] zu fördern, in der die verantwortliche Mitgestaltung der Lebenswelt ihren Grund findet. Überhaupt ist darin die Förderung des sozialen Ethos mitangelegt. Darüber hinaus wird es aber auch als weitere Aufgabe der Bildung angesehen werden müssen, dazu beizutragen, die starre Entgegensetzung von Menschsein und wissenschaftlich-technischer Verfassung der Neuzeit durch Formen eines sinnvollen, nicht nur das Lebensrecht des Menschen in umfassender Weise respektierenden und sichernden Umgangs mit Wissenschaft und Technik zu ersetzen.[99] An dieser Stelle erhebt sich heute die Forderung nach einer spezifischen Wissenschaftsethik.

Wir kehren zur Ausgangsfragestellung zurück. Sie lautete ja: welche Voraussetzungen müssen erfüllt sein, damit die Wahrnehmung der Verantwortung dem Ganzen der Gesellschaft gegenüber erfolgen kann, die aus dem politischen Ethos kommt, das sich auch im Vollzug soldatischer Existenz zur Geltung bringt? Die Erörterung der Bildungsperspektive sollte nur dazu dienen, den Problemhorizont abzuschreiten, innerhalb dessen die Antwort auf jene Frage gesucht werden muß. Dem liegt die Einsicht zugrunde, daß Fragen der soldatischen Existenz nicht mehr von der Position eines bloßen Gegenübers zur Gesellschaft, gleichsam unter Annahme der Autonomie der Lebensbereiche beantwortet werden können. Eine zureichende Beantwortung wird vielmehr erst da möglich sein, wo diese Frage als aus einem, die soldatische und die gesellschaftlich-politische Existenz des Menschen übergreifenden Zusammenhang hervorgehend verstanden werden kann. Alle soldatische Ausbildung, die ja schließlich immer auch Bildung ist, wird sich daran messen lassen müssen, auf welche Weise sie mit diesem Zusammenhang umgeht: ob sie ihn unberücksichtigt läßt, oder ihn verdunkelt, oder ihn schließlich erhellen hilft.

Mit der Aufnahme des Bildungsthemas in eine Studie über den Ort soldatischer Existenz in der gegenwärtigen Welt wird indessen nur eine Forderung erneut berücksichtigt, die spätestens in Scharnhorsts Konzept einer Neuorientierung der Offiziersausbildung zur Geltung gelangte. Sie verlangt heute jedoch, in eigenständiger Weise, unter Berücksichtigung der aus der Verfassung der gegenwärtigen Lebenswelt stammenden Probleme neu durchdacht zu werden. Sie trifft auch auf die Bereitschaft dazu.[100]

Dessen ungeachtet aber bestehen noch Schwierigkeiten, den Bildungsbegriff in jenem Wissen- und Fertigkeitsvermittlung übergreifenden Zusammenhang zu sehen. Der Grund dafür liegt zweifellos in der Dominanz, die die institutionellen Eigenzwecke besitzen. Das, was als Aufgabe einer Armee begriffen wird, kann sich in dieser Beziehung als ein Selektionsmechanismus erweisen, mittels dessen nur jene Themenstellungen für eine Vermittlung im institutionseigenen Bildungsgeschehen zugelassen werden, die eine Relevanz für die Eigenerfordernisse besitzen. Anderes wird dagegen als minder wichtig oder gar störend verdrängt.

So begreiflich es ist, wenn institutionellen Eigenzwecken der Vorrang gegeben wird, so wenig vermag das aber bereits dem Vollzug soldatischer Exi-

stenz im Zeichen der Umsetzung des Prinzips der Freiheit Rechnung zu tragen. Die soldatische Existenz stellt vielmehr die Integration dieses Prinzips in die Bereitschaft dar, seine Umsetzung, gerade auch im politischen Bereich, dadurch zu fördern, daß jeder gewaltsamen Einflußnahme darauf von außen widerstanden wird. Eine solche Integration zu fördern bedingt nun aber, daß in und mit der Ausbildung zum Soldaten sich gleichsam das Verständnis für den umgreifenden Problemhorizont ebenfalls herausbildet, in dem die Umsetzung des Prinzips der Freiheit steht. Die Formulierung: »Das Spannungsverhältnis zwischen dem Freiheitsbedürfnis einer heranwachsenden Generation und der Notwendigkeit ihrer sinnvollen Eingliederung in eine militärisch-hierarchische Ordnung wird die Erziehungsaufgabe nach wie vor entscheidend beeinflussen«[101] — verlangt geradezu nach einer Ergänzung im Sinne der zuvor aufgezeigten Bedingung. Andernfalls entstünde die Gefahr, daß unter sinnvoll wieder *nur* die Unterordnung unter systembedingte Zwecke allein zu verstehen ist. Nach dem aber, was an anderer Stelle über den Sinn gesagt worden ist, ist das bei weitem nicht mehr zureichend, die soldatische Existenz als sinnhaft bezeichnen zu können.
Statt dessen erscheint es als unabweisbar, die Wahrnehmung von Verantwortung dem Ganzen der Gesellschaft gegenüber aus dem Bewußtsein der Freiheit als diejenige Bildungsaufgabe anzunehmen, die der Aufgabe, Soldaten auszubilden, ihre übergreifende Sinnperspektive eröffnet. Das muß dann auch zum Ziel haben, die Sensibilität für die Gefährdungen des Menschen und seine Versuche zur Selbstverwirklichung ebenso zu wecken wie den Sinn für die Bedeutung der Gemeinschaft für das Personsein des Menschen; und es wird schließlich auch dem Ausdruck verleihen müssen, was sich unter den gegenwärtigen Bedingungen überhaupt als Dienst bestimmen läßt: Die Absehung von der individuellen Einzelheit zugunsten einer Selbstlosigkeit, die in der Mitgestaltung der Lebenswelt ihre Aufgabe erblickt.

6. Soldatische Existenz und der Schutz der Freiheit — eine Zusammenfassung

Die Fragen, von denen diese Studie geleitet wurde, bezogen sich auf Zusammenhänge zwischen der soldatischen Existenz und der freiheitlichen Verfassung einer demokratischen Gesellschaft, dem durch sie bedingten politischen Ethos und der Verantwortung der Freiheit, in welcher dieses seine inhaltliche Bestimmung erfährt.

Der Anlaß, solche Fragen überhaupt zu stellen, wird durch den eigentümlichen Sachverhalt gebildet, daß die traditionellen Antworten auf die Frage nach dem Sinn der soldatischen Existenz heute ebensowenig zu befriedigen vermögen wie die modische Absage an diese Existenz.

Dem Versuch, wenigstens Antwortrichtungen zu finden, lag die Annahme zugrunde, daß die Probleme, die die soldatische Existenz aufwirft, sich möglicherweise weniger sperrig zeigen, wenn das Soldatsein aus dem Zusammenhang mit geschichtlichen Bewegungen und den sie prägenden Kräften zu erklären versucht wird. Dies ist keine neue methodische Forderung. Sie wird in der Militärgeschichte seit eh und je beherzigt, ob mit Erfolg, ist dabei eine völlig andere Frage. Auch für die Ethik ist sie mit Recht erhoben worden.[1] Doch sie ist gerade auf diesem Gebiet erstaunlich folgenlos geblieben. Die soldatische Existenz wird lediglich zum Krieg in Beziehung gesetzt.

Das geschieht auch dort noch, wo sie in der Gegenwartsethik eigentlich schon keine Rolle mehr spielt. Denn die ausschließliche Beziehung zum Krieg läßt sie für die Ethik gegenstandslos werden, weil die Bezugsgröße **Krieg** aus der ethischen Reflexion ausgeschlossen und statt dessen durch den **Frieden** ersetzt wird. Mit ihm aber vermag man die soldatische Existenz nur widerwillig oder überhaupt nicht mehr in Verbindung zu bringen. So stößt die bekannte Formel vom **Friedensdienst mit und ohne Waffen** zunehmend auf Kritik und wird so abgeändert, daß nur noch der **Friedensdienst ohne Waffen** als ethisches Gegenstandsgebiet und als Sollforderung übrigbleibt. Demgegenüber ließ sich aber zeigen, daß die soldatische Existenz seit dem ausgehenden 18. Jahrhundert aus dem Zusammenhang mit dem **Prinzip Freiheit** begriffen worden ist, von dem die Geschichte der letzten 200 Jahre ihre nachhaltigste Prägung erfahren hat. Dieses Prinzip verschafft sich in Wissenschaft und Kultur, in Wirtschaft und Politik Geltung. Es dringt auch in das

Militär ein und findet dort Menschen, die ihm weitaus stärker verbunden sind, als der erstickenden Geistlosigkeit militärischen Kastengeistes und der Enge abgestandener Konventionen sowie Reglements. Es legte sich von dort her nahe, die soldatische Existenz durchaus als Bestandteil der sich entwickelnden freiheitlichen Verfassung der neuzeitlichen Lebenswelt selber zu sehen und die bloße Beziehung zum Krieg als durch die Geschichte selbst relativiert zu betrachten.[2]

Es fällt jedoch auf, daß dieser Aspekt in der Ethik des 19. und 20. Jahrhunderts keine Beachtung gefunden hat. Im Vordergrund steht vielmehr zunächst die Entfaltung einer individuellen Tugendlehre, mit der sich ein instrumentelles Denken verbindet. Der Vollzug der soldatischen Existenz in Form von Mut, Tapferkeit, Treue und Selbstaufopferung wird in die Verfolgung von Staatszwecken integriert. Deren Rechtfertigung aber erfolgt von Bezugsgrössen wie Macht, nationale Idee u.a. Es wurde als Pflicht des einzelnen dargestellt, sich solchen Größen gehorsam unterzuordnen. Nach den Relationen von Freiheit und Gehorsam wird dabei gar nicht gefragt. Als jene Bezugsgrössen dann zunehmend fragwürdiger wurden, verlor auch das Verständnis der soldatischen Existenz als Bestandteil eines Machtinstruments seine Geltung. Das Ende des Ersten Weltkriegs und das Entstehen eines demokratischen Staatswesens lassen vor allem die Frage nach dem Verhältnis von soldatischer Existenz und demokratischem Ethos als dringlich entstehen. Sie ist bis zum heutigen Tage jedoch ein untersuchungswürdiger Gegenstand für die Ethik geblieben, vor allem im Hinblick auf das **Prinzip Freiheit** und seine Umsetzung in die Realität einer demokratischen Gesellschaft.

Diese Gesellschaft bedingt gerade im Aspekt der Verantwortung der Freiheit ein eigenes politisches Ethos, das auf Kenntnissen von Sachzusammenhängen in den Handlungs- und Funktionsabläufen einer Gesellschaft und den sie konstituierenden Teilen ebenso aufbaut wie auf der Bereitschaft, die Wahrnehmung eigener Rechte und Ansprüche dort einzuschränken oder zurückzustellen, wo es um der Lebensfähigkeit aller willen geboten ist. Es sind zudem Sensibilität für die Gefährdungen des Lebens, Solidaritätsbewußtsein, Dienstbereitschaft und ein ausgeprägter Gerechtigkeitssinn, die als Inhalte eines zeitgemäßen Ethos berücksichtigt werden wollen.

Die ethisch-reflexive Durchdringung des Zusammenhangs der soldatischen Existenz mit diesem Ethos muß von der Voraussetzung ausgehen, daß das Bedenken der betriebsinternen Erfordernisse militärischer Systeme und Subsysteme und deren struktural-funktionale Begründung keineswegs schon ein hinreichender Ersatz für die geforderten ethischen Überlegungen sind. Eine solche Vorgehensweise weist auf Berufsarmeen als ihren Entstehungsort zurück. Sie legen den Vergleich mit Wirtschaftsunternehmungen nahe. Diese Betrachungsweise stößt aber an ihre Grenzen, wenn es sich um ein militärisches System handelt, das auf der allgemeinen Wehrpflicht aufbaut. Es kann seine Legitimation nur aus dem Zusammenhang mit der freiheitlich-demokratischen Verfassung des Staats- und Gesellschaftswesens selber und dem ihm eigenen Ethos erfahren. In dieser Hinsicht ist die soldatische Existenz ein möglicher und notwendiger Ausdruck des allgemeinen politischen Ethos und nicht einer spezifischen Professionalität.

Die heute vielverhandelte Frage, welchen Sinn das Soldatsein habe, vermag ihre theoretische Beantwortung ebenfalls erst aus jenem Zusammenhang von politischem Ethos und soldatischer Existenz zu erhalten. Sie ist jedenfalls, worauf ja die Vielzahl einander widersprechender oder mindestens doch relativierender Aspekte in der militär-soziologischen Behandlung dieses Problems hindeutet, mit den Mitteln der Sozialwissenschaften alleine nicht zu beantworten. Aber auch der Versuch einer Beantwortung aus dem Kontext einer alle Lebensbereiche bestimmenden Ideologie heraus vermag nicht zu befriedigen. Denn es ist das **Prinzip Freiheit** und damit die Verantwortung der Freiheit, die hinter einen Geschichtsdeterminismus mit seinen vermeintlichen Gesetzmäßigkeiten der Entwicklung zurücktreten müssen. Das kann jedoch in letzter Hinsicht nur wieder das instrumentelle Verständnis des Militärs im Hinblick auf die Durchsetzung ideologisch vorgegebener Ziele zur bestimmenden Größe werden lassen. Dann aber muß es fraglich bleiben, auf welche Weise noch ein Friedensbeitrag geleistet werden kann. Denn das Verständnis des Militärs als Machtinstrument schließt im Grunde den Frieden aus. Der Ansatz beim **Prinzip Freiheit** hingegen impliziert die Gesittung der politischen Macht und fordert damit zugleich, daß sie Gegensätze vermittelt, folglich versöhnend tätig wird. In dieser Perspektive erwächst der soldatischen Existenz aus der Verantwortung der Freiheit die Aufgabe, das vermittelnde und Gegensätze ausgleichende politische Handeln zu schützen. Um es paradox zu formulieren: im Aspekt der Freiheit kann Militär nicht mehr militant sein.

Den Krieg hat *Karl Jaspers* einmal zutreffend den »Todfeind der Freiheit« genannt.[3] Die Verantwortung der Freiheit wird so zum Grund einer unnachsichtigen Bekämpfung des Krieges. Das Ziel aber, den Krieg unmöglich zu machen, steht nicht in »sicherer Aussicht«.[4]

Hier wird der Widerstreit zwischen der Idee des ewigen Friedens und der stets gefährdeten Freiheit sichtbar. Es ist bisher nicht gelungen, ihn aufzulösen. Die Existenz des Soldaten manifestiert auf ihre Weise die unerfüllt gebliebenen Hoffnungen auf den ewigen Frieden. Die andere Seite der Verantwortung der Freiheit wird an dieser Stelle sichtbar. Sie schließt, obwohl die »den Krieg als solchen nicht wollen kann«, dennoch den bewaffneten Widerstand gegen alle gewaltsamen Aktionen ein, die die »Möglichkeit eines freien politischen Lebens, das notwendig in sich vom Friedenswillen getragen ist«, einschränken oder gar vernichten wollen.[5] In dieser Hinsicht ist die soldatische Existenz dann Ausdruck der steten Schutzbedürftigkeit der Freiheit, deren »verbleibende Zweideutigkeit« durch »keine Änderung der Umstände« je aufgehoben werden kann, wie es *Hans Jonas* so eindrücklich wieder hervorgehoben hat.[6]

Schließlich konnte auch sichtbar gemacht werden, daß das Verständnis der soldatischen Existenz als Ausdruck eines in der Verantwortung der Freiheit seinen Grund findenden politischen Ethos eine weitere Bedingung aus sich heraussetzt. Sie besteht darin, daß dieses Ethos selber in einem Bildungszusammenhang gesehen werden muß, der von Kategorien bestimmt wird, die die wissenschaftlich-technische Zivilisation und ihre Funktionsbedingungen übergreifen. Das Ziel von Bildungsprozessen ist ein neues Dienstverständnis, das auch im soldatischen Dasein verwirklicht werden will als spezifische Weise der Mitgestaltung der menschlichen Lebenswelt.

Was die voraufgehenden Studien endlich als Ergebnis gezeitigt haben, das ist sicherlich noch keine Berufsethik für den Soldaten im eigentlichen Sinne. Sichtbar geworden sind aber Elemente einer ethischen Theorie der soldatischen Existenz im Kontext neuzeitlichen Freiheitsverständnisses.

7. Anmerkungen

Vorbemerkung

Die im folgenden gebrauchten Abkürzungen für Zeitschriften, Quellenwerke, Lexika und Serien richten sich nach dem internationalen Abkürzungsverzeichnis, wie es jetzt in der Theol. Realenzyklopädie: Abkürzungsverzeichnis; zusammengestellt von Siegfried Schwertner, Berlin/New York 1976, veröffentlicht worden ist.

Zum Vorwort zur ersten Auflage

1 *Howard* Der Krieg in der europäischen Geschichte, S. 189 f.
2 Ritter — Söldnerführer — Offizier. In: Festschrift Johannes Bärmann, Teil I, S. 45-70.
3 Das preußisch-deutsche Offizierkorps, S. 70.

Zu Kapitel 1

1 Zum Grundsätzlichen und zur Geschichte der Ethik vgl. *Ritter, Romberg, Pieper* Art.: Ethik, HWP Bd. 2, Sp. 759-809, s. dort auch weit. Lit.
2 Die von *Mann* Lorbeer und Dornenkrone, vorgelegte Arbeit, die in ihrer Art einzig geblieben ist, spiegelt dieses Verfahren noch wider, vgl. dort bes. S. 209 ff.
3 Vgl. dazu den Überblick von *Biser* Art.: Friede, HWP Bd. 2, Sp. 1114 ff.
4 Statt vieler Einzelhinweise sei hier nur auf den Beitrag des niederländischen Politologen *Schokking* bes. S. 323, verwiesen. Vgl. ferner auch *Schrey* Art.: Religiöse und sittliche Auswirkungen der Weltkriege, RGG ^{3}IV. Bd., Sp. 73 ff.; s. dort auch weit. Lit.
5 *Kimminich* Art.: Krieg III, HWP Bd. 4, Sp. 1235; vgl. auch ders. Völkerrechtliche Lagebeurteilung, S. 79 ff.
6 Die Wahrscheinlichkeit von Kriegen, auch die einer bewaffneten Auseinandersetzung zwischen den Supermächten hat wiederholt *Carl Friedrich v. Weizsäcker* betont; vgl. dazu insbes. ders.: Wege, S. 109ff.
7 *Bennett* Foreign Policy, S. 31 f.
8 Er wird nachdrücklich von *Burger* Art.: Krieg, vertreten.
9 Ebd., S. 284 f.
10 Zum Gehorsamsbegriff und der mit ihm verbundenen Problematik vgl.: *Walther* Art.: Gehorsam.
11 *Burger* Art.: Krieg, S. 284.
12 *Elert* Zur Geschichte, S.131-150.

13 Ebd., S. 133; zum Begriff Vaterland und seiner Geschichte vgl. *Zilleßen* Volk.

14 *Elert* Zur Geschichte, S. 134.

15 Ebd., S. 139 f.

16 Ebd., S. 145 f.; vgl. dazu ferner auch ders., Morphologie, II. Bd., S. 369.

17 *Elert* Zur Geschichte, S. 140.

18 Ebd., S. 148.

19 Vgl. dazu ebd., S. 149 ff.

20 Ebd., S. 134.

21 Ein besonders eindrückliches Beispiel dafür bietet die vom damaligen Ökumenischen Rat der Kirchen einberufene Weltkirchenkonferenz über Kirche, Volk und Staat, die 1937 in Oxford stattfand. In dem Bericht über diese Konferenz heißt es dazu: »Der Faschismus vertritt eine Auffassung des Volkes unter politischem Gesichtspunkt. Der Deutsche faßt den *Staat* als das Werkzeug auf, das Volk als eine fortdauernde ständig wachsende Kraft zu gestalten und zu erhalten.« Kirche und Welt, S. 89 f.

22 Vgl. dazu ebd., S. 91 f.

23 *Trillhaas* Ethik, S. 503.

24 Dies wird besonders eindrücklich an *Gollwitzer* Art.: Krieg und Christentum, sichtbar.

25 Auf einen bedenkenswerten Sachverhalt macht erneut *Kimminich* Völkerrechtliche Lagebeurteilung, S. 897 f., aufmerksam. Er weist darauf hin, »daß im klassischen Völkerrecht, das kein Kriegs- und Gewaltverbot kannte, nicht nur eine »Hegung«, d.h. Eindämmung und Begrenzung der Kriegsaktionen stattfand, sondern auch der Krieg insgesamt der Politik untergeordnet wurde . . ., während unter der Geltung des Kriegs- und Gewaltverbots die der Eindämmung des Krieges dienenden Rechtsnormen weitgehend ihre Effektivität einbüßten, die Kunst des Friedensbeschlusses verlorenging und die Politik eine Fortsetzung des Krieges wurde.« In diesem Zusammenhang verdient ebenfalls die Arbeit von *Schmitt,* Der Nomos, Beachtung. Im Vorwort schreibt der Verf., daß die großen Kriege des 20. Jahrhunderts das Denken der Menschen »wieder auf die elementaren Ordnungen ihres terrestrischen Daseins richten«. Dies sei um so notwendiger, als die »Hegung des Krieges« in der Neuzeit durch den »Vernichtungskrieg« abgelöst worden sei (S. 285 ff.). Dabei macht er zugleich auf auf die erstaunliche Parallele aufmerksam, daß die »modernen Vernichtungsmittel« nicht nur den traditionellen Sinn des Krieges radikal verändert haben, wie ihn noch v. Clausewitz vor Augen hatte, sondern daß damit auch eine Veränderung im Verständnis des Gegners einhergeht. Der justus hostis wird zum Verbrecher. »Die Diskriminierung des Feindes zum Verbrecher und die gleichzeitige Hineinziehung der iusta causa laufen parallel mit der Steigerung der Vernichtungsmittel und mit der Entortung des Kriegsschauplatzes. Die Steigerung der technischen Vernichtungsmittel reißt den Abgrund einer ebenso vernichtenden, rechtlichen und moralischen Diskriminierung auf« (S. 298).

26 Vgl. die Darstellungen von *Rief* Die bellum-iustum-Theorie u. von *Harald Oberhem* Zur Kontroverse, S. 41-68.

27 *Oberhem* ebd., S. 67.

28 Wenn *Rief* Die bellum-iustum-Theorie S. 40, als diesen Kern ebenso »die Möglichkeit, ein ius ad bellum glaubhaft aufzuzeigen«, ansieht wie »auf Inhalte und Werte menschlichen Lebens hinzuweisen, die es unbedingt verdienen, auch mit dem Mittel des Krieges verteidigt zu werden und darum den Menschen für die sittliche Aufgabe in Anspruch zu nehmen«, dann ist das noch zu allgemein, um der Theorie des gerechten Krieges weiter die Aufmerksamkeit sichern zu helfen. Welches **Recht zum Krieg** könnte es heute noch geben? Und welche **Inhalte und Werte** könnten einen solchen Rang beanspruchen, verteidigt zu werden, mit dem Risiko, nach der Verteidigung erst recht nicht mehr zu existieren? Im Zusammen-

hang solcher Fragen verdient eine Bemerkung besondere Beachtung, die *John C. Bennett* Foreign Policy, S. 63, zu einem solchen möglichen Wert macht: »It seems to me that, more often than not, what is called national honor lackes any moral significance and is little more than a rhetoric defense of whatever policy a nation chooses.« Die Gefahr, etwas zu einem Wert hochzustilisieren, der gar keiner ist, darf wohl, bei allem Recht zu einer Neuinterpretation, nicht außer Acht gelassen werden.

29 So z.B. *Hertz* Die Lehre, S. 425 ff.

30 Ebd., S. 447.

31 Ebd., S. 426.

32 Ebd., S. 437.

33 Vgl. dazu auch *Oberhem* Zur Kontroverse, S. 68.

34 So *Duchrow* »Gerechte Gewalt«, S. 133. Es ist darüber hinaus bemerkenswert, daß in der gegenwärtigen ethischen Diskussion, wie sie sich in der Philosophie vollzieht, die soldatische Existenz kein Thema mehr ist. Vgl. dazu *Apel, Böhler, Rebel* (Hg.), Funkkolleg: Praktische Philosophie/Ethik. Die von *D. Böhler* beschworene Weltkrise, die eine ungeheure Herausforderung an die ethische Vernunft darstellt (Bd. 1, S. 3 ff.), läßt offenbar die soldatische Existenz nur noch als eine überholte Möglichkeit erscheinen.

35 *Duchrow* »Gerechte Gewalt«, S. 134.

36 Zu diesen Auseinandersetzungen vgl. *Walther* (Hg.) Atomwaffen.

37 *Howe* Die atomare Bewaffnung, S. 190. Wird dazu noch die Frage gestellt, warum sich diese Sicht noch nicht durchgesetzt habe, dann stößt man z.B. auf den Vorwurf eines Kommunikationsdefizits, mangelhafter politischer Aufklärung und einer Fixiertheit auf überholte historische Situationen. Dies findet sich mit wünschenswerter Klarheit bei *Scharffenorth* Konflikte, S. 75, ausgesprochen.
Dagegen vgl. *Schmidt* Kirche und Staat, S. 212 f. »Der Soldat kann nur dann mit gutem Gewissen Dienst mit der Waffe tun, wenn er weiß, daß seine Regierung Friedenspolitik treibt, wenn er weiß, daß die Gesellschaft, in der er lebt, sich um den Frieden müht. Er kann nur dann eine harte Ausbildung auf sich nehmen, wenn er weiß, daß sie zwar für den äußersten Notfall notwendig ist, daß aber alle Bemühungen von Staat und Gesellschaft darauf hinzielen, das militärische Potential unseres westlichen Bündnisses nur zu benötigen, um durch das Gleichgewicht den Frieden zu erhalten und die Verhandlungen zu verstärken, um auf beiden Seiten das Gleichgewicht Zug um Zug auf niedrigere Rüstungsebenen herunterzuschrauben. Das ist furchtbar schwer zu verstehen, weil es doch ein Widerspruch zu sein scheint!«

38 *Duchrow* »Gerechte Gewalt«, S. 133.

39 Es ist immerhin bemerkenswert, daß dort, wo der künftige Friedenszustand bereits als gegenwärtig bestehender behauptet wird, die soldatische Existenz mit der Notwendigkeit seiner Verteidigung und seiner weiteren Ausbreitung begründet wird. Vgl. dazu unten Kap. 4. Zum Grundsätzlichen s. jetzt auch: Marxistisch-leninistische Ethik, bes. S. 231 ff.

40 Zum Grundsätzlichen vgl. die treffende Analyse dieser Strömung bei *v. Weizsäcker* Im Garten des Menschlichen, S. 116 ff.

41 *Jaspers* Philosophie und Welt, S. 112.

42 Ebd., S. 106.

43 Diese Veränderung der Diskussionslage wird deutlich bei: *Furger* Christliche Verantwortung, S. 259 ff., der seine Gedanken als »Modellkonturen« verstanden wissen will; ferner bei *Ernst Josef Nagel* Methodisches zur Friedensethik, S. 229 ff.; vgl. insbes. auch seine Kritik an der pazifistischen Deontologie, S. 237 ff. Den Zwang zur Praktikabilität eines ethischen Konzepts der Friedenssicherung heben ebenfalls *Ruh und Blondel* Ethische Kriterien, hervor.

44 Ein besonders gutes Beispiel dafür bietet *Rendtorff* Ethik Bd. II, S. 143 ff.

45 Ebd., S. 143.

46 Vgl. dazu ebd., S. 144 und S. 148.

47 Vgl. ebd., S. 145.

48 Vgl. ebd., S. 152.

49 Ebd., S. 148.

50 Dieser Aspekt wird insbes. in der sowjetischen militärtheoretischen Literatur hervorgehoben. So z.B. *Gorschkow* Seemacht. Dort heißt es: »Flottendemonstrationen haben es in vielen Fällen möglich gemacht, politische Ziele zu erreichen, ohne zum Mittel des bewaffneten Kampfes greifen zu müssen, indem lediglich mit Hilfe des Machtpotentials und der Androhung militärischer Maßnahmen Druck ausgeübt wurde.« (S. 355). Aber, was hier von der Flotte gesagt wird, das gilt mutatis mutandis auch von den übrigen Streitkräften.

51 *Gadamer* Vernunft, S. 52 f.

52 *Picht* Was heißt Friedensforschung?, S. 32.

Zu Kapitel 2

1 Damit wird keineswegs bestritten, daß sie nicht schon früher behandelt worden ist. So ist der Kriegerstaat z.B. bei *Platon* Der Staat, S. 71 ff. u.ö., Gegenstand eingehender Erörterungen.

2 Dieser sozialgeschichtliche Aspekt wird besonders nachdrücklich von *Kitchen* A Military History, hervorgehoben; vgl. dort S. 27 ff.

3 Eine sehr informative Auswertung hat *Möller* Das Regiment, vorgelegt.

4 Vgl. ebd., S. 55 ff.

5 Hierin liegt es begründet, daß trotz bestehender Bedenken vor allem im Blick auf die moralische Skrupellosigkeit, mit der Landknechte nach Kriegsbeute strebten und jede Gewinnmöglichkeit nutzten, Söldnern vor Lehnsheeren der Vorzug gegeben wurde; vgl. dazu das Votum des kaiserlichen Feldhauptmannes Lazarus v. Schwendi (1522-1584) zit. bei *Papke* Von der Miliz, S. 33.

6 *Möller* Das Regiment, S. 114.

7 Dieses eigentümliche instrumentelle Verständnis des Militärs spiegelt sich z.B. in dem von *Herrmann* Deutsche Militärgeschichte, S. 112, erwähnten Bericht eines ungenannten österreichischen Offiziers über die preußische Infanterie bei Mollwitz.

8 Vgl. dazu die von *Herrmann* Deutsche Militärgeschichte S.113 zit. Kriegsartikel.

9 Der französische Wortlauf ist abgedr. bei *Frauenholz* Das Heerwesen, S. 83.

10 Über solche Veränderungen und durch sie entstandene Probleme gibt *Fiedler* Grundriß der Militär- und Kriegsgeschichte, Auskunft. Welche Auswirkungen auf das soldatische Selbstverständnis und die Moral feststellbar waren, beschreibt *Presser* Napoleon, S. 311: »Die eigenartige Zucht, die in der Armee herrschte, gründet in einem Gefühl von Eigenwert, welches den Soldaten beseelt. Er ist ein Mann mit Verantwortungsgefühl. Man erwartet von ihm, daß er in seiner Person das Land repräsentiert, er bekommt Selbstvertrauen und Selbstachtung, was alles dieser Armee zugute kommt und den scheinbaren Gegensatz zwischen seinem stark individualistischen Charakter und seiner tiefen Empfindung für Einheit auflöst. Tiefer empfunden zumindest als innerhalb der zusammengeprügelten Mietlinge der Habsburger oder der unpersönlichen, gedrillten Soldaten der Hohenzollern.« Zum Einfluß Napoleons I. auf die Disziplin und Organisation der Armee vgl. u.a. *Göhring* Napoleon, z.B. S. 141 ff. Zum Ganzen vgl. auch die immer noch lesenswerte Arbeit von *Jaurès* Die neue Armee, S. 127 ff.

11 Die Demokratie in Amerika, S. 152.

12 Ebd., vgl. dazu auch *Hereth* Die Gleichheit, S. 34 ff.

13 *Tocqueville* Die Demokratie in Amerika, S. 175.

14 Deutsche Geschichte, S. 83.

15 Vgl. ebd., S. 58 f.

16 Napoleon, S. 303 ff.

17 Vgl. z.B. *Göhring* Napoleon, S. 145.

18 Die christliche Ethik, S. 283.

19 Beitrag zur Berichtigung der Urtheile des Publikums über die fanzösische Revolution, Gesamtausgabe Bd. I, 1, S. 203-404.

20 Ebd., S. 203.

21 Ebd.

22 Ebd., S. 243.

23 Ebd.

24 Vgl. dazu auch die noch immer lesenwerte Darstellung von *Freyer* Weltgeschichte Europas, S. 558 ff., bes.: S. 565 ff.

25 *Fichte* Gesamtausgabe, Bd. I, 1, S. 241.

26 Ebd., S. 244.

27 Ebd.

28 Ebd., S. 253.

29 Ebd., S. 247 f.

30 Ebd., S. 248.

31 Der geschlossene Handelsstaat (1800), Sämtl. Werke, 3. Bd., S. 482.

32 Vgl. dazu Gesamtausgabe Bd. I, 4, S. 219 u. *Fichte* Die Wissenschaftslehre, S. 169.

33 *Fichte* Nachgel. Werke Bd. II, S. 527.

34 Grundlage des Naturrechts, Gesamtausgabe Bd. I, 3, S. 389.

35 Ebd., S. 390.

36 Ebd., vgl. auch S. 392 ff. u. S. 435 ff.

37 Ebd., S. 396.

38 Vgl. dazu: Grundlage des Naturrechts . . . Zweiter Anhang. I. Über das Völkerrecht, Sämtl. Werke Bd. 3, S. 371 ff.

39 Das System der Sittenlehre, Gesamtausgabe Bd. I, 5, S. 246.

40 Ebd.

41 Vgl. dazu auch ebd. S. 82 ff.

42 Ebd., S. 248.

43 Ebd., S. 250.

44 Ebd.

45 Ebd., S. 248.

46 Ebd.

47 Sämtl. Werke, 3. Abtl., 3. Bd., S. 252-270.

48 Vgl. dazu insbesondere die Predigt, die er am 24. Jan. 1808 hielt und unter das Thema stellte: »Über die rechte Verehrung gegen das einheimische Große aus einer früheren Zeit«. Kleine Schriften und Predigten, S. 319 f. Vgl. ferner auch *Dilthey,* Gesammelte Schriften XIII. Bd., S. 1-36.

49 Vom Kriege, S. 357; vgl. dazu insbesondere die Würdigung durch *Ritter* Staatskunst, Bd. 1, S. 63 ff.

50 *Schleiermacher* Sämtliche Werke, 3. Abtl., 3. Bd., S. 254.
51 Ebd.
52 Ebd., S. 256.
53 Ebd., S 263.
54 Vgl. ebd., S. 263 f.
55 Ebd., S. 264.
56 Ebd., S. 267.
57 Ebd., S. 267 f.
58 Ebd., S. 269.
59 Ebd., S. 269 f.
60 Ebd., S. 263.
61 Broullion zur Ethik, S. 11 ff.
62 Ebd., S. 16; vgl. auch S. 30 f.
63 Ebd., S. 27 f.
64 Ebd., S. 29.
65 Philosophische Ethik, S. 220.
66 Ebd., S. 208.
67 Ebd., S. 212 ff.; 218 ff.
68 Broullion zur Ethik, S.64.
69 Vgl. ebd., S. 65 f.
70 Ebd., S. 73.
71 Ebd., S. 66.
72 Vgl. ebd., S. 67. In der Ethik von 1812/13 wird dieses Zusammenwirken in der Vielfalt seiner Rahmenbezüge aufgezeigt; vgl. Philosophische Ethik, S. 94 ff.
73 Vgl. ebd., S. 101 ff.
74 Ebd., S. 106.
75 *Dilthey* Ges. Schr. XII, . . . S. 14.
76 Broullion zur Ethik, S. 71
77 Ebd.
78 Dieser Gedanke tritt ebenfalls deutlich in einer Predigt vom 24.8.1806 in Halle hervor, die *Schleiermacher* unter das Thema gestellt hatte: »Wie sehr es die Würde des Menschen erhöht, wenn er mit ganzer Seele an der bürgerlichen Vereinigung hängt, der er angehört.« Vgl. Kleine Schriften Bd. I, S. 285 ff.
79 Sie wurde wahrscheinlich 1829 ausgearbeitet und findet sich in: *Schleiermacher* Sämtl. Werke 3. Abt., 8 Bd.; vgl zum Ganzen aber auch *Schleiermacher* Sämtl. W., 3. Bd., S. 252 ff.
80 Broullion zur Ethik, S. 71
81 Vgl. *Kant* Werke, Bd. 9, bes. S. 208 ff.
82 Vgl. Sämtl. Werke, 3. Abt., 8. Bd., S. 154 ff.
83 Ebd., S. 157.
84 Kleine Schriften und Predigten Bd. I, S. 55.
85 *Wuttke* Handbuch der christlichen Sittenlehre, 2. Bd., S. 523 f.
86 Ebd., S. 576.

Zu Kapitel 3

1 *Fichte* Reden an die deutsche Nation, S. 217.

2 Deutsche Geschichte, S. 81; vgl. zum Ganzen jetzt auch die aufschlußreiche Dokumentation, die *Pawlas* Militär, Freiheit und Demokratie, vorgelegt hat.

3 Vgl. zu diesem Aspekt den außerordentlich aufschlußreichen Beitrag von General *Maurice Guerin,* Perspectives Scientifiques, der das technizistisch-instrumentelle Verständnis des Militärs positiv unterstreicht.

4 Ein besonders lehrreiches Beispiel hat in dieser Hinsicht *Brakelmann* Protestantische Kriegstheologie, dargestellt; vgl. z.B. S. 39 ff.

5 *Locke* Zwei Abhandlungen, S. 281.

6 *Smith* Der Wohlstand der Nationen, S. 598 ff.

7 Betrachtungen über die Kriegskunst, S. 342 f. Zur Person des Verf. vgl. die ausgezeichnete Einleitung von *E. Opitz* zu diesem Band.

8 Ebd.

9 Ebd.

10 Zu diesem bedeutenden Frühliberalen und seinen Wirkungen vgl. *Bußmann,* Königliche Armee, S. 27 f.

11 Über stehende Heere und Nationalmiliz (1816), in: Sammlung kleiner Schriften, S. 156-239.

12 Ebd., S. 182 ff.

13 Zum Problem der Gesittung vgl. auch den erhellenden Beitrag von *Gablentz* Politische Gesittung.

14 Vom Kriege, S. 998.

15 Zit. b. *Höhn,* Scharnhorst-Vermächtnis, S. 17.

16 Ebd., S. 18.

17 Betrachtungen über die Kriegskunst, S. 215 ff.

18 Ebd., S. 339.

19 Ebd., S. 341.

20 Ebd.

21 Vgl. dazu *Lehmann* Scharnhorst Bd. I, S. 383; ferner vgl. zu Scharnhorsts Beurteilung der sich aus den Folgen der Französischen Revolution ergebenden Konsequenzen die bei *Höhn* Scharnhorst-Vermächtnis, S. 96 ff., abgedr. Aussagen, die dem vom ehemaligen Heeresarchiv Potsdam verwalteten Nachlaß entnommen sind.

22 Zit. b. *Lehmann* Scharnhorst, S. 384.

23 Vgl. ebd., S. 204 ff.

24 Ebd., S. 218.

25 Zum ewigen Frieden, S. 226 f.

26 Vgl. *Höhn* Scharnhorst-Vermächtnis, S. 224 f.

27 Abgedr. in *Fraunholz* Das Heerwesen, S. 121 ff.

28 Zit. ebd., S. 114.

29 A Military History, S. 59.

30 Staatskunst und Kriegshandwerk Bd. 1, S. 207.

31 Kleine Schriften und Predigten, S. 57.

32 Vgl. dazu *Kitchen* A Military History, S. 68 ff u. S. 95 ff.

33 *Napoleon* Ich der Kaiser, I. Bd., S. 236.

34 Ebd., S. 288.

35 Ebd., S. 292.

36 *Presser* Napoleon, S. 304.

37 Vgl. ebd., S. 321 ff.

38 Der Fürst (Il Principe), S. 49.

39 *Göhring* Napoleon, S. 145.

40 *Hölzle* Napoleon und die Randmächte, S. 108.

41 *Rothe* Theologische Ethik, 3. Bd. 2. Abt., S. 951 ff.; zum Geschichtsverständnis Rothes vgl. auch *Birkner* Spekulation u. Heilsgeschichte; zur Endzeitvorstellung vgl. *Walther* Typen des Reich-Gottes-Verständnisses, S. 117 ff.

42 *Rothe* Theologische Ethik, 3. Bd. 2. Abt., S. 951.

43 Zum ewigen Frieden, S. 208 ff.

44 Theologische Ethik, 3. Bd. 2. Abt., S. 953.

45 Ebd., S. 954.

46 Ebd., S. 955.

47 Ebd.

48 Ebd., S. 960 f. Den Pflichtenstandpunkt betont auch *Wuttke* Handbuch, 2. Bd., S. 576.

49 *Rothe* Theologische Ethik, 3. Bd. 2. Abt., S. 957 f.

50 Das tut sie übrigens auch nicht mehr bei *Oettingen* Die christliche Sittenlehre, vgl. dort S. 695 ff., der im übrigen den »Krieg für berechtigte staatliche Lebensgüter und Werthe (als) ein unumgängliches Übel« bezeichnet (S. 696); zu v. Oettingen vgl. *Chr. Walther* Theologie und Gesellschaft, S. 29 ff; ferner vgl. *Linnenbrink* Die »Sozialethische Weltansicht«, S. 180 ff. Ebenso verzichtet *Martensen* Die christliche Ethik, S. 280 ff., auf eine Erörterung dieser Frage. Als Kriterium für den Krieg, »welcher im Dienste der Gerechtigkeit mit den Waffen der Gerechtigkeit geführt wird«, führt er an, »daß der gerechte Krieg jedesmal ein *Nothwehr- oder Schutzkrieg* sein muß . . .« (S. 281).

51 *Rothe* Theologische Ethik, 3. Bd. 2. Abt., S. 964.

52 Ebd., S. 963.

53 Zur Geschichte des Begriffs und zum Problem des Gehorsams vgl. jetzt *Walther* Art.: Gehorsam, S. 148 ff.

54 Vgl. *Rothe* Theologische Ethik, 3. Bd. 2. Abt., S. 964 f.; *Martensen* Die christliche Ethik, S. 283 ff.; *Wuttke* Handbuch, 2. Bd., S. 526 ff.

55 *Rothe* Theologische Ethik, 3. Bd. 2. Abt., S. 964 f.

56 Ein eindrucksvolles Beispiel dafür liefert *Wendt* Die sittliche Pflicht, S. 72 ff.

57 Ebd., S. 73.

58 *Wuttke* Handbuch, 2. Bd., S. 578.

59 *Mayer* Ethik, S. 11

60 Ebd., S. 4.

61 Vgl. Die Lehre vom Heerwesen, S. 28 ff.

62 Ebd., S. 29.

63 Ebd.; vgl. dazu aber auch ebd. S. 64 f.

64 Eine ausführliche und kritische Darstellung der theologischen Grundgedanken und der politischen Wirksamkeit dieses Theologen gibt *Brakelmann* Protestantische Kriegstheologie.

65 *Seeberg* System der Ethik, S. V.

66 Ebd., S. 256 f.

67 Ebd., S. 258 ff.

68 Ebd., S. 259.

69 Ebd., S. 261.
70 Ebd., S. 263.
71 Ebd., S. 261.
72 Ebd., S. 263.
73 Ebd., S. 264.
74 Ebd.
75 Ebd.
76 Ebd., S. 265.
77 *Brakelmann* Protestantische Kriegstheologie, S. 138.
78 S. Anm. 56
79 *Wendt* Die sittliche Pflicht, S. 63 ff.
80 Ebd., S. 66.
81 Ebd., S. 71 f.
82 Ebd., S. 74.
83 Vgl. ebd., S. 67 ff.
84 Vgl. ebd., S. 72 f.
85 Ebd., S. 74 ff.
86 S. Anm. 59.
87 *Mayer* Ethik, S. 287 ff.
88 Ebd., S. 289.
89 Vgl. Vom Kriege, S. 200 f.
90 *Mayer* Ethik, S. 291.
91 Ebd., S. 290.
92 *Schlatter* Die christliche Ethik, S. 166.
93 Ebd., S. 167.
94 Ethik, S. 502.
95 *Schlatter* Die christliche Ethik, S. 167.
96 Ebd.
97 Zum Pazifismus vgl. jetzt die ausgezeichnete kleine Arbeit von *Hecht* Die christliche Friedensbotschaft, bes. S. 54 ff.
98 *Schlatter* Die christliche Ethik, S. 167 f.
99 Die Religion im deutschen Staate, Ges. Schr. Bd. 2, S. 65-90.
100 Ebd., S. 75.
101 Ebd.
102 Vgl. *Spencer* The Works of Herbert Spencer, Vol. VII S. 588 ff. u. S. 602; vgl. ferner Vol VIII S. 584 ff.
103 Spektator-Briefe, S. 4.
104 Ebd., S. 11.
105 Vgl. ebd., S. 31-37. Zur Reichswehr und ihrer Stellung in der Weimarer Republik vgl. den erhellenden Beitrag von *Hansen* Reichswehr und Republik.
106 *Troeltsch* Spektator-Briefe, S. 84.
107 Ebd., S. 132.
108 Ebd., S. 128 ff.
109 Vgl. G.W. II, S. 286 f u. G.W. X, S. 62 f.
110 *Brunner* Das Gebot und die Ordnungen, S. 455 ff.

111 Ebd., S. 456.

112 Ebd.

113 Ebd., S. 457 f.

114 Ebd., S. 456.

115 Ebd., S.460.

116 *Müller* Ethik, S. VII. Zur Lage der Ethik und die Auseinandersetzungen über ihre wissenschaftliche Aufgabe vgl. *Dilschneider* Die evangelische Tat, S. 8 ff.; zu Müller s. die Kritik auf S. 15 f.

117 *Müller* Ethik, S. VIII.

118 Ebd., S. 366.

119 Ebd., S. 367; die Aussage selbst findet sich bei *Brunner* Das Gebot und die Ordnungen, S. 456.

120 Vgl. *Müller* Ethik, S. 367 ff.

121 Ebd., S. 373 ff.

122 Vgl. dazu insbes. *Søe* Christliche Ethik, S. 365 f.

123 Ebd., S. 364.

124 Ebd., S. 366 ff.

125 Ebd., S. 368.

126 Ethik, S. 193 ff.

Zu Kapitel 4

1 Theologische Ethik II, 1, S. 314 ff., S. 463.

2 Ebd., S. 318.

3 Diese Auseinandersetzungen sind, soweit es die Evangelische Kirche in Deutschland betrifft, dokumentiert und kommentiert in: *Rausch u. Walther* Evangelische Kirche in Deutschland und in: *Walther* Atomwaffen und Ethik.

4 *Heuss* Soldatentum in unserer Zeit, S. 19.

5 Vgl. ebd., S. 21.

6 Ebd., S. 22.

7 Ebd.

8 *Heuss* läßt diese Herausforderung an folgender Bemerkung hervortreten: »Die Autonomie einer deutschen Militärgeschichte ist also vorbei, auch sozusagen im Verordnungsweg: das überkommene Wort von der **Kriegsflagge** ist verschwunden und dem nüchternen Wort **Dienstflagge** gewichen. An so ein paar Buchstaben kann Spürsinn bemerken, was darin als geschichtlicher Vorgang steckt.« Ebd., S. 15.

9 Ebd., S. 28.

10 Vgl. dazu *Portner/Schulz* Grundlinien einer allgemeinen Wehrpädagogik, ferner *Bastian* Die Droge Frieden.

11 *Portner/Schulz* Grundlinien einer allgemeinen Wehrpädagogik, S. 169.

12 Mit diesem Verständnis des soldatischen Ethos unterscheide ich mich prinzipiell von demjenigen, das *Huntington* The Soldier and the State, S. 61 f., entwickelt. H. läßt dieses Ethos exklusiv in einem militärischen Professionalismus begründet sein. Bezeichnend dafür ist folgende Aussage: »Any given officier corps will adhere to the ethic only to the extent that it is professional, that is, to the extent that it is shaped by functional rather than social imperatives.« (S. 61 f.)

13 *Greiffenhagen* Ein schwieriges Vaterland, S. 297.

14 Vgl. *Rosser* Civil-Military Relations.

15 Ebd., S. 26.

16 *Magenheimer* Wehrwille, S. 113. Zu diesem Sachverhalt vgl. neuerdings auch *Zoll* (Hg.), Sicherheit und Militär, bes. S. 44 ff.

17 *Kummer* Die Motivation in der Armee, S. 218.

18 Ebd.

19 Vgl. *Rosser* Civil-Military Relations, S. 26.

20 Zum Ganzen vgl. die informative Studie von *Toner* The Military Ethic.

21 Ebd., S. 12.

22 Ebd.

23 *Ulmer* Diluted Professionalism, S. 8. Die These von der Eigenständigkeit des Soldaten-Berufs hat auch in der Bundesrepublik Deutschland ihre Vertreter gefunden. Vgl. dazu *Wagemann* Das Berufsbild des Soldaten. Ebenfalls geht *de Maizière* Das Bild des Offiziers, S. 280, von einer Eigentümlichkeit des Soldaten-Berufs aus, die »der Übernahme ziviler Verhaltensweisen Grenzen« setzt. — Für eine »optisch klar sichtbare Professionalisierung des Soldatenberufs« setzt sich *Gehmacher* Der Beruf des Soldaten, S. 95, ein. Damit verbindet sich die Erwartung, das Image des Soldaten überhaupt aufzubessern.

24 Vgl. dazu insbesondere *Wolkogonow* Ethik für den sowjetischen Offizier, S. 180 ff. Die Qualifizierung Dessauers als »BRD-Soziologe« (S. 183) beruht entweder auf einem Versehen oder auf völliger Unkenntnis. D. war ein anerkannter Naturwissenschaftler, und was hier als »Pessimismus« gebrandmarkt wird, beruht in Wahrheit auf Einsichten in die Ambivalenz der Ingebrauchnahme wissenschaftlicher Erkenntnisse. Vgl. dazu auch *Dessauer* Reflexionen über Erbe und Zukunft des Abendlandes.

25 Ein jüngstes Beispiel dafür ist der Beitrag von *Kubern* Zur politisch-moralischen Motivierung. In musterhafter Weise wird hier vorgeführt, wie ein wissenschaftliches Denken aussieht, dessen Aufgabe offenkundig nicht darin gesehen wird, Vor-urteile zu korrigieren, sondern zu zementieren.

26 *Wolkogonow* Ethik für den sowjetischen Offizier, S. 185.

27 *Kaschirin* Der moralische Faktor im modernen Krieg, S. 33.

28 Ebd., S. 30 ff.

29 Ebd., S. 31. Vgl. dazu ferner auch *Kozianka* Wesen und Struktur der Verteidigungsmacht; *Lippholdt* Weltanschauliche Probleme des Mensch-Technik-Verhältnisses in den Streitkräften; *Groll/Hillebrenner* Die sozialistische Militärmacht im revolutionären Wehrprozeß.

30 *Wolkogonow* Ethik für den sowjetischen Offizier, S. 79.

31 *Gornij* Sozialistische Rechtsordnung, S. 291.

32 Ebd.

33 Ebd., S. 293.

34 Ebd., S. 294. Zur Disziplinierung als Mittel für »die kompromißlose Erfüllung jedes Befehls« vgl. das Interview mit dem stellvertr. Chef der polit. Hauptverw. d. NVA, in: Militärwesen 27, H. 11/1983, S. 6.

35 Vgl. dazu *Hofmann/Gerold* Aspekte der politisch-moralischen Berufsmotivation; *Bloss* Heranbildung und Berufsmotivation; *Tabunow* Der moralische Geist der Truppen.

36 Vgl. dazu *Weischedel* Der Gott der Philosophen, 2. Bd., S. 165 ff.

37 Ebd., S. 166.

38 Ebd.

39 Ebd., S. 167.

40 Ebd.

41 Ebd., S. 168.

42 Ebd., S. 168 f.

43 Diese Schwierigkeit wird bereits deutlich bei *Weber* »Objektivität«. Wissenschaft kann generell eben immer nur sagen, was ist. Sie kann aber nicht sagen, ob das, was ist, auch sein soll.

44 *Weischedel* Der Gott der Philosophen, S. 168 f.

45 Ebd., S. 170.

46 Ebd., S. 169

47 Ebd., S. 169 f.

48 Ebd., S. 173.

49 Ebd., S. 172.

50 Dazu vgl. jetzt *Kolakowski* Falls es keinen Gott gibt, S. 28.

51 Philosophie nach der Aufklärung, S. 83.

52 So z.B. bei *Schulte* Verteidigung im Frieden. Unter dem Stichwort: »Sinn des Soldatseins« (S. 107) gelangt der Verf. zu folgender Feststellung: »In der Sinndeutung des modernen Soldatentums muß zwischen den Aufgaben militärischer Funktionen und der Motivation dieser Funktionen unterschieden werden.« (S. 109) Zu den »militärischen Funktionen« rechnet er: ». . . die Aufgabe, einen militärischen Konflikt zu bestehen durch Abwehr der gegnerischen Aggression als auch die Mitwirkung an den vielfältigen Aufgaben der Krisenbeherrschung im Frieden, um diesen zu erhalten. Krisenbeherrschung fällt aber in den Verantwortungsbereich der oberen militärischen Führung. Der einfache Soldat ist von dieser Aufgabe nicht betroffen.« (S. 109 f.) Im Unterschied dazu wird die »Motivation des soldatischen Dienstes« gesehen, deren Besonderheit darin besteht, »die Entschlossenheit zu kämpfen« mit dem »Wille(n) zur Kriegsverhinderung durch Abschreckung« zu verbinden (ebd.). Die Sinnfrage wird hier mit der Funktion beantwortet, die dem Soldaten durch ein bestimmtes strategisches Grundkonzept zugewiesen wird. Dieses ist es auch, das die soldatische Existenz dann sinnhaft erscheinen läßt. Doch mit der Gleichsetzung von Funktion und Sinn ist die Aufgabe noch keineswegs erledigt. Es muß jetzt auch geprüft werden, was das strategische Grundkonzept sinnhaft werden läßt. M.a.W.: die Rechtfertigung und Fraglosmachung der soldatischen Existenz erfordert noch weitere Überlegungen, in deren Verlauf es u.a. auch um die Prüfung des bislang sinnverleihenden Grundkonzepts geht.

53 The Professional Soldier.

54 S. VII ff. — Im übrigen hat auch *Troeltsch* bereits 1922 auf die Identitätskrise des Soldatentums aufmerksam gemacht. Im Hinblick auf die Politik und Militär gleichermaßen beeinflussenden technischen Entwicklungen sah er sich damals schon zu dem Urteil veranlaßt, daß »das ehrliche Heldentum alten Stiles, das eigentlich militärische Pathos« nur noch eine »Nebenrolle« spiele. Spektatorbriefe, S. 261.

55 *Janowitz* The Professional Soldier, S. VII.

56 Ebd., S. 7; vgl. dort auch S. 32 ff. Vgl. ferner *Rosser* Civil-Military Relations, S. 23 f. Die Diskrepanz zwischen einer traditionellen Legitimierung des Soldatseins und seiner Angepaßtheit an allgemeine berufliche Spezialisierungstrends macht *Heseler* Militär und Technik, kennlich.

57 *Janowitz* The Professional Soldier, S. 15 f.

58 Ebd., S. 31.

59 Ebd., S. 32.

60 Ebd., S. 36: »The martial spirit continues to give the military profession its distinctive outlook, and to mold even its military managers. Modern trends make it difficult to imbue the fighter spirit. While civilian leaders may be able to control the strategic policies of the military establishment, they cannot dispense with heroic leadership.« (ebd.)

61 Ebd., S. 401 ff.

62 Ebd., S. 402.

63 Ebd., S. 417 ff. — Auf sein Konzept des Militärs als einer **Polizei-Streitmacht** (»constabulary-force«) brauchte in unserem Zusammenhang nicht weiter eingegangen zu werden, weil es für die Frage nach dem Sinn soldatischer Existenz keine unmittelbare Bedeutung hat.

64 Ebd., S. 424 ff.

65 Ebd., S. 425.

66 Ebd., S. 428.

67 Vgl. dazu *Fergusson* Strategic Thinking.

68 Ebd., S. 21.

69 *Moskos* Eigeninteresse, S. 205. Eine Auseinandersetzung mit den von Moskos vorgetragenen Argumenten findet sich bei *Nöbel* Das Verhalten von Soldaten im Gefecht.

70 Vgl. *Moskos* Eigeninteresse, S. 211 ff.

71 Vgl. dazu bes. *Yarmolinsky* The Military Establishment.

72 Vgl. ebd., S. 4 f. — Dabei verdient das Urteil besondere Beachtung, daß die teilweise Militarisierung der US-Außenpolitik nicht in erster Linie auf das militärische Establishment zurückzuführen sei, sondern auf Präsidenten, zivile Politiker, den Kongress und nicht zuletzt auf das amerikanische Volk (S. 37).

73 Ebd., S. 411.

74 *Moskos* »Institution«, S. 199.

75 *Parsons* Soziologische Theorie, S. 56.

76 *Moskos* »Institution«, S. 200 f.

77 Ebd., S. 200.

78 *Parsons* Soziologische Theorie, S. 35.

79 Vgl. ebd., S. 39.

80 Ebd., S. 37.

81 Ebd., S. 28.

82 Ebd.

83 Auf diese Konsequenz hat bereits *Freyer* Theorie des gegenwärtigen Zeitalters, bes. S. 79 ff., nachdrücklich aufmerksam gemacht. Zur Sache vgl. aber auch *Schulz* Philosophie in der veränderten Welt, S. 648 ff. Unter dem Aspekt der Sozialethik hat *Wendland* Botschaft an die soziale Welt, S. 124 ff., dieses Problem behandelt.

84 Gerade das scheint mir präzise das zu sein, was *Huntington* The Soldier and the State, methodologisch verfolgt, so daß am Ende gar nichts anderes als ein neues Gleichgewicht zwischen Militär und Gesellschaft i.S. eines reibungslosen Nebeneinanders herausschauen kann. Die Bedingung dafür ist freilich, daß sich **militärische Werte** auf die Gesellschaft übertragen lassen. Vgl. ebd., S. 452 ff.

85 Vgl. dazu die informative Studie von *Segal* Militärdienst in den 70er Jahren.

86 Dazu vgl. ebd., S. 22 ff.

87 Unter diesem Begriff wird die Zusammenfassung aller Erkenntnisse »vor allem über die Gesetze des Krieges, über die Vorbereitung der Streitkräfte und des Landes auf einen Krieg und über die Methoden der Kriegführung« verstanden. »Zu den Bestandteilen der Militärwissenschaft gehören die Theorie der Kriegskunst, die Theorie des Aufbaus der Streitkräfte,

die Theorie der militärischen Ausbildung und Erziehung sowie die Theorie der Militärökonomie und der rückwärtigen Dienste.« *Hillebrenner* Die theoretischen Grundlagen, S. 8. — Die Wehrethik ist Teil der Theorie der Ausbildung und Erziehung. — *Kirschin* Die sowjetische und die westliche Militärwissenschaft, S. 93, definiert den Begriff: **Militärwissenschaft** folgendermaßen: »Die sowjetische Militärwissenschaft ist ein einheitliches System von Kenntnissen auf dem Gebiet der Methoden und Formen des bewaffneten Kampfes und dessen Hauptinstrument — der Streitkräfte, ihrer Ausbildung, ihres Aufbaus, ihrer Leitung und allseitigen Versorgung sowie auf dem Gebiet der Verbindungen des bewaffneten Kampfes und der Streitkräfte mit den sozialen und den von der Natur her gegebenen Faktoren und Verhältnisse.« Danach muß das soldatische Ethos zu den sozialen Faktoren gerechnet werden, deren systematische Entfaltung Aufgabe einer Wehrethik ist. Vgl. dazu insbesondere *Wolkogonow* Ethik für den sowjetischen Offizier, S. 15 ff.

88 Vgl. dazu *Halweg* Militärwissenschaft, Militärtheorie und Militärgeschichte bei Marx und Engels; ferner *Schmitter/Lampe* Karl Marx zu Krieg und Armee. In: Militärwesen 2/1983, S. 25 ff. Vor allem aber vgl. *Ritter* Das Kommunenmodell, S. 21 ff. Hinzuweisen ist schließlich auf *Wallach* Die Kriegslehre von Friedrich Engels.

89 *Ritter* a.a.O. S. 29.

90 Zu diesem Aspekt vgl. auch den staatsrechtlichen Beitrag von *Schorer-Laforêt* Armee und Staatsumwälzung.

91 Dies wird mit wünschenswerter Klarheit von *Gorschkow* Seemacht Sowjetunion, S. 189 ff. zum Ausdruck gebracht. Zum Autor vgl. *Opitz* Sergej G. Gorschkow.

92 So außer *Gorschkow* Seemacht, S. 191, auch *Hillebrenner* Die theoretischen Grundlagen, S. 3 ff; ferner *Siegmund* Zur Entwicklung der marxistisch-leninistischen Militärwissenschaft.

93 *Lenin* Werke Bd. 88, S. 28 f. Hier ist zudem auch auf Lenins Kommentar zu Clausewitz hinzuweisen: *Lenin* Clausewitz' Werk »Vom Kriege«.

94 Werke Bd. 88, S. 289; L. spielt auf *Kautskys* Arbeiten: Die soziale Revolution, 1902, u.: Der Weg zur Macht, 1909, an, die noch jenen Konsensus zu enthalten schienen.

95 Ebd., S. 285.

96 Ebd., S. 294.

97 Ebd., S. 30 f. Zur besonderen Stellung des Offiziers vgl. *Günther* Die Ausbildung des Offiziers, u. *Pruck* Der Offizier in der Sowjetgesellschaft. Hier wird auch auf den bemerkenswerten Umstand verwiesen, daß die Eingrenzung der soldatischen Pflichten auf den eigenen Staat durchaus schon Bestandteil der zaristischen Militärreglements gewesen ist. Die russische Armee steht unter einem doppelten Erbe: dem der zaristischen Zeit und dem des internationalen Revolutionarismus.

98 Werke Bd. 88, S. 227 ff.

99 Ebd., S. 250.

100 Ebd., S. 251.

101 Ebd., S. 255.

102 Ebd., S. 285.

103 Ebd., S. 286.

104 Vgl. dazu *Kautsky* Wehrfrage und Sozialdemokratie, S. 44 ff. Diese Publikation stellt übrigens ein Gutachten dar, das K. für eine vom Vorstand der SPD »eingesetzte Kommission zur Prüfung des Wehrproblems« (S. 3) erstellt hat. Zum Verhältnis Kautsky-Lenin vgl. besonders *Holzheuer* Karl Kautskys Werk als Weltanschauung.

105 *Lasalle* Gesamtwerke, Bd. 2, S. 395 ff. und S. 427 ff.

106 *Bernstein* Die Voraussetzungen des Sozialismus, S. 11 u. S. 170 ff.

107 *Liebknecht* Militarismus.

108 Zum Verhältnis Sozialdemokratie und Militär vgl. auch *Kreisler* Die deutschen demokratischen Sozialisten und die Wehrfrage.

109 *Lasalle* Gesamtwerke, Bd. 2, S. 24. Die besondere Wertschätzung, die L. Fichte entgegenbrachte, hat er in einer Studie über »Fichtes politisches Vermächtnis und die neueste Gegenwart« (ca. 1864), Gesamtwerke Bd. 3, ausgedrückt. Darin nimmt er vor allem auf Fichtes Notizen von 1812/14 Bezug (abgedr. in *Fichte* Sämtl. W., Bd. 7).

110 Wehrfrage und Sozialdemokratie, S. 63.

111 Ebd., S. 6. Im übrigen vgl. zum **sozialistischen Endziel** die immer noch aufschlußreiche Arbeit von *Renner* Marxismus, Krieg und Internationale. R. vertritt hier u.a. den Gedanken einer neuen Weltordnung, die in der ökonomischen Entwicklung zur Weltwirtschaft und politisch im Weltstaat ihren Ausdruck finden soll (S. 264). Realistisch macht er jedoch selbst den Einwand: »Aber der Weltstaat besteht nicht, und vom Standpunkt des heute wirklich geltenden Rechtes ist . . . der Krieg noch immer berechtigte Eigenmacht« (S. 269). R. bezeichnet die Differenz zwischen der Sehnsucht nach ewigem Frieden und den tatsächlichen politischen Verhältnissen und internationalen Beziehungen als den »klaffende(n) Widerspruch, der das Bewußtsein unseres Zeitalters zerreißt« (ebd.). Im übrigen wirken hier zweifellos Vorstellungen *Kants* nach, die dieser in »Zum ewigen Frieden«, Werke, Bd. 9, bes. S. 226 ff., entwickelt hat.

112 *Wolkogonow* Ethik für den sowjetischen Offizier, S. 11 f.

113 Ebd., S. 17 f.

114 Ebd., S. 19.

115 Ebd.

116 Ebd., S. 20.

117 Vgl. dazu auch *Loose/Glaß* Wehrmoral und Soldatenethos im Sozialismus, S. 83 ff. Zum militärtheoretischen Rahmen, in dem das Soldatenethos seinen Stellenwert hat, vgl. *Gspann* Les Fondements politics-militaires.

118 *Wolkogonow* Ethik für den sowjetischen Offizier, S. 48.

119 Vgl. *Sorokin* Einige aktuelle Probleme der marxistischen Lehre vom Krieg, S. 16.

120 *Wolkogonow* Ethik für den sowjetischen Offizier, S. 120.

121 Ebd., S. 123.

122 Ebd., S. 127.

123 Zu der hier behandelten Problematik verweise ich auf *Walther* Art.: Gehorsam.

124 Wolkogonow Ethik für den sowjetischen Offizier, S. 120.

125 Zum Verhältnis von Freiheit und Gehorsam sei hier auch auf die nach wie vor bedeutsamen Aussagen von *Bonhoeffer* Ethik, S. 193 ff., verwiesen.

126 *Mann* Lorbeer und Dornenkrone, S. 210.

127 Vgl. ebd., S. 209 f.

128 Es gehört zu den bemerkenswerten Sachverhalten, daß die Behandlung des soldatischen Ethos immer wieder auf den Kämpfer-Aspekt eingeschränkt zu werden in der Gefahr steht. In der Bundesrepublik Deutschland wird das bereits in den 50er Jahren sichtbar; vgl. z.B. *Maas* Die Erziehungsfrage in einer neuen Wehrmacht; *Schleinitz* Über die Kunst des Ausbildens; *Natzmer* Der Ballast der Erlebnisse; *Stülpnagel* Vom künftigen deutschen Soldaten. Die Hervorhebung des Kämpfer-Aspektes ist allerdings nicht auf die Bundesrepublik beschränkt; vgl. beispielsweise *Lichtensteiger* Militärische Erziehung und Ausbildung. Ebenfalls hebt *Janowitz* The Professional Soldier, S. 36, für die US-Armee hervor, daß der Kampfgeist nach wie vor das entscheidende Moment sei. Vgl. ferner auch *Yarmolinsky* The Military Establishment, S. 4: ». . . the martial purpose . . . is still paramount, although

the deterrent/preventive roll may gradually replace it.« — Kritisch setzt sich mit der Hervorhebung bloßen Kämpfertums *Schulte* Wehrmotive und Kampfmoral, auseinander. — In den frühen 50er Jahren waren aber auch andere Stimmen zu hören. So z.B. *Dethleffsen* Wehrmacht und Demokratie, der vom demokratischen Staatsverständnis und einem ihm entsprechenden Ethos her bereits weitgehende Forderungen an eine Neuorientierung der Ausbildung stellte (bes. S. 9 f.). In die gleiche Richtung gehen auch Überlegungen von *Janssen* Der Erziehungsauftrag einer neuen Wehrmacht.

129 *Niebuhr* Consensus; vgl. auch seine ältere Arbeit: Die Kinder des Lichts und die Kinder der Finsternis, bes. S. 35 ff. N. gab dieser, für das Verständnis des Demokratiebegriffs so bedeutungsvollen Arbeit den Untertitel: »Eine Rechtfertigung der Demokratie und eine Kritik ihrer herkömmlichen Verteidigung.«

130 Consensus, S. 189.

131 *Troeltsch* Spektator-Briefe, S. 4 ff.

132 *James* The Moral Equivalent, S. 21 ff.

133 Ebd., S. 27 f.

134 Ebd., S. 28.

135 Dies tritt besonders eindrücklich bei *Toner* The Military Ethic, bes. S. 11 ff., hervor und dürfte nicht nur für die Mentalität in bestimmten US-Offizierskreisen repräsentativ sein.

136 Zum außerordentlich komplexen Bereich der Sicherheitspolitik vgl. jetzt vor allem die verdienstvolle Dokumentation, die *Schubert* Sicherheitspolitik der Bundesrepublik Deutschland, herausgebracht hat, insbes. seine Einleitung, Teil I, S. 15 ff. Seine Definition: — *»Sicherheitspolitik umfaßt die Gesamtheit der politischen Ziele, Strategien und Instrumente, die der Kriegsverhinderung bei Wahrung der Fähigkeit zur politischen Selbstbestimmung dienen.«* (S. 16) — umgreift exakt den Sachverhalt, wie sich in der geschichtlichen Perspektive das Verhältnis von politischem und soldatischem Ethos darstellt.

137 Vgl. dazu insbes. *Weischedel* Skeptische Ethik, S. 122 ff. u. S. 149 ff.

138 Zum Ganzen vgl. die erhellende Abhandlung von *Bayer* Marcuses Kritik an Luthers Freiheitsbegriff, S. 13-38, in der der Aspekt der Befreiung besonders gut herausgearbeitet worden ist; vgl. dort S. 24 ff.

139 *Ebeling* Dogmatik des christlichen Glaubens, Bd. III, S. 245.

Zu Kapitel 5

1 Vgl. z.B.: Widerstand und Ergebung, S. 11 ff.

2 Vgl.: Philosophische Kultur, bes. S. 245-277.

3 Ebd., S. 272.

4 Ebd.

5 Ebd., S. 277.

6 Vgl.: Verfall und Wiederaufbau der Kultur, bes. S. 9 ff.

7 Ebd., S. 19 f.

8 Ebd., S. 57.

9 Vgl. ebd., S. 2 ff.

10 Ebd., S. 24 ff.

11 Ebd., S. 7.

12 Ebd., S. 26.

13 Ebd., S. 28 f.

14 Ebd., S. 36.

15 Ebd., S. 25.

16 Ebd., S. 22.

17 Ebd., S. 2.

18 Ebd., S. 53.

19 Ebd., S. 49.

20 Ebd.

21 Vgl. ebd., S. 58 ff.

22 Ebd., S. 58.

23 Zu *Scheler* und vor allem dessen Bedeutung für die philosophische Anthropologie vgl. jetzt: *Pannenberg* Anthropologie, S. 32 ff. u.ö.

24 *Ortega y Gasset* Ideen und Glaubensgewißheiten (1934). In: Ders.: Signale unserer Zeit, S. 337.

25 *Ortega y Gasset* Selbst-Versenkung und Selbstentfremdung (1939), in: ebd., S. 431.

26 Signale unserer Zeit, S. 337.

27 Ebd., S. 336; vgl. auch *Pannenberg* Anthropologie, S. 38 f.

28 *Ortega y Gasset* Signale unserer Zeit, S. 320.

29 Ebd., S. 425.

30 Vgl. dazu insbes. Betrachtungen über die Technik (1939), in: ebd., S. 447 ff.

31 Ebd., S. 476.

32 Ebd., S. 415 ff.

33 Ebd., S. 475.

34 Ebd., S. 455.

35 Ebd., S. 489.

36 Ebd., S. 501.

37 Ebd., S. 471.

38 Ebd., S. 490.

39 Ebd., S. 450.

40 Ebd., S. 462.

41 Ebd., S. 431.

42 Ebd.

43 Neuerdings hat *Rendtorff* Strukturen und Aufgaben technischer Kultur, bemerkenswerte Überlegungen zur Kulturproblematik der Gegenwart beigesteuert. Auf dem Hintergrund der Technikkritik der 70er Jahre ist es seine offenkundige Absicht, zwischen technischer Kultur und humaner Lebensführung zu vermitteln (S. 11 ff.). Unter den Aufgaben einer technischen Kultur begreift er auch die Beherrschbarkeit der Mittel (S. 17 ff.). Allein, die von ihm bevorzugte Diskussionsebene läßt die menschliche Lage in der technischen Kultur eher verdeckt, vergleicht man seine Ausführungen mit denen Simmels, Schweitzers oder Ortegas. Dieser Aspekt tritt dann vor allem auch in der sich an sein Referat anschließenden Kritik zutage (a.a.O. S. 26 ff.).

44 In: ders., Reden über die Erziehung.

45 Ebd., S. 51.

46 Ebd.

47 Ebd., S. 52f.

48 Ebd., S. 52.

49 Ebd., S. 55.

50 Ebd., S. 54.

51 Ebd., S. 55.

52 Ebd., S. 56.

53 Vgl. ebd.

54 Ebd., S. 60

55 Vgl. dazu *Buber* Das Problem des Menschen, bes. S. 162 ff.

56 Ein anderer Vertreter dieser Philosophie ist *Ebener* gewesen; vgl. dazu jetzt *Heintel* Das Totalexperiment des Glaubens.

57 Vgl. *Buber* Urdistanz und Beziehung, S. 11 ff. und S. 26 ff.

58 Ebd., S. 36.

59 *Buber* Das Problem des Menschen, S. 83.

60 Ebd., S. 83 f.

61 Ebd., S. 84.

62 Zu dieser Dialektik vgl. jetzt aber vor allem auch *Schulz* Philosophie in der veränderten Welt, S. 602 ff.

63 *Buber* Das Problem des Menschen, S. 89.

64 Ebd., S. 41.

65 Ebd., S. 46 ff.

66 Ebd., S. 49.

67 Ebd., S. 49 f.

68 Ebd., S. 99.

69 Ebd., S. 111 — Zur Problematik des Selbst vgl. auch *Pannenberg* Anthropologie, S. 185 ff., ferner *Schulz* Ich und Welt, S. 68 ff.

70 Vgl. *Buber* Urdistanz und Beziehung, S. 20 ff.

71 *Buber* Das Problem des Menschen, S. 112.

72 *Pannenberg* Anthropologie, S. 175, übergeht bedauerlicherweise diesen sozialethischen Aspekt in Bubers Denken. Aber damit verfehlt m.E. seine Kritik ihr Ziel, weil sie Buber auf eine Position fixiert, die er gerade zu überwinden trachtete.

73 *Buber* Bilder von Gut und Böse. Es ist bemerkenswert, daß B. in den Mythen eine Quelle sieht, die die Erkenntnis dessen fördert, was mit mir im Hinblick auf mein handelndes Sein in der Welt gemeint ist (S. 110). Darin schlägt sich auch die Einsicht nieder, daß Mythen überhaupt als verschlüsselte Anweisungen für ein zielgerichtetes Handeln zu begreifen sind. Vgl. dazu auch *Kerenyi* Die anthropologische Aussage des Mythos. Dieser, mit meinem Sein schöpfungsmäßig verbundenen Intention, werde ich aber nicht ansichtig, wenn ich das Böse nicht als »eigene Struktur und Dynamik innerhalb der menschlichen Wirklichkeit« anerkenne (*Buber* Bilder von Gut und Böse, S. 83), sondern es »in einer mehr oder weniger zweifelhaften Sphäre der sogenannten Werte« unterzubringen trachte; das Böse verliert dadurch gerade den Charakter jener mich direkt angehenden Wirklichkeit, die als eigene, persönliche Schuld zu bezeichnen ist (S. 85). Es wird dann nicht mehr als die Kraft erfahren, die meinem Leben die Richtung auf eine Erfüllung dessen, was Gott mit mir meint, nimmt, mich also richtungslos und somit zum Spielball für die Kräfte des Verderbens überhaupt werden läßt (S. 95 f.).

74 *Buber* Bilder von Gut und Böse, S. 111.

75 Ebd.

76 Ebd., S. 112.

77 *Buber* Urdistanz und Beziehung, S. 11.

78 Ebd., S. 14.

79 Vgl. ebd., S. 16 f.
80 Vernunft im Zeitalter der Wissenschaft, S. 15.
81 *Buber* Urdistanz und Beziehung, S. 21.
82 Auf diese Unklarheit weist auch *Pannenberg* Anthropologie, S. 175, im Anschluß an *Theunissen* Der Andere, hin.
83 *Buber* Das dialogische Prinzip, S. 111 f.
84 Ebd., S. 119.
85 Ebd., S. 129.
86 *Buber* Urdistanz und Beziehung, S. 31.
87 Vgl. Das dialogische Prinzip, S. 108.
88 Zu diesem wichtigen Aspekt vgl. insbes. auch Pannenbergs Ausführungen über »Die Identitätsproblematik«, Anthropologie, S. 185-235.
89 Es gibt allerdings Stimmen, die bereits eine solche Frage für unangemessen halten, weil der Prozeß der Unterwerfung des Menschen unter die Sachzwänge der wissenschaftlich-technischen Zivilisation für schlechterdings irreversibel angesehen wird. Vgl. dazu *Schelsky* Der Mensch in der wissenschaftlichen Zivilisation, bes. S. 39 ff.
90 Vgl. dazu die erhellenden Darstellungen bei *Schulz* Philosophie in der veränderten Welt, S. 647 ff.
91 Ebd., S. 465.
92 Ebd., S. 466. — Vgl. dazu aber auch *Ritter* Subjektivität, S. 11 ff. Seine Mahnung trifft durchaus das, was Schulz auch im Blick hat: »Wir sind blind dafür geblieben, daß in der geschichtlichen Wirklichkeit, *wo sich die Entzweiung erhalten hat,* gegen alle Theorie und alles Bewußtsein die Freiheit der Subjektivität und die Gesellschaft zusammengeblieben sind.« (S. 34 f.)
93 *Schulz* Philosophie in der veränderten Welt, S. 466.
94 Ebd., S. 467.
95 Ebd., S. 466 f.
96 Einen wichtigen Beitrag zu eben dieser Frage leistet jetzt die Arbeit von *Jonas* Das Prinzip Verantwortung, vgl. bes. S. 172 ff.
97 Philosophie in der veränderten Welt, S. 467.
98 Zum Verständnis der Solidarität vgl. *Gadamer* Was ist Praxis? Die Bedingungen gesellschaftlicher Vernunft. In: ders.: Vernunft im Zeitalter der Wissenschaft, S. 54 ff.
99 Das Problem des Bewußtseinswandels, das sich in diesem Zusammenhang stellt, findet eine bedenkenswerte Durchdringung bei *v. Weizsäcker* Wege in der Gefahr, S. 252 ff.
100 Ein gutes Beispiel dafür stellen die Überlegungen von *de Maizière* Das Bild des Offiziers, dar.
101 Ebd., S. 278.

Zu Kapitel 6

1 Vgl. *Mann* Lorbeer und Dornenkrone, S. 115.
2 Die Relativierung des bloßen Bezugs zum Krieg wird auch bei *Zilleßen* Volk, Nation, Vaterland, S. 45 f., deutlich.
3 Rechenschaft und Ausblick, S. 350.
4 Ebd., S. 353.
5 Ebd., S. 357.
6 Das Prinzip Verantwortung, S. 9.

8. Literaturverzeichnis

Apel, Karl-Otto, und Dietrich Böhler, Karlheinz Rebel (Hg.): Funkkolleg Praktische Philosophie/Ethik. Studientexte. 3 Bände, Weinheim/Basel 1984.

Bastian, Hans-Dieter: Die Droge Frieden, in: Deutsches Allgemeines Sonntagsblatt vom 4.1.81.

Bayer, Oswald: Marcuses Kritik an Luthers Freiheitsbegriff, in: ders.: Umstrittene Freiheit. Theologisch-philosophische Kontroversen, Tübingen 1981, S. 13-38.

Bennett, John Colemann: Foreign Policy in Christian Perspective, 1. Aufl., New York 1966.

Berenhorst, Georg H. v.: Betrachtungen über die Kriegskunst, Neudruck der 3. Aufl. Leipzig 1827, mit einer Einleitung von Eckehard Opitz, Osnabrück 1978.

Bernstein, Eduard: Die Voraussetzungen des Sozialismus und die Aufgabe der Sozialdemokratie, 1. Aufl. 1899, neu hg. v. Günther Hillmann, Reinbek 1969.

Birkner, Hans-Joachim: Spekulation und Heilsgeschichte, München 1959.

Biser, Ernst: Art.: Friede, in: HWP, Bd. 2, 1. Aufl., Darmstadt 1972, Sp. 1114-1117.

Bloss, B.: Heranbildung und Berufsmotivation künftiger Offiziere, in: Militärwesen 27, H. 11, 1983, S. 25-29.

Bonhoeffer, Dietrich: Ethik, hg. v. Eberhard Bethge, 2. Aufl., München 1953.

Ders.: Widerstand und Ergebung, hg. v. E. Bethge, Neuausgabe, München 1970.

Brakelmann, Günter: Protestantische Kriegstheologie im 1. Weltkrieg, Bielefeld 1974.

Brunner, Emil: Das Gebot und die Ordnungen. Entwurf einer protestantisch-theologischen Ethik, Tübingen 1932.

Buber, Martin: Bilder von Gut und Böse, Heidelberg 1972.

Ders.: Reden über die Erziehung, Heidelberg 1962.

Ders.: Das Problem des Menschen, Heidelberg 1948.

Ders.: Urdistanz und Beziehung. Beiträge zu einer philosophischen Anthropologie I., 4. Aufl., Heidelberg 1978.

Ders.: Das dialogische Prinzip, 4. Aufl., Heidelberg 1979.

Burger, Karl: Art.: Krieg, in: RE, Bd. 8, 2. Aufl., Leipzig 1881, S. 283-287.

Bußmann, Walter: Königliche Armee — Volksheer. Zur Geschichte des preußischen Heereskonflikts in den sechziger Jahren, in: Schicksalsfragen der Gegenwart, hg. v. Bundesministerium der Verteidigung, Bd. 3, Tübingen 1958, S. 27-46.

Clausewitz, Carl v.: Vom Kriege, 18. Aufl. Bonn 1973.

Demeter, Karl: Das Deutsche Offizierkorps in Gesellschaft und Staat 1650-1945, 4. überarb. und erw. Aufl., Frankfurt a.M. 1965.

Dessauer, Friedrich: Reflexionen über Erbe und Zukunft des Abendlandes, Köln/Opladen 1956.

Dethleffsen, Erich: Wehrmacht und Demokratie, in: Wehrkunde, 3, 1953, S. 1 f.

Dilschneider, Otto: Die evangelische Tat. Grundlagen und Grundzüge der evangelischen Ethik, Gütersloh o.J.

Dilthey, Wilhelm: Gesammelte Schriften, Bd. 12, 4. Aufl., Stuttgart 1970.

Duchrow, Ulrich: »Gerechte Gewalt«, Gewalttäigkeit und Gewaltlosigkeit im B-Waffen-Zeitalter, in: Georg Picht/ H.E.Tödt (Hg.), Studien zur Friedensforschung, Bd. 5, Stuttgart/München 1970, S. 112-136.

Ebeling, Gerhard: Dogmatik des christlichen Glaubens, 3 Bde., Tübingen 1979.

Elert, Werner: Zur Geschichte des kriegerischen Ethos, Sonderabdruck aus der Zahn-Festausgabe, Leipzig 1928.

Ders.: Morphologie des Luthertums. Verbesserter Nachdr. der 1. Aufl., München 1958.

Fergusson, Charles M.: Strategic Thinking and Studies, in: Military Review 44, H. 4, 1964, S. 9-24.

Fichte, Johann Gottlieb: Gesamtausgabe i.A. der Bayrischen Akademie der Wissenschaften, hg. v. Reinhard Lauth/Hans Jakob, Stuttgart — Bad Cannstatt, 1964 ff.

Ders.: Sämtliche Werke, hg. v. Imanuel Hermann Fichte, Berlin 1845 f.

Ders.: Nachgelassene Werke, hg. v. Imanuel Hermann Fichte, Bonn 1834.

Ders.: Die Wissenschaftslehre. Zweiter Vortrag im Jahre 1804, hg. v. Reinhard Lauth/J. Wichmann, Hamburg 1975.

Ders.: Reden an die deutsche Nation, Hamburg 1978.

Fiedler, Siegfried: Grundriß der Militär- und Kriegsgeschichte, 2. Bd.: Das Zeitalter der Französischen Revolution und Napoleons, München 1976.

Frauenholz, Eugen v.: Das Heerwesen des XIX. Jahrhunderts, München 1941.

Freyer, Hans: Theorie des gegenwärtigen Zeitalters, Stuttgart 1956.

Ders.: Weltgeschichte Europas, 2. Aufl., Stuttgart 1954.

Furger, Franz: Christliche Verantwortung und bewaffnete Friedenssicherung, in: Norbert Glatzel u. Ernst Josef Nagel (Hg.), Frieden in Sicherheit. Zur Weiterentwicklung der katholischen Friedensethik, Freiburg 1981, S. 259-284.

Gablentz, Otto H. v.d.: Politische Gesittung, in: Heinz-Dietrich Wendland/Th. Strohm (Hg.) Politik und Ethik, Darmstadt 1969, S. 38-60.

Ders.: Das Preussisch-Deutsche Offizierkorps, in: Schicksalsfragen der Gegenwart, hg. v. Bundesministerium für Verteidigung, Bd. 3, Tübingen 1958, S. 47-71.

Gadamer, Hans-Georg: Vernunft im Zeitalter der Wissenschaft. Viertes Tsd., Frankfurt a.M.,1987.

Gehmacher, H.: Der Beruf des Soldaten, in: Österr. Milit. Zeitschrift, 12, 1974, S. 91-100.

Göhring, Martin: Napoleon. Vom Alten zum Neuen Europa, Göttingen 1959.

Gollwitzer, Helmut: Art.: Krieg und Christentum, in: ^{3}RGG, 4. Bd., Tübingen 1960, Sp. 66-73.

Gornij, A.: Sozialistische Rechtsordnung und militärische Disziplin, in: Österr. Milit. Zeitschrift 13, 1975, S. 291-294.

Gorschkow, Sergej: Seemacht Sowjetunion, Hamburg 1978.

Greiffenhagen, Martin und Sylvia: Ein schwieriges Vaterland. Zur politischen Kultur Deutschlands, Frankfurt a.M. 1982.

Groll, D./Hillebrenner, D.: Die sozialistische Militärmacht im revolutionären Wehrprozeß der Gegenwart, in: Militärwesen 27, H. 3, 1983, S. 11-15.

Gspann, Lucien: Les Fondements politic-militaires et ideologiques de L'Armee National Populaire de la DDR, in: Revue Milit. Generale, 10, 1966, S. 611-628.

Guerin, Maurice: Perspectives Scientifiques et Art Militaire, in: Allgemeine Militärische Rundschau 4, 1962, S. 508-522.

Günther: Die Ausbildung des Offiziers in fremden Armeen, in: Allgem. Schweizer. Milit. Zeitschr., 115 Jg., 1949, S. 17-31, 106-111, 188-197.

Hahlweg, Werner: Militärwissenschaft, Militärtheorie und Militärgeschichte bei Marx und Engels, in: Österr. Milit. Zeitschr., 11, 1973, S. 454-458.

Hansen, Ernst Willi: Reichswehr und Republik. Die problematische Tradition des Konzepts «Staatsbürger in Uniform», in: Klaus-Michael Kodalle (Hg.), Tradition als Last, Köln 1981, S. 37-55.

Hecht, Hans Peter: Die christliche Friedensbotschaft und das Problem des Pazifismus, Bonn 1982 (Beiträge aus der ev. Militärseelsorge, H. 40).

Heintel, Erich: Das Totalexperiment des Glaubens, in: Der Philosoph Ferdinand Ebner 1882-1931, Festschrift des NÖ Kulturforums, Teil II, o.J., S. 5-39.

Heiseler, Johannes H. v.: Militär und Technik, in: Studien zur politischen und gesellschaftlichen Situation der Bundeswehr, 2. Folge, Witten/Berlin 1966 (Forschungen und Berichte der Ev. Studiengemeinschaft 21), S. 66-158.

Hereth, Michael: Die Gleichheit als Gegner der Freiheit?, in: Aus Politik und Zeitgeschichte. Beilage zu: Das Parlament 31/1980.

Herrmann, Carl-Hans: Deutsche Militärgeschichte. Eine Einführung. 2. Aufl., Frankfurt 1968.

Hertz, Anselm: Die Lehre vom «gerechten Krieg» als ethischer Kompromiß, in: Anselm Hertz u.a. (Hg.) Handbuch der christlichen Ethik, Bd. 3, Basel/Wien/Gütersloh 1982, S. 425-448.

Heuss, Theodor: Soldaten in unserer Zeit, Tübingen 1959.

Hillebrenner, D.: Die theoretischen Grundlagen und die Funktionen der Militärpolitik der SED, in: Militärwesen, 27, H. 1, 1983, S. 3-9.

Hofmann, G./Gerold, D.: Aspekte der politisch-moralischen Berufsmotivation künftiger Offiziere, in: Militärwesen 27, H. 7, 1983, S. 24-28.

Höhn, Reinhard: Scharnhorst-Vermächtnis, Bonn 1952.

Hölzle, Erwin: Napoleon und die Randmächte in macht- und ideengeschichtlicher Sicht, in: Wolfgang v. Groote (Hg.), Napoleon I. und die Staatenwelt seiner Zeit, Freiburg 1968.

Holzheuer, Walter: Karl Kautskys Werk als Weltanschauung. Beitrag zur Ideologie der Sozialdemokratie vor dem Ersten Weltkrieg, München 1972.

Howard, Michael: Der Krieg in der europäischen Geschichte. Vom Ritterheer zur Atomstreitmacht, München 1981 (Beck'sche Schwarze Reihe, Bd. 133).

Howe, Günter: Die atomare Bewaffnung als geistesgeschichtliches und theologisches Problem, in: Günter Howe (Hg.), Atomzeitalter — Krieg und Frieden, Berlin 1961, S. 157-201.

Huntington, Samuel P.: The Soldier and the State. The Theory and Politic of Civil-Military Relations, 5. Aufl., Cambridge/Mass. 1972.

Janowitz, Morris: The Professional Soldier. A social and political portrait, 2. Aufl., New York/London 1966.

James, William: The Moral Equivalent of War, in: War-Studies from Psychology, Sociology, Anthropology, hg. v. Leon Braunson/George W. Geothals, New York/London o.J.

Janssen, Karl: Der Erziehungsauftrag einer neuen Wehrmacht, in: Wehrkunde 7, 1953, S. 19 f.

Jaspers, Karl: Philosophie und Welt. Reden und Aufsätze. 5.-11. Tsd., München 1958.

Ders.: Rechenschaft und Ausblick. Reden und Aufsätze. 5.-11. Tsd., München 1958.

Jaures, Jean: Die neue Armee, 1. u. 2. Tsd., Jena 1913.

Jonas, Hans: Das Prinzip Verantwortung, 1. Aufl., Frankfurt/M. 1979.

Kant, Immanuel: »Zum ewigen Frieden«, in: Werke Bd. 9, hg. v. W. Weischedel, Darmstadt 1981, S. 191-251.

Kaschirin, P.A.: Der moralische Faktor im modernen Krieg, Berlin 1955.

Kautsky, Karl: Wehrfrage und Sozialdemokratie, Berlin 1928.

Kereny, E.: Die anthropologische Aussage des Mythos, in: Hans-Georg Gadamer/P. Vogler (Hg.) Neue Anthropologie Bd. 6: Philosophische Anthropologie. Erster Teil, München 1975.

Kimminich, Otto: Völkerrechtliche Lagebeurteilung, in: Norbert Glatzel/Ernst Josef Nagel (Hg.) Frieden in Sicherheit. Zur Weiterentwicklung der katholischen Friedensethik, Freiburg 1981, S. 79-99.

Ders.: Art.: Krieg III, HWP, Bd. 4, Basel/Stuttgart 1976, Sp. 1234 f. Kirche und Welt in ökumenischer Sicht. Bericht der Weltkirchenkonferenz von Oxford über Kirche, Volk und Staat, Genf 1938.

Kirschin, J.: Die sowjetische und die westliche Militärwissenschaft, in: Österr. Milit. Zeitschr. 11, 1973, S. 93-96.

Kitchen, Martin: A military History of Germany from the eighteenth Century to the present day, London 1975.

Kolakowski, Leszek: Falls es keinen Gott gibt, München 1982.

Kozianka, Günter: Wesen und Struktur der Verteidigungsmacht des sozialistischen Staates, in: Militärwesen, 26, H. 12, 1982, S. 30-36.

Kreuter, Siegbert: Die deutschen demokratischen Sozialisten und die Wehrfrage, in: Österr. Milit. Zeitschr. 11, 1873, S. 356-363.

Kubern, K.: Zur politisch-moralischen Motivierung des Offiziers der Bundeswehr, in: Militärwesen, 27, H. 11, 1983, S. 60-66.

Kummer, Max: Die «Motivation» in der Armee, in: Allgem. Schweiz. Milit. Zeitschr. 141. Jg., 1975, S. 170-174, 218-222.

Lasalle, Ferdinand: Gesamtwerke, hg. v. E. Blum, Leipzig 1899-1909.

Lehmann, Max: Scharnhorst, Bd. 1, Leipzig 1886.

Lenin, Wladimir Jljitsch: Clausewitz' Werk »Vom Kriege«. Auszüge und Randglossen. Mit Vorwort u. Anmerkungen von Otto Braun, Berlin 1957.

Ders.: Werke, Berlin 1959.

Lichtensteiger, Charles J.: Militärische Erziehung und Ausbildung, in: Allgem. Schweizer Milit. Zeitschrift 115. Jg., 1949, S. 32-36.

Liebknecht, Karl: Militarismus, in: Volker R. Berghahn (Hg.), Militarismus, Köln 1975, S. 86-98.

Linnenbrink, Günter: Die «Sozialethische Weltansicht» Alexanders von Oettingen, in: Heinz-Dietrich Wendland (Hg.), Sozialethik im Umbruch der Gesellschaft, Göttingen 1969, S. 180-197.

Lippholdt, B.: Weltanschauliche Probleme des Mensch-Technik-Verhältnisses in den Streitkräften, in: Militärwesen, 26, H. 12, 1982, S. 37-42.

Locke, John: Zwei Abhandlungen über die Regierung, hg. v. W. Echner, Frankfurt 1977.

Loose, Alwin/Glaß, Lothar: Wehrmoral und Soldatenethos im Sozialismus, Berlin 1979.

Lübbe, Hermann: Philosophie nach der Aufklärung, Düsseldorf 1980.

Maas, Walter: Die Erziehungspflege in einer neuen Wehrmacht, in: Wehrkunde 2, 1953, H. 2, S. 16-21.

Machiavelli, Niccolo: Der Fürst (Il. Principe), hg. v. Hg. Rudolf Zorn, 4. Aufl., Stuttgart 1955.

Magenheimer, Heinz: Wehrwille, Wehrmoral, Wehrmotivation, in: Wehrwissenschaftl. Rdsch. 26, 1977, S. 112-117.

Maizière, Ulrich de: Das Bild des Offiziers in den siebziger und achtziger Jahren, Österr. Milit. Zeitschr. 13, 1975, S. 277-282.

Mann, Golo: Deutsche Geschichte des 19. und 20. Jahrhunderts, 166. Nachdruck, Frankfurt/M. 1974.

Mann, Ulrich: Lorbeer und Dornenkrone. Eine historische und theologische Studie über das Wehrverständnis im deutschen Soldatentum, Stuttgart 1958.

Martensen, H.: Die christliche Ethik. Spezieller Theil. Zweite Abtheilung: Die sociale Ethik, 2. Aufl., Leipzig 1879.

Marxistisch-leninistische Ethik (unter Mitarbeit von Gussejnow, Abdusalem u.a., Moskau 1976; aus dem Russischen übersetzt von Lilo Jores), Berlin 1979.

Mayer, Emil Walter: Ethik — Christliche Sittenlehre, Gießen 1922.

Möller, Hans-Michael: Das Regiment der Landsknechte. Untersuchung zu Verfassung, Recht und Selbstverständnis in deutschen Söldnerheeren des 16. Jahrhunderts, Wiesbaden 1976.

Moskos, Charles C.: Eigeninteresse, Primärgruppe und Ideologie, in: Rene König (Hg.), Beiträge zur Militärsoziologie, Köln u.a. 1968, S. 199-220.

Ders.: »Institution« versus «Occupation» — gegensätzliche Modelle militärischer Sozialisation, in: Ralf Zoll (Hg.), Sicherheit und Militär, Opladen 1982, S. 199-211.

Müller, Alfred Dedo: Ethik, Berlin 1937.

Nagel, Ernst Josef: Methodisches zur Friedensethik, in: Norbert Glatzel/Ernst Josef Nagel (Hg.) Frieden in Sicherheit. Zur Weiterentwicklung der katholischen Friedensethik, Freiburg 1981, S. 229-258.

Napoleon: Ich der Kaiser, übersetzt u. hg. v. Heinrich Conrad, Stuttgart o.J.

Natzmer, O. v.: Der Ballast der Erlebnisse, in: Wehrkunde 9/1953, S. 21 f.

Niebuhr, Reinhold: Consensus in einer demokratischen Gesellschaft, in: Heinz-Dietrich Wendland/Theodor Strohm (Hg.) Politik und Ethik, Darmstadt 1969, S. 186-217.

Ders.: Die Kinder des Lichts und die Kinder der Finsternis, München 1947.

Nöbel, Wilhelm: Das Verhalten von Soldaten im Gefecht, in: Wehrwiss. Rdsch.,28, 1979, S. 113-121.

Oberhem, Harald: Zur Kontroverse um die bellum-iustum-Theorie in der Gegenwart, in: Norbert Glatzel/Ernst Josef Nagel (Hg.) Frieden in Sicherheit. Zur Weiterentwicklung der katholischen Friedensethik, Freiburg 1981, S. 41-68.

Oettingen, Alexander v.: Die christliche Sittenlehre, Erlangen 1873.

Opitz, Eckardt: Sergej G. Gorschkow und die sowjetische Flottenpolitik. Beilage zu Gorschkow, Sergej G.: Seemacht Sowjetunion, Hamburg 1978.

Ortega y Gasset, Jose: Signale unserer Zeit. Essays, Stuttgart o.J.

Pannenberg, Wolfhart: Anthropologie in theologischer Perspektive, Göttingen 1983.

Papke, Gerhard: Von der Miliz zum stehenden Heer, in: Handbuch zur deutschen Militärgeschichte 1648-1939, Bd. 1, München 1979, S. 1-311.

Parsons, Talcott: Soziologische Theorie, hg. v. Dietrich Rischmeyer, 3. Aufl., Darmstadt u.a. 1973.

Pawlas, Andreas: Militär, Freiheit und Demokratie in sozial-ethischer Perspektive. Texte und Kommentare zum Umbruch des Militärwesens und seiner geistigen Grundlagen im Zeitalter der Befreiungskriege, Frankfurt a.M./Bern/New York 1986.

Picht, Georg: Was heißt Friedensforschung? In: Georg Picht/Wolfgang Huber (Hg.), Was heißt Friedensforschung?, Stuttgart 1971, S. 13-33.

Portner, Dietrich
Schulz, Georg: Grundlinien einer allgemeinen Wehrpädagogik, in: Wehrforschung 23, 1974, S. 168-170.

Platon: Der Staat, 6. Aufl., Leipzig 1923.

Presser, Jacques: Napoleon, Stuttgart 1977.

Pruck, Erich: Der Offizier in der Sowjetgesellschaft, in: Revue Militaire Generale, 1966, 1, S. 89-108.

Rausch, Wolf Werner
Walther, Christian (Hg.): Evangelische Kirche in Deutschland und die Wiederaufrüstungsdiskussion in der Bundesrepublik 1950-1955, Gütersloh 1978.

Rendtorff, Trutz: Ethik, Bd. 2, Stuttgart 1981.

Ders.: Strukturen und Aufgaben technischer Kultur, in: D. Rössler / E. Lindenlaub (Hg.), Möglichkeiten und Grenzen technischer Kultur, Symposia medica Hoechst, Stuttgart 1983, S. 9-21.

Renner, Karl: Marxismus, Krieg und Internationale. Kritische Studien über offene Probleme des wissenschaftlichen und des praktischen Sozialismus in und nach dem Ersten Weltkrieg, 2. Aufl., Stuttgart 1918.

Rief, Josef: Die bellum-iustum-Theorie historisch, in: Norbert Glatzel/Ernst Josef Nagel (Hg.) Frieden in Sicherheit. Zur Weiterentwicklung der katholischen Friedensethik, Freiburg u.a. 1981, S. 15-40.

Ritter, Gerhard: Staatskunst und Kriegshandwerk, Bd. 1, 4. Aufl., München 1970.

Ders.: Das Kommunenmodell und die Begründung der roten Armee im Jahre 1918, Berlin 1965.

Ritter, Joachim: Subjektivität, Frankfurt 1974.

Ritter, J. und R. Romberg,
A. Pieper: Art.: Ethik I — VIII, in: HWP, Bd. 2, Basel/ Stuttgart 1972, Sp. 759-809.

Rosser, Richard F.: Civil-Military Relations in the 1980s, in: Military Review 52, H. 3, 1972, S. 18-31.

Rothe, Richard: Theologische Ethik, 3 Bde., Wittenberg 1848.

Rotteck, Carl von: Sammlung kleiner Schriften, meist historischen oder politischen Inhalts, Stuttgart 1826. Nachdr. Bd. 1 u. 2 in einem Bd., Frankfurt/M. o.J.

Ruh, Hans
Blondel, Jean-Luc: Ethische Kriterien für Rüstung und Abrüstung, in: Handbuch der christlichen Ethik, Bd. 3, Freiburg u.a., 1982, S. 448-464.

Scharffenorth, Gerta: Konflikte in der Evangelischen Kirche in Deutschland 1950-1969 im Rahmen der historischen und ökumenischen Friedensdiskussion, in: Georg Picht/H.E. Tödt (Hg.) Studien zur Friedensforschung, Bd. 3, Stuttgart/München 1970, S. 17-113.

Schelsky, Helmut: Der Mensch in der wissenschaftlichen Zivilisation, Köln/Opladen 1961.

Schlatter, Adolf: Die christliche Ethik, 3. Aufl., Stuttgart 1929.

Schleiermacher, Friedrich D.: Sämtliche Werke, 3. Abtl.: Zur Philosophie, 3. Bd.: Reden und Abhandlungen, hg. v. L. Jonas, Berlin 1835.

Ders.: Sämtliche Werke, 3. Abt.: Zur Philosophie, 8. Bd, hg. v. Chr. A. Brandis, Berlin 1845.

Ders.: Kleine Schriften und Predigten, Bd. 1, hg. v. Hajo Gerdes/Emanuel Hirsch, Berlin 1970.

Ders.: Broullion zur Ethik, hg. v. Hans-Joachim Birkner, Hamburg 1981.

Ders.: Philosophische Ethik, hg. v. Hans-Joachim Birkner, Hamburg 1981.

Schleinitz, Wolf Dietrich, Frh.v.: Über die Kunst des Ausbildens, in: Wehrkunde 6, 1953, S. 1 f.

Schmidt, Helmut: Kirche und Staat in unserer Gesellschaft, in: Pflicht zum Frieden. Evangelische Militärseelsorge, epd. Dokumentation. Bd. 10, Witten/Frankfurt/Berlin 1973, S. 308-315.

Schmitt, Carl: Der Nomos der Erde im Völkerrecht des Jus Publicum Europaeum, (1. Aufl. 1950) 2. Aufl., Berlin 1974.

Schmitter, H./Lampe, J.: Karl Marx zu Krieg und Armee, in: Militärwesen 27, H. 2, 1983, S. 25-30.

Schokking, Jan Jurrian: Die Nationalstaaten und die europäische Einigung, in Horst Zilleßen (Hg.) Volk-Nation-Vaterland. Der deutsche Protestantismus und der Nationalismus, Gütersloh 1970, S. 319-348.

Schorer-Laforêt, Edgar: Armee und Staatsumwälzung, in: Allgem. Schweizer Milit. Zeitschr. 114 Jg., 1948, S. 268-274, 358-373, 511-519.

Schrey, Heinz-Horst: Art.: Religiöse und sittliche Auswirkung der Weltkriege, in: RGG, Bd. 4, 3. Aufl., Tübingen 1960, Sp. 73-77.

Schubert, Klaus v. (Hg.): Sicherheitspolitik der Bundesrepublik Deutschland, 2 Teile, Bonn 1977.

Schulte, Ludwig: Verteidigung im Frieden. Zur Strategie und Menschenführung moderner Streitkräfte, Frankfurt 1968.

Ders.: Wehrmotive und Kampfmoral, in: Wehrkunde 17, 1968, S. 515-520.

Schulz, Walter: Ich und Welt. Philosophie der Subjektivität, Pfullingen 1979.

Ders.: Philosophie in der veränderten Welt, 4. Aufl., Pfullingen 1980.

Schweitzer, Albert: Verfall und Wiederaufbau der Kultur, 12. Aufl., München 1955.

Seeberg, Reinhold: System der Ethik, (1. Aufl. 1916), 2. Aufl., Leipzig 1920.

Segal, David R.: Militärdienst in den 70er Jahren. Einstellungen von Soldaten und Zivilbevölkerung in den Vereinigten Staaten, in: Ralf Zoll (Hg.), Sicherheit und Militär, Köln/Opladen 1982, S. 9-32.

Siegmund, W.: Zur Entwicklung der marxistisch-leninistischen Militärwissenschaft, in: Militärwesen 27, H. 7, 1983, S. 4-11.

Simmel, Georg: Philosophische Kultur, Leipzig 1911.

Smith, Adam: Der Wohlstand der Nationen (The Wealth of Nations 1776), München 1974.

Søe, Niels H.: Christliche Ethik, München 1949.

Sorokin, A.: Einige aktuelle Probleme der marxistischen Lehre vom Krieg und von den Streitkräften, in: Militärwesen 27, H. 6, 1983, S. 10-17.

Spencer, Herbert: The Works of Herbert Spencer. Nachdruck. Osnabrück 1966.

Stein, Lorenz v.: Die Lehre vom Heerwesen als Teil der Staatswissenschaft, Nachdruck der Aufl. von 1872, Osnabrück 1967.

Stülpnagel, Friedrich v.: Vom künftigen deutschen Soldaten, in: Wehrkunde 3, 1954, S. 364-368.

Tabunow, N.: Der moralische Geist der Truppen und die Hauptwege seiner Stärkung, in: Militärwesen 27, H. 11, 1983, S. 18-24.

Theunissen, Michael: Der Andere. Studien zur Sozialontologie der Gegenwart, 2. Aufl., Berlin/ New York 1977.

Thielicke, Helmut: Theologische Ethik, Bd. 2, Teil 1, Mensch und Welt, 4. unveränderte Aufl., Tübingen 1973.

Tillich, Paul: Gesammelte Werke, Bd. II, Stuttgart 1962.

Toner, James H.: The Military Ethic: On the virtue of an Anachronism, in: Military Review 54, H. 12, 1974, S. 9-18.

Tocqueville, Alexis de: Die Demokratie in Amerika. Vorwort von Carl J. Burckhardt, hg. v. J.P. Mayer, Frankfurt/Hamburg 1956.

Trillhaas, Wolfgang: Ethik, 3. Aufl., Berlin/New York 1970.

Troeltsch, Ernst: Gesammelte Schriften Bd. 2, Tübingen 1913.

Ders.: Spektator-Briefe, hg. v. H. Baron, Nachdruck der 1. Aufl. 1924, Aalen 1966.

Ulmer, Walter F.: Diluted Professionalism, in: Military Review 43, H. 12, 1963, S. 3-11.

Wagemann, Eberhard: Das Berufsbild des Soldaten, in: Informationen für die Truppe, H. 1, 1971, S. 15-32.

Wallach, Jehuda L.: Die Kriegslehre von Friedrich Engels, Frankfurt/M. 1968.

Walther, Christian (Hg.): Atomwaffen und Ethik. Der deutsche Protestantismus und die atomare Aufrüstung 1954-1961, München 1981.

Ders.: Art. Gehorsam, in: TRE, Bd. 12, Berlin 1984, S. 148-157.

Ders.: Theologie und Gesellschaft, Zürich 1967.

Ders.: Typen des Reich-Gottes-Verständnisses, München 1961.

Weber, Max: Die »Objektivität« sozialwissenschaftlicher Erkenntnis, in: Ders., Soziologie, Analyse, Politik, hg. v. Johannes Winkelmann, Stuttgart 1968.

Weischedel, Wilhelm: Der Gott der Philosophen. Grundlegung einer philosophischen Theologie im Zeitalter des Nihilismus, 2 Bde., Darmstadt 1972.

Ders.: Skeptische Ethik, Frankfurt/M. 1976.

Weizsäcker v., Carl Friedrich: Im Garten des Menschlichen, 3. Aufl., München 1977.

Ders.: Wege in der Gefahr, 2. Aufl., München 1976.

Wendland, Heinz-Dietrich: Botschaft an die soziale Welt, Hamburg 1959.

Wendt, Hans Heinrich: Die sittliche Pflicht. Eine Erörterung der ethischen Grundprobleme, Göttingen 1916.

Wohlfeil, Rainer: Ritter-Söldner-Führer-Offizier, in: Festschr. Johannes Bärmann, Teil I, Wiesbaden 1966, S. 45-70.

Wolkogonow, D.A.: Ethik für den sowjetischen Offizier, Berlin 1975.

Wuttke, Adolf: Handbuch der christlichen Sittenlehre, 2 Bde., Berlin 1862.

Yarmolinsky, Adam: The Military Establishment. Its Impacts on American Society, New York/Evanston/San Francisco/London 1971.

Zilleßen, Horst (Hg.): Volk — Nation — Vaterland — Die Bedeutungsgehalte und ihre Wandlungen, in: Ders. (Hg.): Volk — Nation — Vaterland. Der deutsche Protestantismus und der Nationalismus, Gütersloh 1970, S. 13-47.

Zoll, Ralf (Hg.): Sicherheit und Militär, Köln/Opladen 1982.